皮书系列为
"十二五""十三五""十四五"国家重点图书出版规划项目

BLUE BOOK

智 库 成 果 出 版 与 传 播 平 台

数据新闻蓝皮书
BLUE BOOK OF DATA JOURNALISM

中国数据新闻发展报告（2020~2021）

REPORT ON THE DEVELOPMENT OF CHINESE DATA JOURNALISM (2020-2021)

武汉大学数据新闻研究中心
国家新闻出版署出版融合发展（浙报集团）重点实验室 / 编

主 编 / 王 琼 童 杰 徐 园
副主编 / 魏漫江 申 琦 李 璐

社会科学文献出版社
SOCIAL SCIENCES ACADEMIC PRESS（CHINA）

图书在版编目（CIP）数据

中国数据新闻发展报告 . 2020～2021/王琼，童杰，
徐园主编 . －－北京：社会科学文献出版社，2022. 2
（数据新闻蓝皮书）
ISBN 978－7－5201－9622－2

Ⅰ.①中… Ⅱ.①王… ②童… ③徐… Ⅲ.①数据处
理－应用－新闻报道－研究报告－中国－2020－2021
Ⅳ.①G219. 2

中国版本图书馆 CIP 数据核字（2022）第 013211 号

数据新闻蓝皮书
中国数据新闻发展报告（2020～2021）

主　　编／王　琼　童　杰　徐　园
副 主 编／魏漫江　申　琦　李　璐

出 版 人／王利民
责任编辑／周　琼
文稿编辑／李惠惠　孙玉铖　李丽丽
责任印制／王京美

出　　版／社会科学文献出版社·政法传媒分社（010）59367156
　　　　　　地址：北京市北三环中路甲 29 号院华龙大厦　邮编：100029
　　　　　　网址：www. ssap. com. cn
发　　行／社会科学文献出版社（010）59367028
印　　装／天津千鹤文化传播有限公司

规　　格／开本：787mm × 1092mm　1/16
　　　　　　印张：23. 75　字数：356 千字
版　　次／2022 年 2 月第 1 版　2022 年 2 月第 1 次印刷
书　　号／ISBN 978－7－5201－9622－2
定　　价／138. 00 元

读者服务电话：4008918866

主要编撰者简介

  王　琼　博士，武汉大学新闻与传播学院副教授，武汉大学镝次元数据新闻研究中心主任，武汉大学大数据研究员媒体大数据研究中心副主任，武汉大学媒体发展研究中心研究员，天普大学访问学者，珞珈青年学者，光谷3551创新人才。主要研究领域为数据新闻、视听传播、媒介融合。主持教育部规划基金项目"共建与共享：中国政务数据传播研究"等7项科研项目，发表相关领域论文20余篇，出版专著2部。自2015年起持续调研数据新闻在中国的发展情况，发表多篇行业研究报告，创立"中国数据与媒介发展联盟"，主导研发中国首个数据查找与可视化表达服务平台"Dydata. io"。

  童　杰　浙报传媒控股集团有限公司副总经理，浙江日报报业集团战略规划部主任，浙江工业大学特聘教授，浙江省宣传文化系统"五个一批"人才。长期服务于浙报集团体制改革、战略、投资、技术等领域，对于媒体集团发展战略、地方媒体融合有深入研究，近年来致力于中台战略和数据战略在党报集团的落地，主持推动"面向省域服务的全媒体智能中台"等重大数据和智能基础设施的研发。曾获中国新闻奖。所著《资本运作　跨行延伸——浙江日报报业集团资本运营之路》《报业资本战略的路径思考》《经营媒体的逻辑起点——浙江日报报业集团文化体制改革路径选择》《报业集团做强的几种猜想》《纸媒转型　上下求索——构建互联网枢纽型传媒集团路径之探索》等论文，分别刊于《中国报业年鉴（2008）》《中国报业年鉴（2009）》《新闻战线》《中国新闻出版报》《传媒》等。

徐　园　浙江日报报业集团战略规划部研究员、国家新闻出版署出版融合发展（浙报集团）重点实验室负责人。先后在浙报集团的采编、新媒体研究、新媒体投资、战略规划等岗位任职。多次参与浙报集团新媒体战略研究、规划制定和重点项目策划，牵头集团新媒体创新机制建设和孵化培育工作。曾担任《传媒梦工场/观察》行业研究杂志执行主编，发布《传统媒体新媒体应用研究报告》《POP，媒体未来式》等报告，与中国期刊协会合作出版《2014中国杂志媒体创新报告》，发表《数据驱动新闻　智能重构媒体——浙报集团"媒立方"技术平台建设的实践与思考》《用户深度运营与融合路径的选择——以英国媒体的实践为例》《新闻＋服务：浙报集团的媒体融合之道》等论文。

申　琦　博士，南京大学新闻传播学院教授，南京大学高层次引进人才，上海市"浦江人才"，美国斯坦福大学社交媒体实验室客座研究员，上海市疾病预防控制中心兼职高级顾问，美国斯坦福大学访问学者，香港中文大学"中国研究服务中心"访问学者、香港城市大学"中国大陆新闻传播青年访问学者"。主要研究领域为人机传播、计算传播、网络隐私与信息安全。主讲"数据新闻"课程为上海市示范性全英文课程；主持国家级、省部级课题10余项，著有《高能政务：政务新媒体高效运营指南》等，在SSCI、CSSCI等权威类期刊发表论文30余篇。

魏漫江　博士，镝数研究院院长。主要研究领域为数据新闻、媒介文化、女性主义、性别话语等。在《新闻界》《湖北社会科学》等核心期刊上发表《女性媒介中的国家、市场与性别话语——对90年代以来〈中国妇女〉杂志女性报道的内容分析》《〈中国妇女〉杂志的性别话语研究（1990～2009）》等多篇学术成果，承担《数据新闻蓝皮书：中国数据新闻发展报告（2019～2020）》《中国数据新闻作品年鉴（2020）》编撰工作。

李　璐　浙江日报报业集团战略规划部行业分析师、国家新闻出版署出版融合发展（浙报集团）重点实验室研究员、实验室孵化项目经理。主要研究领域为战略管理、新媒体运营、数据营销、内容产业创新等，参与编写《2014 中国杂志媒体创新报告》《浙江省新媒体创新应用经典案例报告》等，发表有《浅析 5G 在新闻"策采编发"流程中的应用场景》《社群经济的发展演变及启示》等论文。

摘　要

　　《中国数据新闻发展报告（2020～2021）》是武汉大学数据新闻研究中心与国家新闻出版署出版融合发展（浙报集团）重点实验室共同编撰的数据新闻蓝皮书。本书由总报告、行业研究篇、教育教学篇、媒体案例篇、大数据与智能传播篇组成，附录为《2019～2020年中外数据新闻奖获奖作品》。

　　总报告从生产团队、生产流程、数据处理、价值理解四个方面对我国近两年的数据新闻发展进行了详细的考察，认为目前我国数据新闻团队规模出现分化、生产过程更加注重用户兴趣、从业者对未来大多持乐观态度，并倡导业界用数据驱动新闻，用形式服务内容，推动数据新闻良性发展。行业研究篇探讨了数据新闻在学术科研、人才培养、业界实践等方面的发展现状与最新特点，述评了中外数据新闻研究的脉络、议题与走向，指出中外研究在关注议题、研究方法、跨学科"对话"等方面的异同；总结了近年来国内数据新闻在议题分布上的变化规律；探析了海外数据新闻的实践动态，总结了其发展特征。教育教学篇总结了当前我国数据新闻教育在课程开设、课程数量等方面的特点，并指出在数据新闻伦理教育和数据中立性等方面还存在进步的空间。此外，针对中外高校新闻传播院系的数据新闻教育情况，从培养层次、内容设置、师资配备、资源供给四个维度解析数据新闻教育现状。媒体案例篇中，来自浙江日报报业集团、澎湃新闻、《四川日报》、《南方都市报》、《每日经济新闻》等国内主流媒体的新闻工作者或科研人员分享了各自的数据新闻实践和经验。大数据与智能传播篇认为大数据与人工智能技

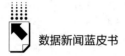

术的发展正在改变许多行业，新闻业也概莫能外，数据新闻的产生与技术变革息息相关，分别从技术赋能数据新闻、智能算法在数据新闻中的应用、智能技术的创新应用等方面探讨了技术在数据新闻中的地位和作用，同时也探讨了大数据与人工智能技术在新冠肺炎疫情信息核查及传播等方面的贡献与不足。

关键词： 数据新闻　大数据　智能传播　媒体案例　行业研究

目 录

Ⅰ 总报告

Ⅱ 行业研究篇

Ⅲ　教育教学篇

Ⅳ　媒体案例篇

V 大数据与智能传播篇

VI 附 录

皮书数据库阅读**使用指南**

总 报 告
General Report

B.1
中国数据新闻发展研究报告
（2020 ~ 2021）

王 琼 金 晶*

摘　要：　本报告围绕2020年中国数据新闻的实践现状展开，对国内15
个具有发展优势的数据新闻团队进行了深度访谈，初步得出
以下结论。一是数据新闻从业者的团队规模出现了分化的现
象，商业化探索较成功的团队以及没有盈利压力的团队人员
数量较多，更多的自媒体和个人加入数据新闻生产的队伍。
二是数据新闻的生产过程中，在选题的确定上，从业者更加
注重用户的兴趣;数据获取的渠道与以往相比更加多元；在数
据处理上，从业者强调问题导向，避免套路化的操作。三是
从业者对数据新闻进行定义时更少地聚焦于可视化，更多地

*　王琼，博士，武汉大学镝次元数据新闻研究中心主任，武汉大学媒体发展研究中心研究员，武汉大学新闻与传播学院副教授，主要研究方向为数据新闻、视听传播、媒介融合；金晶，武汉大学新闻与传播学院2018级硕士研究生，主要研究方向为数据新闻。

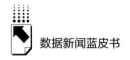

聚焦于数据本身，呈现理性回归新闻的状态，对数据新闻的未来大多持乐观态度，并认为其与新技术有更多结合的可能性。然而数据新闻发展依旧面临很多困境，如数据获取困难、缺乏高素质人才、商业变现困难及可持续发展困难等。对数据新闻的未来发展不应盲目乐观，也不应过度悲观，从业者应该回归新闻，用一种理性的态度去看待未来，突破困境，用数据驱动新闻，用形式服务内容，推动数据新闻行业良性发展。

关键词： 数据新闻　新闻生产　大数据　可视化

大数据时代如何传播和解读数据，成为政府、企业和媒体的重要议题。作为舶来品，数据新闻在中国已经发展了 10 年。数据新闻在新闻领域中的使用越来越频繁，创作团队不断壮大，从原来的"一图读懂"到现在丰富多样的表现形式，经过了早期的"狂热"到现在的平稳发展，数据新闻逐渐成熟化系统化。

本报告对中国数据新闻的实践现状进行研究，力图深度探析国内数据新闻生产团队和生产流程的发展现状，丰富大数据时代数据新闻的理论内涵，推动我国数据新闻行业良性发展。

本报告选取了具有领先发展优势和代表性的 15 个数据新闻团队，于 2020 年 12 月至 2021 年 1 月对其进行了半结构化的访谈，访谈时间大多在 1~2 小时。访谈内容主要分为 4 个部分：数据新闻的生产团队、数据新闻的生产流程、数据新闻的数据以及价值理解与生产困境。根据部分媒体的要求，本报告隐去了受访者姓名，直接用其所在数据新闻团队来代表个人，在此特做说明（见表1）。

表1　15个数据新闻团队受访对象信息

序号	媒体	受访者部门及职位
1	腾讯	"谷雨数据"栏目负责人
2	腾讯	"图解教育"主编
3	网易	"数读"栏目内容运营主管
4	新浪	新媒体实验室"图数室"主编
5	《新京报》	"有理数"运营部数据新闻统筹
6	澎湃新闻	"美数课"栏目主编
7	财新网	数据可视化实验室负责人
8	第一财经	DT财经主编
9	每日经济	公司频道副主编
10	上观新闻	"图数图说"栏目主编
11	《钱江晚报》	魔数师内容运营
12	《四川日报》	新媒体孵化中心数据四川事业部总监
13	界面	数据频道总监
14	CGTN	新媒体实验室数据新闻编辑
15	中国天气网	国家应急预警中心负责人

本报告虽未能按照预期计划采访到新华网和搜狐，但通过微信与其数据新闻团队进行了相关沟通。总的来说，本报告对全国范围内拥有数据新闻专栏的绝大多数媒体团队做了深度访谈，同时也对一些在数据新闻领域有较为出色尝试的团队展开研究。本报告通过多元化访谈对象的选取，力图对整个中国数据新闻行业的代表性媒体进行一个全样本的调研，借由这些访谈对象的深度访谈结果来探析中国数据新闻整体的发展状况。

一　数据新闻的生产团队

（一）人员分化：门户网站数据新闻团队人员减少

受主、客观因素影响，本研究团队在2020年并未对第一财经新一线、新华网和搜狐的数据新闻团队进行访谈，但曾于2019年对新华网和搜狐的数据新闻团队进行了访谈，2021 年 1 月对其相关的工作人员进行核对，回复"团队人数变化不大"，故表 2 中第一财经新一线、新华网和搜狐的数据为 2019 年 6 月的调研数据，在此特做说明。

表 2　2020 年媒体的主要数据新闻团队人员数量

单位：人

序号	媒体	部门/团队	团队人数
1	财新网	"数字说"	10
2	新华网	"数据新闻"	20
3	澎湃新闻	"美数课"	23
4	第一财经	DT 财经	7
5	第一财经	新一线	6
6	腾讯	"新闻百科"/"谷雨数据"	2
7	新浪	"图解天下"/"图数室"	5
8	搜狐	"数字之道"/"四象"	4
9	网易	"数读"	3
10	《新京报》	"图个明白"/"有理数"	5

由表 2 可见，数据新闻的从业者团队人员数量发生了分化，和以前相比，具体表现在以下两个方面。

1. 以财新网、新华网、澎湃新闻为代表的数据新闻团队人数较多

财新网是生产财经类新闻的头部媒体，2017 年财新网全平台正式开始全面收费，并推出"财新通"。作为付费新闻媒体，财新网对数据新闻的质量和专业性要求更高，对高素质的专业人才需求更大。较强的商业变现能力又给团队的不断壮大提供了经济支持。澎湃新闻的"美数课"不仅生产数据新闻，还生产包括解释性动画和其他部分原创内容，团队成员不仅要生产内部专栏内容，还要辅助其他部门的设计类工作，相关岗位需求较大，人员数量也较多。同时团队并未承担较大的业绩压力，专栏内容的扩充以及相对宽松的生产环境使"美数课"的团队人数不断增加。新华网"数据新闻"专栏是目前国内发布数据新闻内容最频繁、细分栏目最多的数据新闻专栏，按照呈现形式分为信息图、图文互动、数视频、PC 交互和手机交互 5 个栏目。团队的人员数量也随着对丰富的内容和表现形式的追求逐渐增加。

2. 以四大门户网站为代表的数据新闻专栏在团队人数上都有一定的缩减

以腾讯和网易为代表的数据新闻团队在发展过程中，对生产机制进行了调整。腾讯的数据新闻栏目"新闻百科"在2012年上线，一周生产三期百科和两期数据新闻，所有工作几乎都由团队内部完成。该栏目2017年2月至第632期便停止更新。腾讯内部重新建立了新的专栏——"谷雨数据"，腾讯"谷雨数据"隶属于腾讯谷雨，一共有2名正职编辑。该专栏的数据新闻内容主要由2名编辑和外部团队合力完成，故在正职人数上有了大幅度的减少。网易"数读"也与腾讯"谷雨数据"类似，通过与外部撰稿人和外部团队合作，正职人员的数量有了一定的减少。以新浪为代表的媒体进行了组织结构的调整。新浪的数据新闻专栏"图解天下"从2019年起更新频率逐渐降低，2020年1～7月，"图解天下"共发布数据新闻8篇，新浪数据新闻团队在此阶段进行了组织结构的调整，建立了新的专栏部门——"图数室"，"图数室"每周发一期数据新闻，相比于原"图解天下"，"图数室"的更新频率变低，人员需求减少。

随着互联网技术的不断发展以及移动互联网的冲击，自媒体短视频等对传统四大门户网站带来的影响是显著的，大环境的改变和组织架构的调整是四大门户网站的数据新闻团队人员数量减少的主要原因。总的来说，数据新闻团队的人员数量产生了分化的现象，经济因素和技术因素是影响团队人员数量发生变化的主要原因。数据新闻的变现存在一定的困难，在商业化路径中探索较为成功或者是没有盈利压力的团队，其团队的人员数量有了一定的增加，其他团队人员数量都发生了一定的缩减，在复杂的媒体环境下，这些媒体通过与外部组织合作的方式寻找了一条合适的发展之路。而技术因素对团队结构的影响更多体现在数据新闻对数字技术的需求上，相关需求导致对相关专业人士需求量的增大。

（二）人员架构：工程师数量小幅增多

根据团队人员数量，本报告选取3家媒体具有代表性的数据新闻团队进行分析（见表3）。

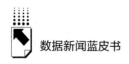

表3　2020年3家媒体的数据新闻团队人员架构组成

团队规模	团队名称	团队组成
小型	腾讯"谷雨数据"	2名编辑
中型	新浪"图数室"	1名编辑,2名设计师,1名前端,1名总负责人
大型	澎湃新闻"美数课"	7名记者,14名设计师,2名总负责人

　　一些数据新闻团队的正式员工并不多,如腾讯"谷雨数据"一共只有2名数据新闻编辑,但其发布的数据新闻的频率和内容质量都处于业内较高水平。腾讯"谷雨数据"主要采用外部合作的方式生产数据新闻,除了2名正式编辑,还有数十家稳定的外部合作团队,这些团队包括职业撰稿人、其他媒体和数据科技公司。当涉及一些复杂的,需要做爬取清洗大量数据或者是需要做可视化和交互的工作时,主要由外部团队来负责,腾讯"谷雨数据"团队的编辑更多的是负责包括选题策划和审核在内的顶层设计的工作,具体落地包括数据获取、内容撰写与可视化设计都由外部团队完成。

　　大多数数据新闻团队在涉及非日常项目,如数据体量大、数据难获取、数据结构复杂的项目或交互类大型项目时,需要工程师来负责数据的爬取与处理或交互的可视化呈现工作。《新京报》数据新闻团队表示:"一般一篇数据新闻需要2个人生产,编辑负责统筹内容,设计负责可视化,如需交互会加入前端工程师。"工程师的人力成本通常高于记者或编辑,拥有专属工程师的团队依旧较少,占全部调研对象的25%左右,和以往相比有小幅度的增加。过去在具有技术优势的四大门户网站,数据新闻团队常常因为工程师的缺乏而无法充分满足交互式数据新闻日常开发的时效性需求。在2020年的调研中,部分数据新闻团队有了自己的专属工程师。大多数数据新闻团队虽然没有专门的工程师,但在遇到一些大型项目时,团队可以提出需求,公司其他部门的工程师会进行协助。许多记者和编辑已初步掌握部分简单的爬虫和使用R语言等操作。

（三）人员组成:自媒体从业者明显增多

　　随着移动互联网技术的发展,越来越多的人开始在网站上发布自己生产的新闻，UGC（用户生产内容）也开始加入数据新闻的从业者队伍。此类自媒体从业者大多在网易、澎湃新闻、今日头条、微博有自己的账号。在湃客上搜索数据新闻共有 623 个结果，除了部分 PGC（专业生产内容）外还不乏一些生产数据新闻的个人。这些自媒体大多具有较为专业的知识储备，多为财经专业、计算机专业。生产动机大多源于为了增加经济收入和爱好。澎湃新闻数据新闻团队表示："湃客是一个第三方创作者入驻的平台。环境比较好的时候数据新闻的栏目也就 30 个。但是现在有 100 多个，有很多创作者的身份属性不是媒体，但他会应用数据传播、数据叙事的方式去生产内容，这一点非常让人惊喜。"这些自媒体和个人的数据新闻生产者包括研究机构、数据咨询公司、可视化的设计人员以及互联网公司的数据分析师等，他们掌握数据新闻生产过程中的部分工具和技能，可以根据业务的需求进行数据挖掘和专业化的数据表达。虽然这些生产者在某一垂直领域的专业性比较强，输出频率不够稳定，但为整体的数据新闻生产做出了较大的贡献。

二 数据新闻的生产流程

数据新闻的生产流程整体上变化不大，主要分为以下几个部分：确定选题、获取数据、分析数据、可视化的呈现与最终的内容发布。但与之前相比每一个生产环节又有一些差异和变化。

（一）确定选题：各媒体差异大

随着移动互联网技术不断发展，读者的阅读习惯越来越呈现碎片化的特点，从业者在考虑选题时会更加关注读者的兴趣，选题方向也有逐渐"软化"的趋势。新浪将原本的数据新闻栏目"图解天下"调整为"图数室"，目标用户主要是年轻人，在考虑选题的时候会更加从用户及观众的视角进行决策。新浪数据新闻团队表示："年龄大一点的人可能更喜欢'图解天下'，一些国际类的内容，如美国大选这种选题，用户群相对较小。我们现在更倾向于探寻用户群感兴趣的选题。"用户感兴趣、相关选题与栏目的目标用户相

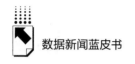

匹配越来越成为影响选题的决定性因素。多位受访者也表示随着移动互联网技术的不断发展，用户的阅读习惯变得碎片化，媒体在确定选题时也会倾向于偏生活化、娱乐化这类读者更易接受的内容。腾讯"谷雨数据"团队认为选题必须和平台定位息息相关，其目标用户是二三十岁的年轻人，因此他们在进行选题判断时，首先会倾向于选择目标用户关心的话题。其次是选题价值，腾讯"谷雨数据"会更倾向于公共价值较高、用户比较关心且具有新价值的选题。最后是数据的空间，如果该选题没有太多数据空间，不适合用数据新闻来呈现，腾讯"谷雨数据"便会建议由腾讯谷雨的其他团队来操作。关于选题的决策标准，三者之间并行，且全部都满足才能纳入选题范围。

而地方媒体在对数据新闻选题进行判断时会更多地考虑选题的接近性和服务性。《钱江晚报》团队表示："我们是比较本土化的媒体，更重视的是服务性和接近性，其实还是跟自己本身的定位有关。"《四川日报》作为党媒表示，在发展的初期，团队更多追求的是数据新闻量产，如今对数据新闻质量的要求越来越高，在选题策划时会更加注重选题的公共性和重要性，力图为决策提供参考方向。

（二）获取数据：途径更加多元

1. 获取数据的方式较为多元

获取数据的途径越来越多元化，通过技术手段爬取网络上的公开数据或网民评论等已经较为常见。澎湃新闻数据新闻团队表示："获取数据的情况跟之前差不多，但是可能用爬取，还有一些技术手段会更多。"大环境下的数据开放程度有了一定的提高，随着大数据时代的来临，智库、研究机构和企业也纷纷投入数据采集和数据报告的生产过程。从业者对数据的理解也更加宽泛，法律条文、会议发言等质化的数据也被更多地采用。

2. 自行调研的数据越来越多

除了政府公开数据、学术论文、智库报告等，网易"数读"表示，在获取数据时还会通过问卷调查的方式来增加数据维度。问卷的数量一般以数千份居多，也有过万份的情况，主要通过新闻客户端和微信公众号平台进行发放，对栏目的读者进行调查。

腾讯"谷雨数据""图解教育"也会经常使用问卷调查的研究方法。相关调研发布的平台主要是"腾讯新闻"客户端，从设计到产出一般要经历1个月左右的时间，参与问卷的人数根据不同的话题有较大的波动。腾讯"谷雨数据"团队表示："我们曾做过父亲节的问卷，实际有效的反馈量已经突破了15000人。有一些话题会小众一点，比如疾病相关的调研，可能就只有1000多人参与。"腾讯"图解教育"栏目会定期发布一些在线的挂网调查，包括智库、21世纪教育研究院等。腾讯"图解教育"曾与《中国教育报》联合挂网调查获得了100万人的大样本数据。从业者表示通过调研获得的数据更加具有平台特有属性，是一种稀有资源，此类获取数据的方法虽然周期较长、操作相对复杂，但价值较高。

中国天气网在数据新闻领域也一直有所探索。其最主要的信息都是来自自行调研的数据，能更加真实地反映身边的环境情况，包括与民众相关的预警、防灾减灾等。在不同的地方设有相关的预警设备，连接到后台的设备中，并实时更新。其数据新闻的数据来源更加具有权威性、专业性和时效性。

3. 越来越多的数据新闻媒体建立了自己的数据库

在本次访谈调研中，有包括财新网、新浪、DT财经、《四川日报》、上观新闻、《钱江晚报》在内的6家媒体建立了自己的数据库。不同团队建立的数据库也各不相同。建立数据库对人力和财力的要求都较高，所以绝大多数数据新闻团队表示该数据库是基于公司建立的，并不是由团队单独完成。财新网的财新数据，包含了收购经济相关的基础数据、历年来资深记者积累的经验数据、国内外各地疫情相关的数据等，从业者保持对数据库内容的维护和更新。上观新闻的数据库于2019年末建成，数据库更多是为了服务报社其他部门，内容较为丰富，包括了智库和上观新闻历来的报道，还包括图片库和疫情数据库等。数据库是一项基础设施建设，2021年，上观新闻还计划向智库方向发展。

有受访者表示，基于公司建立的数据库，在获取数据时有一定难度。该数据库的内容并不向全体员工开放，如果需要特定的某一个数据，员工内部

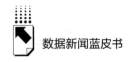

要向上级提出申请，通过审核后才能使用。有的媒体则对数据库的必要性产生了质疑，在一些可以复用的题材上面会累积数据库，但是很多题目的数据可复用性并不强。如果花费很多精力在这种利用率不高的基础设施建设上，结果会是得不偿失。

4. 与企业机构的合作更加密切

来自企业和咨询机构的数据，一部分是公开发布的数据，还有一部分是媒体与企业和机构通过合作的方式获得的。合作企业中美团、饿了么、BOSS 直聘等互联网企业占比较高，数据内容主要包括用户的使用偏好。绝大多数的受访对象都表示会通过与外部企业合作来获得数据。合作的方式主要是资源置换，腾讯"谷雨数据"团队表示："他们提供给我们需要的数据，我们在图表中也给他们一定的品牌露出，同时在我们平台上分发。"媒体从企业获得一些脱敏数据，生产相关的数据新闻，最后通过品牌露出的形式进行资源的置换。每日经济网表示，除了在新闻报道中通过露出数据源的方式进行品牌露出，也存在直接购买数据的情况，这在一定程度上体现了专业数据作为一种稀缺资源的重要性。

（三）处理数据：重视多重确认

1. 处理数据的工具及方法

获取数据后，有些数据因为数据格式和数据质量等问题无法直接对其进行分析，需要从业者对其进行归纳"打包"和"清洗"。澎湃新闻数据团队表示对于半结构化数据应用和处理的情况比以前更多。国内很多政府和企业会因业务需求，公开业务相关的文件，或进行定期的信息披露。这些定期披露的信息较为关键，但是经常以半结构化的形态出现，这一部分数据就需要进行人工处理。在处理这些半结构化数据的时候，没有特定的人负责数据的整理和清洗，一般是由对应选题的编辑和记者来完成这部分工作。

除了腾讯"谷雨数据"和网易"数读"会和一些外部团队或个人合作，让合作团队来进行数据分析，大多数受访者表示记者和编辑承担了数据分析的工作，主要用到的工具依旧是 Excel 和 R 语言，有的团队还会用 SPSS 和

SAS 来进行一些较为复杂的分析。对数据进行分析和处理时，记者和编辑通常会采用同类数据进行对比，看趋势，分析平均值、中位数、众数等基础手段，有的也会对数据进行相关性分析、回归分析等较为复杂的处理。从业者对数据的操作处理路径和处理方法较为常规化，但在处理数据时会更注重问题意识。CGTN 数据新闻团队表示："对数据的处理要考虑我们通过数据想得到什么。"

2. 数据的可信度

受访的数据新闻团队表示，除了对信息来源进行核实，还有其他保证数据可信度的方法，主要是专家咨询，通过咨询相关领域的专家，对数据的可信度和数据质量进行核实和确认，同时为数据新闻的结论提供多维度的说明；通过前沿的学术论文来进行验证，网易"数读"很多科普相关的文章，在末尾都会附上大量的参考文献，引用最新的高质量的学术期刊内容，增加文章的可信度；通过常识经验进行判断，大多数编辑都有一个自己擅长的报道领域，多年的经验积累，使他们在看到某些数据时会基于常识经验做出判断；抽样调查回访，腾讯"教育图解"团队表示，当他们拿到了一些样本，会在做完一系列分析得到一个初步结论后，通过电话回访的形式来进行抽样调查，也会让合作的智库团队做一些电话回访进行抽样调查，以确保数据的真实有效。

也有媒体表示，可信度是一件难以保证的事情。某些数据可以通过多方调查和基本的推算验证来证实其真假。然而某些数据尤其是财经类数据，媒体没有办法核实其可信度。作为媒体应保证其引用的数据都是正规的官方数据，尽可能透明公开地展示数据的处理过程，不带诱导性地去分析数据，客观地呈现数据，对于数据的判断更多的是交给读者去思考。

（四）内容呈现：偏好与深度内容结合

1. 形式偏好

受访的数据新闻团队都更加偏向于用图文或者信息图的形式来进行内容呈现。网易"数读"倾向于在数据新闻中加入条漫的元素。网易"数读"

团队表示："'数读'本身孵化出了一个叫'城市漫游计划'的条漫栏目，我们把两者内容做了一个结合，希望内容不至于那么枯燥。用户的反馈也比较好。"《四川日报》则表示喜欢用信息图的表现形式，因为内容呈现简洁明了且制作工期短。《钱江晚报》和 CGTN 则更偏向于重大型的交互项目。CGTN 的数据新闻栏目隶属于新媒体实验室，该数据新闻栏目是基于交互项目建立的，对外输出内容，更倾向于生产国外偏重的 PC 交互形式。总的来说，各大媒体最常使用的表现形式依旧是图文和信息图，但是对于移动交互、PC 交互、游戏视频等多种形式也都进行了探索。

2. 视频化趋势

抖音、快手等短视频的出现对媒体行业产生了冲击，不少数据新闻团队在短视频领域也进行了探索，但是大多数都因为人力不足或者成本高、周期长而未能持续。网易"数读"注册了快手账号，疫情防控常态化时期每日更新相关的疫情动态视频，效果较好，但受限于人力不足并未长期延续。短视频社交平台的活跃用户数量多、黏性大、用户使用时间长，故自带流量属性。不少媒体自主生产视频类数据新闻的意愿较强，并认为这是一种更加生动的表现形式。也有受访者表示做短视频完全是因为部门的要求，将相关内容用短视频形式呈现的意愿较低。总的来说，越来越多的数据新闻从业者开始尝试步入短视频领域。但也有部分从业者认为，视频的动态形式不利于读者进行深度阅读，数据新闻不适合视频这样一种表现形式。更多的受访者表示没有找到短视频和自己数据新闻专栏的切入点，人力的缺少也是阻碍其生产的一个主要因素。

（五）内容发布：倾向移动端发布

随着移动互联网的发展，越来越多的媒体将发布平台的重心转向移动端。新浪"图解天下"以往主要发布在新浪新闻的网页上，在 2019 年底将栏目改为"图数室"，主要发布的平台改为"新浪新闻"客户端和微博，通过微博的大 V 账号——@图数室和@头条新闻同时发布。各大媒体主要根据用户的阅读习惯对发布的平台进行了一些调整，逐步转移到了移动端，如微博、微信和客户端等，发布的内容会根据不同平台的特点进行小范围的调整，如在客户端上发布时，会对标题进行精简；在微博发布时，会更多地选择用图片来替代图文的形式；同时在"两微一端"上发布时，会更多地考虑用户手机观看时的阅读习惯，如某些从业者会选择条漫和长图的形式，让读者在观看时感到更加流畅便捷。

（六）效果评价：重视影响力

数据可以直观地体现出观众对该话题及内容的兴趣程度，同时新闻的阅读数据也会影响到其后续的商业价值，在绩效考核中也是重要的组成部分。此次调研中，除了新闻发布后的相关数据以外，不少团队表示更加重视内容的质量、内外界的评议以及观众的讨论和反馈。

第一，从业者重视的不仅是阅读量，还有其他相关数据，包括整体的点击率，目标用户的点击率，分享转发的情况，等等。腾讯"谷雨数据"团队表示："粉丝的打开率能体现出文章是不是我们的受众所喜欢以及关注的。分享一般意味着用户觉得你的内容有价值，愿意同更多人探讨。同时我们也比较在意有多少我们的目标用户看到稿件。"当观看的用户和目标用户不相匹配时，团队会认为自己的操作方向有一些偏差，在后续的工作中会进行相应的调整。

第二，事业单位性质的媒体更加注重影响力和服务性。中国天气网作为一家事业单位，更注重的是新闻发布之后的影响力。头部新闻媒体的转发，防灾减灾部委领导的重视以及对社会公众的影响是其更重视的内容。中国天气网团队表示："我们不把阅读量作为发布数据新闻成功的重要标志。我们更注重的还是影响力。因为我们是一个国家防灾减灾的环节部门，更注重它的社会影响力和在政府决策层面的影响。"而《钱江晚报》等地方媒体更重视的是用户的体验感以及相关内容能否更好地服务用户。

第三，从业者表示在数据新闻发布后，会更加重视用户的讨论情况。腾讯"图解教育"认为用户的讨论不仅能体现其对内容的兴趣和重视，还可以通过讨论形成新的内容增量"反哺"媒体，为以后的议题提供新的思路

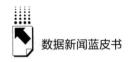

和方向。新浪"图解天下"转型为"图数室"后，把栏目发展的重心转移到了社交网站。微博成为"图数室"的主战场，微博用户整体呈现年轻化的特点，"图数室"也会主动结合一些青年人感兴趣的话题，从用户的视角寻找结合点。新浪数据团队表示，寻找用户讨论中跟年轻人有关的缺口，让他们加入进来一起讨论。

三 从业者对数据新闻的价值认知

（一）从业者对数据新闻的理解

在 2020 年的调研中，从业者在对数据新闻的定义进行探讨时，讨论的重点和之前相比有所不同，主要体现在以下几个方面。

首先，不倾向于把数据新闻单独拎出来讨论，更倾向于回归到新闻的本质，强调数据新闻是新闻的一种。DT 财经从业者表示："我不太倾向于把数据新闻单独列出来作为一个垂直的领域。"从业者表示不应将数据新闻脱离新闻进行讨论，数据新闻是新闻的一种，只是来源是数据，可以通过数据得到其他方法得不到的一些发现，从宏观角度去弥补从前新闻微观观察的不足，但它仍然是新闻。部分从业者对于将数据新闻与新闻割裂开来，讨论数据新闻的商业价值和新闻价值表示否定。2020 ~ 2021 年数据新闻从发展到逐渐退去最初的热潮，开始回归理性的思考。让数据新闻回归新闻的本质，越来越多的媒体从业者意识到这一点，并强调数据新闻的核心依旧是新闻。

其次，数据新闻是一种讲故事的形式和方法。受访者在对数据新闻进行定义和界定时，大多数都不可避免地从"功能说"的角度对其进行阐释，从其表现内容的特点上对其定义进行界定，同时从业者也倡导新闻定义价值的理性回归。财新网认为数据新闻是一种分析问题的手段和讲故事的方法，应该融入所有的新闻报道。有的受访者表示数据新闻是通过数据来讲故事、说趋势的新闻呈现形式。部分从业者将数据的定义落脚在"表达方式"或"思维方式"上，认为数据新闻可以更频繁地贯穿于日常新闻报道中，强调了数据新闻融入日常新闻报道，二者相辅相成的必要性。

最后，从业者对数据新闻的定义更少聚焦于可视化，更多聚焦于数据本身。在问及"你认为什么是数据新闻，你如何理解数据新闻"时，越来越少的从业者将问题争论的重点聚焦于可视化。从业者在对数据新闻进行界定时更少地强调可视化的意义，甚至更少地提及可视化。界面新闻团队表示，在对数据新闻进行界定时应该更加灵活宽泛，"真正优秀的数据新闻应该是对行业的了解，而不是可视化做得有多好"。数据新闻更重要的是其呈现地对行业的洞察，而不是表现形式上的独特，在对数据新闻进行界定时，不可避免地将数据新闻与数据新闻的价值和意义进行统一论述。《新京报》数据新闻团队表示："数据新闻是数据驱动的新闻。"其强调了数据的重要性而不是将数据新闻简单地等同于可视化。

（二）从业者对数据新闻发展趋势的判断

几乎所有的从业者对数据新闻的未来持乐观态度，对于数据新闻未来的探讨更多聚焦于其功能属性以及在宏观方面对于整个社会的影响。

1. 未来数据新闻会越来越融入日常的新闻报道

随着数据的不断开放以及各类可视化工具的出现，生产数据新闻的门槛相比以往有所下降，越来越多的自媒体加入数据新闻的生产队伍。未来，数据新闻会越来越融入日常的新闻报道，和传统新闻相互补足、相辅相成，目前也已经有了这样的趋势。新冠肺炎疫情发生，全社会高度关注，民众对相关的数据也更加重视和敏感。但也有从业者表示，面对这一现象，数据新闻媒体仍然需要冷静思考。财新网数据新闻团队表示："未来数据新闻还是要更加融入日常的新闻报道，不能总是期待有这种'爆炸性'话题的出现。"

2. 新闻的内容向更加有深度更加有故事性的方向发展

每日经济数据新闻团队表示："用做数据新闻的一些技能和方式去探索调查报道或者深度报道应用的空间，这可能是未来的一个方向。"《新京报》团队认为，在数据新闻中短、平、快的信息可视化和深度融合报道都是缺一不可的。数据新闻在生产中，数据经过过滤与视觉化后形成故事，而在这一过程中，对于公众而言数据的价值也提升了。数据新闻从业者如何将数据提炼为丰富的故事也极为重要。从业者认为现在的数据新闻缺少故事性，有深度而没温度。故事形态的新闻内容传播力更强，未来数据新闻需要对此进行更加深入的探索。

3. 数据开放程度会进一步提升，行业间的合作会更加紧密

部分从业者对未来国内数据的开放情况表示乐观，但也有部分从业者认为还需观望。上观新闻团队表示，不仅是政府数据需要提升开放程度，企业和公司也应公开更多的数据。企业和公司向媒体披露数据，为媒体提供素材，媒体生产数据新闻，在一定意义上也是对企业品牌和形象进行了曝光和宣传，可以达到共赢的局面。从业者表示与以前相比，目前整个大环境的开放情况更好，平台间的合作机制也更加完善，全行业的生态更加良性。新浪团队表示，未来合作会越来越深入、越来越广泛，合作共享是未来的发展趋势。

4. 与新技术不断结合，增强社会服务性

数据新闻在人员和资本方面投入较大，未来数据新闻应与新技术有更多的结合，在服务市民和群众上做出更大的贡献，其意义与价值则是非常深刻的。《钱江晚报》团队认为，在智慧城市和城市决策等方向，数据新闻体现的价值值得期待。新浪团队也认为未来的数据新闻不应该局限在新闻这个圈里，应该进行概念的拓宽。疫情防控常态化时期，不少数据新闻团队都生产了疫情地图，用户可以在该新闻的界面上进行查阅，了解不同地区的返乡政策，包括是否需要进行核酸检测以及隔离天数等，获得了知识和信息的增量。此类产品为用户进行决策提供了很好的支持。但是也有从业者表示，数据新闻如果产品属性过重，其新闻属性便会受到一定程度的削弱。产品服务性与新闻性之间的权衡也应该值得注意。

5. 向更广阔领域的数据传播方向发展

大数据时代，信息越来越多的以数据的形式出现，数据的重要性也越来越凸显。从业者表示数据新闻可以挖掘出独特的信息增量，在表述方式上有特殊作用，是一种有效的新闻形式。很多信息以数据的方式储存，在未来，数据作为一个信息单元的重要性会更加凸显，数据新闻传播作为数据传播中

的一个分支，其重要程度也不言而喻，未来不仅是数据新闻的传播，再宽领域的数据信息传播都会与数据新闻相互联结。从业者表示，随着互联网技术的发展、大数据技术的推进，社会大众对于数据所产生出来的信息以及数据本身的关注度也越来越高。如何从海量的信息中帮助大众快速提取关键、核心的信息点，这也是数据新闻未来的一个发展方向。

（三）从业者对数据新闻发展困境的思考

1. 生产困境

首先，数据新闻生产周期较长，追逐热点难度大，相关热点新闻的发布容易滞后。数据的获取跟"清洗"以及技术的表达在实际操作过程中要花费大量时间，这些使数据新闻的生产周期更长。有些团队受人员数量限制，难以及时追逐热点。有的从业者表示，数据新闻生产周期较长、追逐热点难度大、发布时间滞后导致最后的反馈不佳，记者和编辑的积极性也会受到打击。热点新闻的阅读量、关注量和影响力都普遍较高，目前数据新闻追逐热点难度大，主要受限于人力和周期。

其次，数据获取困难。从业者普遍表示与以前相比，目前国内数据的开放程度有所提升，但还不能满足大家的基本需求。目前国内数据开放主要存在以下几个问题。

第一，开放程度不够，某些领域的数据无法查询。从业者表示，国内数据的开放程度和以前相比有所提升，但整体的开放水平依旧不高，许多领域的数据无法查询。媒体向官方机构申请数据，回复率不高。若官方回复没有相关数据，媒体也没有有效的途径对此进行查证和质疑。

第二，数据更新滞后、时效性差，部分年限时间数据缺失。新浪数据新闻团队表示："我们最近在做'代孕'主题的新闻，发现国家卫健委官网上找不到近两年的数据，只有 2012 年和 1989 年的数据。"某些领域的数据调查难度大，发布年份有缺失，且并未做到定期发布，从业者难以把握。有时获取的数据有两三年的滞后，从业者会选择在新闻上以标注的形式进行说明，有的滞后时间过长，从业者会选择放弃该数据。

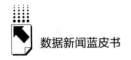

第三，数据质量差。数据质量差表现在数据的缺失和数据格式的杂乱上。很多数据是半结构化的数据，需要从业者花费大量的时间进行"清洗"和整理。很多开放数据没有提供可以直接下载的格式，仅通过文本的方式进行发布。不同部门之间发布的同一主题的数据有时会发生冲突，某些数据还会涉及维度的缺失。数据质量差、数据不完整、数据缺失、数据格式复杂需人工多次处理、不同部门发布的数据有冲突，这些问题都阻碍了数据新闻的生产。

第四，发布的平台和渠道不集中，有些政府数据需要从业者花费大量的时间和精力进行搜集和整理，缺少一个清晰的便于查阅的公共的平台。数据可能会分布在各个平台、各个账号发布的报告中，相关内容和信息需要一个更加便捷的平台进行资源整合。

第五，选题边界难以把握。有些从业者表示确定数据新闻的选题是一件较为困难的事情，必须兼顾平台的属性、用户的特性和栏目的调性。选题的价值和选题的数据空间都是要考虑的问题。普通用户或个人对行业和深度的感知边界很模糊，从业者只能通过不断摸索，积累经验来判断受众的接受程度。有些选题的数据，如若进行深入的研究，需要对相关数据进行专业分析，这对记者和编辑来说难度较大，浅尝辄止的研究容易流于表面，缺少专业知识的深入探析有时会得出错误的答案，此类选题的边界是记者和编辑难以把握的。

第六，数据新闻团队相关从业者思维固化、滥用形式导致受众审美疲劳。从业者对人才素养问题的讨论已经由技术熟练程度的不足转化为更深层次的方法论问题。有从业者表示，在数据的生产过程中，选题确定后，记者和编辑首先想到的是相关领域是否有足够多的数据，然后开始查找，有时候会有堆砌数据的嫌疑。某些领域的选题或者某些问题，可以用其他替代方式甚至一句话说清楚，依然会有从业者寻找大量的数据来对一个众所周知的或者是已经证实的结论进行说明。财新网数据新闻团队表示："数据新闻有一点沉溺于一定要带图的规则里，对个体的关注度有所缺乏。"泛泛而谈，缺少对个体关注的数据新闻难以给读者留下印象，也难以使其获得知识的增量，同时从业者认为形式的滥用也是一种隐患。套路化的操作，会消耗形式的表现力，可能会使用户产生审美疲劳。形式的滥用是存在于行业中的一个普遍现象，究其根本是从业者的专业素养不够，对数据新闻的理解、对内容的理解不够深入。数据新闻的从业者在实践中应该让形式产生独特的价值，让形式服务于内容，不然会产生本末倒置的现象。

2. 变现困境

首先，数据新闻的"出圈"程度不够，在商业变现上存在困难，同时也没有办法吸引更多高素质的人才。大数据时代，无论是行业还是学科，数据分析都是一个很热门的领域。但是从业者表示很少有数据分析的高手愿意去做数据新闻。究其原因，主要是数据新闻的"出圈"程度不够，有一些相关方面的人才即使是想投身数据新闻领域，但仍受制于不够匹配的回报。这里的回报一方面指的是物质上的报酬，另一方面指的是精神上的成就感与满足感。腾讯"谷雨数据"新闻团队表示："目前我们整个行业没有发展到可以去真正吸纳更多人参与的状态。"

其次，相当数量的受访者表示数据新闻的商业模式和其他新闻没什么区别。也有从业者表示其可以衍生出很多产品和服务，利用专业能力向 B 端客户提供服务和解决方案。但是有受访者表示，在追求多元商业形式的时候，有些数据新闻媒体会逐渐丧失自己的媒体属性，以媒体公信力作为背书，去生产产品、销售服务，这种行为属性与媒体的新闻属性渐行渐远，如果媒体长此以往，丧失边界，将会是一件很危险的事情。研究发现，相当数量的数据新闻团队，在受访时更愿意称自己是新媒体内容生产者。究其原因主要是目前部分媒体生产的数据新闻内容时效性差、内容的倾向性越来越强、主题过度娱乐化和"软化"，从业者在倡导数据新闻回归新闻本质的同时，越来越多媒体的数据新闻内容开始去新闻化。

3. 行业发展困境

媒体的定位和发展方向问题。从业者表示，目前数据新闻有四种发展方向，第一种是官方媒体因为一些相关的诉求，会主动进行前沿的技术创新，由于其并不受流量和影响力因素的制约，主要是一种创新导向，在交互和特

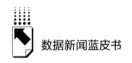

定形式的探索上会比较前沿化。第二种是坚定地持续生产优质的数据新闻内容，走向更"出圈"化的路径，通过优质内容来扩大自己的影响力。第三种是逐渐将新闻"软化"，这也是当下越来越多媒体尝试的方向。生产受众喜好的民生新闻、娱乐新闻和各类情感倾向较为突出的软文，通过吸引注意力来获得流量和关注。但是此类内容正逐渐去新闻化，公共性也逐渐减弱。第四种是逐渐走向实用性，数据新闻与生俱来的和数据的密切关联，使某些媒体开始尝试往智库和咨询的方向发展，这在一定程度上也会偏离数据新闻。不同的媒体在这四类发展方向或其他的方向中进行探索和尝试，寻找最符合自身发展规律和栏目属性的形式，有的也会将这几类形式相互结合。在探索的过程中，有的数据新闻栏目被取缔，有的人员结构被冲散，媒体找到适合自己的发展方向和定位也是影响当前数据新闻发展的重要因素。

四 总结

移动通信技术的发展与革新对新闻传播领域的格局与生态带来了深刻的影响，5G技术的落地也将深刻地推动新闻行业转型升级。随着5G时代的到来，越来越多的信息以数据为载体进行传播，数据新闻成为全球新闻行业新的增长点。

数据新闻在中国已经发展了10个年头。数据新闻的生产团队出现了分化现象，在团队规模上以财新网"数字说"、新华网"数据新闻"、澎湃新闻"美数课"处于领先地位，其他数据新闻团队的规模相对较小，且大多在3~5人，更多的自媒体和个人加入数据新闻生产的队伍。大部分数据新闻团队在生产制作中形成了较为稳定熟练的模式。随着移动互联网技术的发展，数据新闻从业者在生产实践过程中更加注重用户导向和问题导向。在数据方面，国内的数据开放程度和以前相比有了一定的提升，但整体上仍不能满足从业者的基本需求。媒体使用自行调研数据的情况越来越多，多家媒体建立了自己的数据库。从业者对数据新闻的价值理解做到了一定的理性回归，在对数据新闻进行定义时更多地聚焦于回归新闻，数据新闻的价值也应更多地体现在与传统新闻的相辅相成中。

但是包括数据获取困难、缺少专业人才与媒体商业变现困难等问题依旧制约着数据新闻的发展。对数据新闻的未来发展不应盲目乐观，也不应过度悲观，从业者应该回归新闻，用一种理性的态度去看待未来。Stalph 对数据新闻的可持续发展进行探析时，勾勒出数据新闻未来发展的三种实践方向：数据新闻实践可以作为一种技能被专业记者广泛掌握；作为一种类型，仍将是一种小众的讲故事形式，由较小的新闻编辑室负责；由于资金和人员的限制，数据新闻将被主流媒体抛弃，他们将把数据分析外包给外部公司。面对当前的困境，从业者应找准自身的定位，维护既有读者和用户，不断提升专业素养，拓宽数据获取来源，提升数据新闻质量，探索适宜的表达形式，保持新闻内容的稳定持续输出，用数据驱动新闻，用形式服务内容，推动数据新闻行业良性发展。

行业研究篇

Industry Research

B.2

启蒙、想象与祛魅：跨学科互动中的
数据新闻研究（2013～2021）

赵鹿鸣　申琦*

摘　要：　本报告述评了中外数据新闻研究的脉络、议题与走向。中国
　　　　　的数据新闻业经历了从早期的引入、启蒙，到现阶段逐步反
　　　　　思的过程。从关键词共现结果来看，国内研究最常关注"大
　　　　　数据""可视化"等议题，国外研究除关注"大数据"外，亦
　　　　　关注"计算新闻学"，并将其作为理论谱系。在研究方法
　　　　　上，国内研究中的思辨研究远多于实证研究，后者以内容分
　　　　　析法为主，国外研究则以定性与定量并重。中外研究存在共
　　　　　同的问题是，基于受众与传播效果的研究依然匮乏。在跨学
　　　　　科"对话"方面，国内发表的数据新闻研究成果及其施引文
　　　　　献集中在新闻传播学领域，跨学科交流较少。国外部分研究

* 赵鹿鸣，北京大学汇丰商学院硕士研究生，主要研究方向为计算传播、数字传播学；申琦，
南京大学新闻传播学院教授，主要研究方向为人机传播、计算传播、网络隐私与信息安全。

成果散布于数据科学、计算机科学等领域，存在一定的跨学科"对话"空间。中外数据新闻研究就议题、方法上的共性与差异，以及它们整体与其他学科间"对话"的不足，提醒着我国重视数据新闻研究实务指导的同时，加快构建科学理论体系的必要性与紧迫性。

关键词： 数据新闻学　文献计量法　跨学科互动

关于数据新闻学的研究一直被技术创新的话语所主导。① 当新闻编辑室快速拥抱新技术时②，数据新闻被塑造成一个吸引受众的领域，通过可能存在的美学与更富效率的信息帮助读者了解新闻中的复杂问题。③ 虽然数据新闻的实践在全球开展④，但是近些年的研究⑤表明，在社会影响、传播效果等方面，它很难达到预期水平。从 CSSCI 与 SSCI 的检索结果中可看出，中外数据新闻研究均在 2013 年起步，截至 2021 年，已有成果探讨了数据新闻的产制、人才培养、行业发展等议题。但新的担忧是对数据新闻研究的热衷，是否会导致对技术的盲目崇拜；已有研究，能否把握新闻实践需求，为数据新闻学与数据新闻业提供理论方法上的进一步指导。

本报告运用文献计量法述评中外数据新闻研究的脉络、议题与走向。具

---

① S. Steensen, "Online Journalism and the Promises of New Technology: a Critical Review and Look ahead," *Journalism Studies* 3 (2011).

② C. W. Anderson, "Towards a Sociology of Computational and Algorithmic Journalism," *New Media & Society* 7 (2013).

③ J. Hullman, N. Diakopoulos, E. Momeni et al., "Content, Context, and Critique: Commenting on a Data Visualization Blog," Proceedings of the 18th ACM Conference on Computer Supported Cooperative Work & Social Computing, 2015.

④ B. Palomo, *Data journalism in the Global South* (Springer Nature, 2020).

⑤ S. Zhang, J. A. Feng, "Step forward? Exploring the Diffusion of Data Journalism as Journalistic Innovations in China," *Journalism Studiesm* 9 (2019); F. Stalph, E. Borges-Rey, "Data Journalism Sustainability: an Outlook on the Future of Data-driven Reporting," *Digital Journalism* 8 (2018).

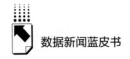

体来看，本报告回顾了中外数据新闻学的主流研究成果，考察了研究关注的主要议题、研究实施的方法及其成果的跨学科"对话"情况，目的是描述数据新闻研究的现状，比较中外数据新闻研究的差异，为中国的数据新闻行业及学界提供阶段性的总结与思考。

一 文献综述与研究问题

2009 年，英国《卫报》设立"数据博客"（Datablog）① 栏目，尝试数据新闻生产。2012 年，网易新闻创办"数读"栏目，在我国媒体中开了生产数据新闻的先河。截至 2021 年，数据新闻实践已有 10 年历史，其相关研究也已逾 8 年。据统计，中国已有 10 余家媒体建立了常态化的数据新闻栏目，至少有 18 所高校开设了数据新闻课程②，涉及数据新闻学的文献超过 1800 篇。③

中外学者对数据新闻学的全面梳理较少，散见于年度新闻学研究综述或者回顾性文献中，并多从技术创新角度探讨数据新闻对应用新闻学、新闻实务带来的改变。陈辉与刘海龙指出，已有数据新闻生产的研究，将有助于加深对一般意义的新闻创新中技术与社会互动关系的理解。④ 雷跃捷与田承旭认为，学界对数据新闻等新兴新闻形式和新闻实践的关注，或将带来更多的新课题和新理念，进而产生新闻学的新概念、新范畴和新原理。⑤

更多的研究则认为，已有数据新闻研究未能构建新的理论、提供新的或者沿用适当的研究方法。柯丁顿（Cddington）认为数据新闻学的最大争议在于

---

① Datablog，https：//www. theguardian. com/data.

② 黄志敏、王敏、李薇：《数据新闻教育调查报告》，《新闻与写作》2017 年第 9 期；余根芳、吴小坤：《数据新闻教育调研报告 2018 – 2019》，《教育传媒研究》2020 年第 1 期。

③ 知网相关数据，http：//nvsm. cnki. net/KNS/brief/Default _ Result. aspx？code = CIDX&kw = %E6%95%B0%E6%8D%AE%E6%96%B0%E9%97%BB&korder = &¹ sel = 1。

④ 陈辉、刘海龙：《2017 年中国的新闻学研究》，《国际新闻界》2018 年第 1 期。

⑤ 雷跃捷、田承旭：《挑战与变革：新闻学研究和教育的发展趋势》，《新闻与写作》2018 年第 3 期。

它在多大程度上继承或改变了定量新闻的传统。① 奥塞霍费尔（Ausserhofer）等人基于 2015 年之前的材料指出，仅有少数实证的数据新闻研究涉及理论或方法论概念，混合研究方法的使用匮乏。② 国内研判的结果与其一致：张志安与江晓雅指出，现有数据新闻研究着重描述现象、总结策略，或者提供基于经验甚至价值观的预测和建议，缺少运用实证数据来分析实践或进行理论建构的高水平研究成果③；袁满与强月新认为，国内的数据新闻研究依然以个案研究和思辨性的研究方法为主，较少有创新④；王勇等人也认为，研究滞后、创新不够、视野狭窄等是当前数据新闻研究存在的主要问题。⑤

国内也有学者重点考察了国外数据新闻研究的情况。张帆等人将英美数据新闻分为生产流程、报道内容、数据素养和伦理道德等四个部分进行研究，指出其学术成果有限，滞后于业界实践，研究的视野和范围也存在局限。⑥ 郑广嘉认为，国外数据新闻研究多受到计算机辅助新闻报道研究思路的影响，聚焦于技术层面的"怎么做"，而不是"为什么做"的问题，尚未形成完整的体系。⑦

上述研究为学者提供了一定的经验资料。然而，已有研究多侧重于中外数据新闻研究资料的梳理与质性总结，缺少挖掘研究所关注议题间的联系及演变。傅居正与喻国明先后利用 CiteSpace 对中外数据新闻研究的演进、学科谱系与未来热点进行了系统的对比分析，指出国内的数据新闻研究尚处于

---

① M. Coddington , "Clarifying Journalism's Quantitative Turn: A Typology for Evaluating Data Journalism, Computational Journalism, and Computer-assisted Reporting," *Digital Journalism* 3 (2015).

② J. Ausserhofer, R. Gutounig, M. Oppermann et al. , "The Datafication of Data Journalism Scholarship: Focal Points, Methods, and Research Propositions for the Investigation of Data-intensive Newswork," *Journalism* 7 (2020).

③ 张志安、江晓雅：《应用新闻学研究的五个焦点问题》，《传媒》2018 年第 1 期。

④ 袁满、强月新：《我国数据新闻研究的回顾与前瞻》，《郑州大学学报》（哲学社会科学版）2016 年第 2 期。

⑤ 王勇、王冠男、戴爱红：《国内数据新闻本体发生发展研究述评》，《昆明理工大学学报》（社会科学版）2015 年第 6 期。

⑥ 张帆、吴俊：《2011-2015：大数据背景下英美数据新闻研究述评》，《国际新闻界》2016 年第 1 期。

⑦ 郑广嘉：《国外数据新闻研究综述》，《新媒体与社会》2015 年第 3 期。

"跟随式"的效仿阶段，议题集中且方法单一。[①] 但需要指出的是，研究忽略了数据新闻一直被视为与数据科学、计算机科学、统计学、可视化科学等学科联系紧密的跨学科实务。[②] 本报告的研究兴趣在于，数据新闻学的研究是否与上述学科有过"对话"？数据新闻实践在我国已有10年，来自业界的怀疑与担忧仍在涌现。在这一语境下，本报告认为，只有充分考虑到以上提及的方面，才能全面了解当前中外数据新闻研究的现状及所面临的问题。具体来看，主要包括以下三个研究问题。

研究问题一，中外数据新闻研究关注的主要议题是什么？

研究问题二，中外数据新闻研究所使用的研究方法是什么？

研究问题三，中国已有数据新闻研究与其他学科的"对话"情况如何？

二 研究方法

（一）数据收集

首先，本报告在 Web of Science（以下简称"WOS"）中以"title"（标题）为条件检索关键词"data journalism"（数据新闻学）。经验证，这一检索法可将数据新闻学早期的另一个名称"data-driven journalism"（数据驱动新闻）的相关成果囊括其中。选取"Social Sciences Citation Index"（SSCI）作为合集，限定"articles"（期刊文章），经人工筛查后获得有效文献74篇。接着，以 CNKI（中国知网）为数据源，在"篇名"中检索关键词"数据新闻"，限定"CSSCI"（含来源期刊、扩展版来源期刊）收录的论文，经人工筛查后获得有效文献232篇。未选择南京大学中国社会科学研

① 傅居正、喻国明：《数据新闻的学科建构：演进逻辑、知识图谱与前沿热点——基于美国核心期刊数据库 Web of Science（1992 - 2018）的文献分析》，《新闻记者》2018 年第 10 期；傅居正、喻国明：《中外数据新闻研究的滥觞与发展：学科谱系的比较——基于 CiteSpace 知识图谱的可视化分析》，《西安交通大学学报》（社会科学版）2019 年第 1 期。

② B. Charles, P. Cheryl, "Teaching Data and Computational Journalism," *Columbia Journalism School* (2016).

究评价中心数据库的原因是，截至 2021 年 7 月，2021 年的 CSSCI 收录文献尚未在该数据库中更新。为了保证分析范围的完整，故选择 CNKI 作为数据源。

SSCI 与 CSSCI 是我国学界高度重视且广泛认可的中外学术期刊数据库，① 考察收录于两者的文献，有助于分析数据新闻学领域的核心成果。同时，鉴于上述数据库中的数据新闻文献均最早出现在 2013 年，本报告将选取分析的时间范围限定为 2013～2021 年。

针对研究问题三，即观察数据新闻学研究与其他学科"对话"的情况，本报告统计了上述文献的施引文献②的学科类别与占比，目的是检查引用了中外数据新闻学文献的学科分布——考察哪些学科与数据新闻学产生互动，后者又受到了哪些学科领域的引用，即认可。同时，考虑到 SSCI 与 CSSCI 数据库侧重社会科学方向的研究，对理工与人文学科的研究收录有限。为了研究其跨学科的现状，本报告进一步在 WOS 数据库中以"标题"为条件检索关键词"data journalism"，选取所有核心合集，限定"articles"（期刊文章），获得有效文献 166 篇；在 CNKI 中选取"核心期刊"为来源类别，获得有效文献 405 篇。这一方法有利于检索在理工及人文社科领域涉及"数据新闻"的主要成果，以保证较高的查全率和查准率。

（二）测量

美国德雷塞尔大学陈超美教授开发的文献计量工具——CiteSpace II，被本报告用以分析列出的研究问题。③ 其中，分析维度包括发文年代、高被引论文、关键词词频与基于共词分析的词共现网络。共词分析（Co-word Analysis）用以分析出现在同一文本序列中的词汇关联度。具体在文献计量

---

① 耿海英、苏金燕：《我国科研人员对期刊评价认识的调查分析》，《图书与情报》2016 年第 2 期。

② 施引文献（Citing Paper/Reference），即引用了当前文献的后续研究。

③ C. Chen, "CiteSpace II: Detecting and Visualizing Emerging Trends and Transient Patterns in Scientific Literature," *Journal of the American Society for information Science and Technology* 3 (2006).

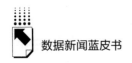

研究中，可研究文献间的内在联系和科学结构①，在新闻传播学领域得到较多运用。② 对文献的关键词展开共词分析，可以帮助本报告了解中外数据新闻学研究主要关注的议题及它们的内在关联。

进一步地，为回应研究问题二，本报告初步考察了中外数据新闻学研究使用的研究方法概况，并将研究方法分为思辨、定量、定性与混合方法研究，由受过培训的新闻传播学研究生在监督、指导下编码，同时利用重测法通过信度检验。

三 研究发现

（一）国内数据新闻研究重"大数据"与"可视化"

文献数量的时序变化是衡量领域发展态势的重要指标。CSSCI 与 SSCI 数据新闻文献的历年发表数量如图 1 所示。目的仅为考察单一数据源数量的增减变化趋势，不宜对比二者的数量多寡。尽管国外数据新闻实践早在 2009 年就已经开始，但中外数据新闻研究均在 2013 年起步。文卫华与李冰在《现代传播》（中国传媒大学学报）发表《大数据时代的数据新闻报道——以英国〈卫报〉为例》，引荐了《卫报》的数据新闻实践。③ 帕拉西（Parasie）与达吉拉尔（Dagiral）同年发表了对芝加哥"计算机辅助记者"（Computer-assisted-reporters）与"程序员记者"（Programmer-journalists）的调查。④ 此后，数据新闻学受到国内学者重视，相关成果涌现，并在 2016

---

① M. Callon, *The Sociology of an Actor-Network：The Case of the Electric Vehicle*（London：Palgrave Macmillan，1986）.

② 喻国明、宋美杰：《中国传媒经济研究的"学术地图"——基于共引分析方法的研究探索》，《现代传播》（中国传媒大学学报）2012 年第 2 期；夏德元、宁传林：《"一带一路"新闻传播问题研究现状及热点分析——基于文献计量，共词分析与 SNA 方法》，《当代传播》2018 年第 1 期。

③ 文卫华、李冰：《大数据时代的数据新闻报道——以英国〈卫报〉为例》，《现代传播》（中国传媒大学学报）2013 年第 5 期。

④ S. Parasie, E. Dagiral, "Data-driven Journalism and the Public Good：'Computer-assisted-reporters' and 'Programmer-journalists' in Chicago," *New Media & Society* 6（2013）.

年进入快速发展阶段。当年，共有 54 篇文献发表在 CSSCI 期刊。此后，国内数据新闻成果逐年减少。截至 2021 年 7 月，2021 年仅有 4 篇 CSSCI 检索的数据新闻文献。与 CSSCI 相比，SSCI 检索的数据新闻文献数量在 2019 年才达到高峰，此前历年发表量呈波动上升趋势。综上所述，在数据新闻学领域，国内学者的切入时间整体早于海外。

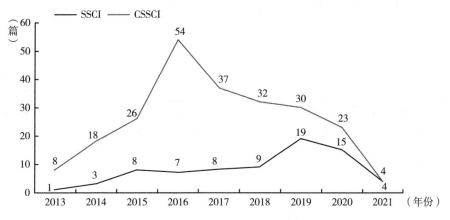

图 1　2013~2021 年 SSCI 与 CSSCI 数据新闻文献数量的变化趋势

结合关键词的共词分析与对应网络图，可分析中外研究的议题与脉络。在 232 篇 CSSCI 文献的关键词中，出现频数达 4 及以上的共计 19 个（见表 1），其共词网络如图 2 所示。

表 1　2013~2021 年 CSSCI 数据新闻文献的共词分析

排序	关键词	频数	中心度	凸显年份
1	数据新闻	195	1.73	2013 年
2	大数据	34	0.21	2013 年
3	可视化	28	0.08	2013 年
4	数据可视化	11	0.01	2013 年
5	数据新闻报道	7	0.06	2014 年
6	新闻叙事	6	0.00	2016 年
	《卫报》	6	0.00	2013 年
	数据新闻奖	6	0.02	2015 年
	大数据时代	6	0.09	2014 年

排序	关键词	频数	中心度	凸显年份
7	生产流程	5	0.00	2013 年
	人才培养	5	0.00	2016 年
	精确新闻	5	0.01	2013 年
	计算机辅助报道	5	0.01	2013 年
	新闻价值	5	0.02	2015 年
	新闻生产	5	0.03	2013 年
8	媒体融合	4	0.00	2018 年
	开放数据	4	0.00	2016 年
	数据科学	4	0.00	2019 年
	人工智能	4	0.03	2019 年

注：频数（Frequency）和中心度（Centrality）是两种度量指标。频数即关键词出现的次数；中心度即网络中节点在整体网络中所起连接作用大小的度量，中心度越大的关键词在网络节点中的关键性越高。比如，当某词汇的频数为 5，中心度为 0.00，表明该词汇作为关键词出现了 5 次，但与其他词汇节点的连接较弱。

图 2　2013～2021 年 CSSCI 数据新闻文献的共词网络

在 CSSCI 数据新闻文献中，"数据新闻"一词位居关键词首位（词频195，中心度1.73）。位列第二的是"大数据"（频数34，中心度0.21）。这一结果显示，数据新闻研究起步阶段，我国学者最关注的是针对大数据这一宏大命题的学术想象。例如，有研究认为，数据新闻在大数据时代诞生、发展，是大数据时代新闻生产的核心竞争力与创新路径①，甚至产生"大数据新闻"的概念。② 然而，研究未对数据新闻或大数据中的"数据"一词做出详尽、清晰的学理探讨，致使研究提及的案例作品通常不与信息学中对大数据"超出传统数据分析能力"的定义相符③，因而未能对数据新闻的定义提供有力的理论支撑。

位列第三、第四的分别为"可视化"（频数28，中心度0.08）与"数据可视化"（频数11，中心度0.01）。可视化（visualization）作为跨学科的研究与实务领域，在国内数据新闻研究中被频繁提及。如，徐锐、郎劲松等人将可视化视为数据新闻生产的关键流程。④ 另外，出现了"新闻可视化"等术语⑤，其研究问题与数据新闻高度关联。对"可视化"的早期探索性研究影响了此后数据新闻的研究导向，其结果是国内学者对可视化的关注远高于数据与叙事本身。⑥ 然而，这与国际通用的《数据新闻手册》（*Data Journalism Handbook*）中提出的"数据新闻并非一定要可视化"的主流观点

---

① 徐锐、万宏蕾：《数据新闻：大数据时代新闻生产的核心竞争力》，《编辑之友》2013 年第12 期；文卫华、李冰：《大数据时代的数据新闻报道——以英国〈卫报〉为例》，《现代传播》（中国传媒大学学报）2013 年第5 期；郎劲松、杨海：《数据新闻：大数据时代新闻可视化传播的创新路径》，《现代传播》（中国传媒大学学报）2014 年第3 期。

② 王斌：《大数据与新闻理念创新——以全球首届"数据新闻奖"为例》，《编辑之友》2013年第6 期。

③ K. Cukier, V. Mayer-Schoenberger, *The Rise of Big Data*: *How It's Changing the Way We Think about the World*（Princeton University Press, 2014）.

④ 徐锐、万宏蕾：《数据新闻：大数据时代新闻生产的核心竞争力》，《编辑之友》2013 年第12 期；郎劲松、杨海：《数据新闻：大数据时代新闻可视化传播的创新路径》，《现代传播》（中国传媒大学学报）2014 年第3 期。

⑤ 战迪：《新闻可视化生产的叙事类型考察——基于对新浪网和新华网可视化报道的分析》，《新闻大学》2018 年第1 期；许向东：《转向、解构与重构：数据新闻可视化叙事研究》，《国际新闻界》2019 年第11 期。

⑥ 吴小坤：《数据新闻：理论承递、概念适用与界定维度》，《新闻与传播研究》2017 年第10 期。

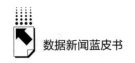
不一致。可见，重视"可视化"作为数据新闻的特征及驱动工具，是国内研究中相对独特的议题取向。

"《卫报》"（频数6，中心度0.00）与"数据新闻奖"（频数6，中心度0.02）作为业界的实践材料常被引用，面向专业记者以解决实际问题。在学理层面，"生产流程"（频数5，中心度0.00）、"人才培养"（频数5，中心度0.00）、"新闻生产"（频数5，中心度0.03）、"计算机辅助报道"（频数5，中心度0.01）、"新闻价值"（频数5，中心度0.02）与"精确新闻"（频数5，中心度0.01）排序并列。回溯主要文献可见，这些学者指出了计算机辅助报道（CAR）、精确新闻（precise journalism）与数据新闻发展脉络紧密关联，并深刻影响了当下新闻编辑室的生产流程、价值判断与人才培养模式，故成为早期引入到学理视域的启蒙资料。①

数据新闻快速发展后，基于国内媒体一系列新的实践资料，以及国内外研究的回应补充，张超等学者开始探讨数据新闻与数据科学的联系与谱系问题②，以及从更大层面来看，它对我国媒体融合、智媒转型的作用。③涉及"媒体融合"（频数4，中心度0.00）、"开放数据"（频数4，中心度0.00）、"数据科学"（频数4，中心度0.00）、"人工智能"（频数4，中心度0.03）等关键词的文献在2016～2019年凸显，议题呈现多样性，体现出数据新闻研究的纵深发展。但中心度基本为0.00，说明议题间的

---

① 方洁、颜冬：《全球视野下的"数据新闻"：理念与实践》，《国际新闻界》2013年第6期；沈浩、谈和、文蕾：《"数据新闻"发展与"数据新闻"教育》，《现代传播》（中国传媒大学学报）2014年第11期；罗艺：《美国数据新闻编辑面面观》，《编辑之友》2014年第11期；许向东：《对中美数据新闻人才培养模式的比较与思考》，《国际新闻界》2016年第10期。

② 张超：《试析数据新闻生产中的个人数据滥用与规避》，《编辑之友》2018年第8期；张超、闪雪萌、刘娟：《从去专业化到再专业化：数据新闻对数据科学的应用与趋势》，《中国出版》2019年第9期。

③ 吴小坤、全凌辉：《数据新闻现实困境、突破路径与发展态势——基于国内7家数据新闻栏目负责人的访谈》，《中国出版》2019年第20期；吴小坤、纪晓玉、全凌辉：《数据新闻市场价值与商业模式侧描——基于国内7家数据新闻媒体负责人的访谈》，《当代传播》2019年第5期。

联系较弱，研究相对独立。同时，来自 CNKI 的统计也显示，2016 年以后，数据新闻的研究热度持续下降①，这与可视化风潮暂歇的业界趋势一致。②

同样，将 74 篇 SSCI 数据新闻文献的关键词进行共词分析，频数大于 4 及以上的共计 18 个（见表 2），其共词网络如图 3 所示。

表 2　2013~2021 年 SSCI 数据新闻文献的共词分析

排序	关键词	频数	中心度	凸显年份
1	data journalism（数据新闻）	47	0.03	2014 年
2	computational journalism（计算新闻学）	29	0.24	2015 年
3	big data（大数据）	15	0.43	2015 年
4	news（新闻）	9	0.16	2013 年
	data-driven journalism（数据驱动新闻）	9	0.29	2013 年
	journalism（新闻业）	9	0.26	2015 年
	media（媒体）	9	0.43	2016 年
5	innovation（创新）	6	0.07	2013 年
	open data（开放数据）	6	0.04	2016 年
	interactivity（交互性）	6	0.07	2017 年
	content analysis（内容分析）	6	0.08	2017 年
	data（数据）	6	0.15	2017 年
6	computer-assisted reporting（计算机辅助报道）	5	0.16	2013 年
7	journalism practice（新闻实践）	4	0.04	2017 年
	transparency（透明性）	4	0.01	2016 年
	digital journalism（数字新闻学）	4	0.07	2017 年
	diffusion（扩散）	4	0.11	2015 年
	epistemology（认识论）	4	0.06	2015 年

① 知网相关数据，http://nvsm.cnki.net/KNS/brief/Default_Result.aspx? code = CIDX&kw = % E6%95%B0%E6%8D%AE%E6%96%B0%E9%97%BB&korder = &sel =1。

② 戴玉：《数据新闻 2017 回望：可视化风潮暂歇，内容更深度、产品更融合》，"全媒派"微信公众号，2018 年 2 月 22 日，https://mp.weixin.qq.com/s/8qm9TTeSNZjSK-VXtObRAw。

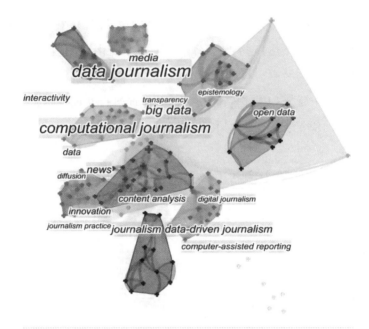

图3 2013~2021年SSCI数据新闻文献的共词网络

紧随"数据新闻"（频数47，中心度0.03）的关键词为"计算新闻学"（频数29，中心度0.24），其中心度超过前者。回溯原始文献的目的是检查当前的发展，厘清面向数据的新闻工作之间的历史联系。如在定义上，有的研究认为数据新闻是将图表设计、数据分析与新闻故事结合在一起的领域，是新闻的复合形态；有的研究指出，在数据新闻中数据扮演了主要角色。[①] 在历史梳理上，基本认可数据新闻基于"计算机辅助报道"（频数5，中心度0.16）。这一溯源的语境是，用数据驱动新闻故事的思维路径在媒体技术迅速发展的趋势下得到延伸，进而包括了计算机辅助报道、计算新闻学与数据新闻三种新闻方法。[②] 值得一提的是，"大数据"（频数15，中心度0.43）

---

① S. Parasie, E. Dagiral, "Data-driven Journalism and the Public Good：'Computer-assisted-reporters' and 'Programmer-journalists' in Chicago," *New Media & Society* 6 (2013)；M. Knight, "Data Journalism in the UK：A Preliminary Analysis of Form and Content," *Journal of Media Practice* 1 (2015).

② P. Hammond, "From Computer-assisted to Data-driven：Journalism and Big Data," *Journalism* 4 (2017)；K. Fink, C. W. Anderson, "Data Journalism in the United States：Beyond （转下页注）

在国外研究中也被频繁讨论、反思①，甚至位于研究网络中心，但明确指向"可视化"的研究却相当少，这与国内学者习惯将大数据与可视化并列为数据新闻形式的研究习惯不同。

中外学者均意识到，优质数据的稀缺是限制数据新闻业发展的重要因素。对"开放数据"（频数6，中心度0.04）的议题关注从2016年开始凸显。已有研究指出数据新闻依赖于公共数据集的可用性和可访问性，新闻编辑室需要革新方式来收集数据。② 部分研究将问题拓展至数据的开源与公共利益、公民社会的交互效果③，并由此提出新闻组织被赋予数据使用权力的合理性及积极作用。④ 国外"内容分析"（频数6，中心度0.08）的研究路径与国内相似，即通过数据新闻奖作品或特定新闻专栏的编码分析数据新闻产制特征。⑤

值得注意的是，关键词"交互性"（频数6，中心度0.07）、"认识论"（频数4，中心度0.06）与"透明性"（频数4，中心度0.01），通常指向数据

（接上页注②）the 'Usual Suspects'," *Journalism Studies* 4（2015）；M. Coddington, "Clarifying Journalism's Quantitative Turn: A Typology for Evaluating Data Journalism, Computational Journalism, and Computer-assisted Reporting," *Digital Journalism* 3（2015）.

① P. Hammond, "From Computer-assisted to Data-driven: Journalism and Big Data," *Journalism* 4（2017）；E. Borges-Rey, "News Images on Instagram: The Paradox of Authenticity in Hyperreal Photo Reportage," *Digital Journalism* 4（2015）.

② C. Porlezza, S. Splendore, "From Open Journalism to Closed Data: Data Journalism in Italy," *Digital Journalism* 9（2019）.

③ S. Baack, "Practically Engaged: The Entanglements Between Data Journalism and Civic Tech," *Digital Journalism* 6（2018）.

④ C. Tabary, A. M. Provost, A. Trottier, "Data Journalism's Actors, Practices and Skills: A Case Study from Quebec," *Journalism* 1（2016）；S. plendore, P. Di Salvo, T. Eberwein et al., "Educational Strategies in Data Journalism: A Comparative Study of Six European Countries," *Journalism* 1（2016）.

⑤ M. L. Young, A. Hermida, J. Fulda, "What Makes for Great Data Journalism? A Content Analysis of Data Journalism awards Finalists 2012 - 2015," *Journalism Practice* 1（2018）；F. Stalph, E. Borges-Rey, "Data Journalism Sustainability: an Outlook on the Future of Data-driven Reporting," *Digital Journalism* 8（2018）；W. Loosen, J. Reimer, F. De Silva-Schmidt, "Data-driven Reporting: an On-going（r）Evolution? an Analysis of Projects Nominated for the Data Journalism awards 2013 - 2016," *Journalism* 9（2020）.

新闻的伦理问题与认识论反思。① 如柯丁顿澄清了计算机辅助报道、数据新闻学与计算新闻学的透明度与认识论，指出基于算法的透明度披露难度将高于数据透明度披露。② 扎米斯（Zamith）指出数据新闻很难实现理想状态，由于产制时限，非交互、非透明、非复杂的常态数据新闻才是主流。③ 总体来看，中外研究议题有诸多共同点，差异在于围绕可视化等术语展开理论想象，或许是国内学界独有的关注点，而国外学者面对数据新闻表现了更审慎的态度——直接体现为 SSCI 检索数量乃至全数据源的数量并不多，且倾向于将数据新闻视为新闻报道的一种创新或更新而非决定性的变革力量。④

（二）中外数据新闻的受众与传播效果研究不足

进一步地，本报告初步统计分析了 232 篇 CSSCI 与 74 篇 SSCI 检索文献的研究方法分布。由一名经过培训的新闻传播学研究生在监督指导下编码，具体方式是阅读全文，在检查方法论的披露后给出编码。使用重测法对研究方法分类进行信度检验，前后编码的相关系数为 0.875，具有较高信度。首先，按照总体的研究方法，分为思辨、定量、定性以及定量定性结合的混合研究。其次，按照资料收集与资料分析两个阶段细分。细分方

---

① E. Appelgren, R. Salaverría, "The Promise of the Transparency Culture: A Comparative Study of Access to Public Data in Spanish and Swedish Newsrooms," *Journalism practice* 8 (2018); E. Appelgren, "an Illusion of Interactivity: The Paternalistic Side of Data Journalism," *Journalism Practice* 3 (2018); D. Craig, S. Ketterer, M. Yousuf, "To Post or not to Post: Online Discussion of Gun Permit Mapping and the Development of Ethical Standards in Data Journalism," *Journalism & Mass Communication Quarterly* 1 (2017).

② M. Coddington, "Clarifying Journalism's Quantitative Turn: A Typology for Evaluating Data Journalism, Computational Journalism, and Computer-Assisted Reporting," *Digital Journalism* 3 (2015).

③ R. Zamith, "Transparency, Interactivity, Diversity, and Information Provenance in Everyday Data Journalism," *Digital Journalism* 4 (2019).

④ T. I. Uskali, H. Kuutti, "Models and Streams of Data Journalism," *The Journal of Media Innovations* 1 (2015); R. Zamith, "Transparency, Interactivity, Diversity, and Information Provenance in Everyday Data Journalism," *Digital Journalism* 4 (2019).

法与廖圣清等人①、张慧等人②就研究方法分类的处理基本一致，仅结合数据新闻研究特点有个别调整。

编码的执行说明如下。第一，每份文献的总体研究方法仅为一种，但可能在资料收集与分析环节有多次计数，因此合计数量大于文献总数。为了分析聚焦，本报告优先考虑文献中使用的最主要方法，编码不超过三种。第二，非系统式/计量式的文献法作为一种研究方法具有争议③，但考虑到我国长期的思辨研究传统，统一归类至文献法与定性分析。第三，数据库法在这里既包括权威数据库与前人收集数据，也包括利用桌面研究自建的数据库，如针对数据新闻奖项与媒体专栏的内容收集。

结果显示，在 CSSCI 数据新闻文献中采用思辨方法的比例（72.8%）明显高于实证研究。采用定性研究方法的论文中，综述或仅援引一定文献资料的文献法占比最高（80.2%），访谈法与观察法分别被 8 篇（3.4%）与 6 篇（2.6%）文献使用。同时，在分析方法上，多采用直接演绎归纳的定性分析（78.4%），其次为比较/个案分析（9.1%）。而在使用定量研究方法的论文中，采用数据库法（11.2%）收集数据新闻奖获奖作品或媒体专栏作品，进行内容分析的研究路径比例较高（9.5%），同时分别发现 5 篇与 3 篇文献分别基于问卷（量表）法（2.2%）与实验法（1.3%）进行实证研究。这一结果，对应了已有研究指出的，我国数据新闻研究少实证、重个案和与思辨的问题。④ 同时需要注意到，已有研究综合运用访谈观察，较好地回应了媒体从业者与所属新闻编辑室进行数据新闻实践时，对技

① 廖圣清等：《中国新闻传播学研究的知识谱系：议题，方法与理论（1998—2017）》，《新闻大学》2019 年第 11 期。

② 张慧、查强：《我国职业教育研究方法之研究——基于 2012～2017 年 CSSCI 期刊文献的计量分析》，《高等工程教育研究》2018 年第 3 期。

③ 姚计海：《"文献法"是研究方法吗——兼谈研究整合法》，《国家教育行政学院学报》2017 年第 7 期。

④ 张志安、江晓雅：《应用新闻学研究的五个焦点问题》，《传媒》2018 年第 1 期；袁满、强月新：《我国数据新闻研究的回顾与前瞻》，《郑州大学学报》（哲学社会科学版）2016 年第 2 期。

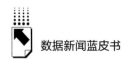

术创新采纳的理解与面临内外部冲击的实际问题。①

而在 SSCI 数据新闻文献中，亦有一定数量的文献采用类似于我国的思辨研究，探讨数据新闻问题但未采用明确的方法论。此外，定量方法（35.1%）与定性方法（32.4%）并重，另有 6 篇文献采用定量与定性结合的混合方法（8.1%），这显示出较明显的对实证研究的青睐。其中，访谈法（36.5%）是频繁使用的定性资料收集方法，其路径通常是利用访谈，可能搭配问卷（量表）法（10.8%）或观察法（9.5%）对一个国家/地区或具体新闻编辑室的数据新闻产制展开比较/个案分析（25.7%）。在定量研究方面，同国内研究相似，最常采用的实证研究路径是利用数据新闻奖的数据库或自建栏目作品数据库（29.7%），展开对数据新闻产制特征的内容分析（23.0%）。梳理 SSCI 数据新闻文献发现，虽然有一定比例的研究采用问卷（量表）法（10.8%）或网络数据爬取进行了统计描述与推断分析，但没有研究采用实验法对数据新闻的受众或传播效果进行实证研究（见表3、表4）。本报告认为，观察新闻生产流程中的从业者（传者）或者数据新闻作品本身（内容），是应用新闻研究中较常规、有效的研究路径。② 因此，对新闻编辑室的定性方法依然是当前国外数据新闻研究的主流，也导致了对数据新闻产制中受众与效果研究的缺失。

表3 SSCI 与 CSSCI 数据新闻文献的总体研究方法

单位：篇，%

研究方法	SSCI		CSSCI	
	n	占比	n	占比
思辨方法	18	24.3	169	72.8
定量方法	26	35.1	36	15.5
定性方法	24	32.4	21	9.1
混合研究方法	6	8.1	6	2.6
总计	74	100.0	232	100.0

---

① 陈辉、刘海龙：《2017 年中国的新闻学研究》，《国际新闻界》2018 年第 1 期。
② 许向东：《数据可视化传播效果的眼动实验研究》，《国际新闻界》2018 年第 4 期。

表4　SSCI 与 CSSCI 数据新闻文献的资料收集与分析方法

单位：篇，%

方法		SSCI		CSSCI	
		n	占比	n	占比
资料收集	文献法	21	28.4	186	80.2
	观察法	7	9.5	6	2.6
	访谈法	27	36.5	8	3.4
	数据库法	22	29.7	26	11.2
	问卷（量表）法	8	10.8	5	2.2
	实验法	0	0.0	3	1.3
资料分析	定性分析	33	44.6	182	78.4
	比较/个案分析	19	25.7	21	9.1
	内容分析	17	23.0	22	9.5
	民族志分析	3	4.1	4	1.7
	文献计量分析	1	1.4	3	1.3
	统计描述与推断分析	12	16.2	8	3.4

（三）国内数据新闻研究与其他学科缺乏"对话"

数据新闻自诞生起，就被视为一种跨学科的新闻实务，其产制涉及了数据挖掘、清理、可视化等多项流程，甚至对从业者的图形与图像处理、前端编程等能力提出了要求。[①] 这需要数据科学、计算机科学、设计学等领域的知识补充。在哥伦比亚大学新闻学院开设的数据新闻硕士课程中，甚至要求学生对编程、算法等计算机领域开展深入学习，且授予其理学学位。[②] 那么，数据新闻学的研究成果是否实现了与其他学科的"对话"？对这一问题的回答，将有利于研判数据新闻能否成为一个可持续且富有活力的研究领域，进而为数据新闻业和数据新闻学的未来走向提供对照。

本报告分析了74篇 SSCI 文献与232篇 CSSCI 文献的施引文献的学科分类，同时将考察对象范围扩大至 WOS 上的核心期刊论文合集和 CNKI 上的所

---

①　《数据新闻手册》，http：//datajournalismhandbook. org/chinese/。

②　哥伦比亚大学新闻学院网站，https：//journalism. columbia. edu/。

有核心论文。这一方式，可包含理工与其他人文社科领域的主要检索结果，即数据新闻学是否被理工及人文社科领域所探讨。由于 CNKI、WOS 数据库的学科领域归类方式略有不同，故分别做表展示前 10 个学科。同时须注意，一篇论文可能被标注多个学科领域标签，因此合计数量与比例大于原值。

去除自引，共查询到 480 篇对 SSCI 数据新闻研究的施引文献。传播学占据最高比例（70.80%），其次为信息科学与计算机科学的各子领域，合计比例约 19.03%。如马瑟斯（Matheus）等人从与数据新闻密切相关的"开放数据"议题出发，从政府信息管理的角度探讨了政府数字透明度的障碍、设计原则与实施框架。[1] 数据新闻核心研究也会被大数据与物联网的文献综述引用。[2] 此外，社会学（2.66%）、商业（2.21%）等学科亦对数据新闻的核心研究有参考（见表5）。值得一提的是，在其他中，有多份卫生、环境研究对此前的数据新闻研究进行参考。如金（Kim）等人提及数据新闻的实践进展，提出利用社交媒体数据监控和干预药物滥用问题。[3] 这与《华盛顿邮报》《卫报》等媒体积极用数据新闻对环境污染、公共健康等议题进行调查性报道相呼应。

表5　SSCI 数据新闻文献的施引文献的学科分布

单位：篇，%

学科方向	数量	占比
传播学	320	70.80
信息科学:图书馆学	25	5.53
计算机科学:理论方法	23	5.09
计算机科学:信息系统	21	4.65

[1] R. Matheus, M. Janssen, T. Janowski, "Design Principles for Creating Digital Transparency in Government," *Government Information Quarterly* 1 (2021).

[2] M. Aboelmaged, S. Mouakket, "Influencing Models and Determinants in Big Data Analytics Research: A Bibliometric Analysis," *Information Processing & Management* 4 (2020); L. Cao, "Data Science: A Comprehensive Overview," *ACM Computing Surveys* 3 (2017).

[3] S. J. Kim, L. A. Marsch, J. T. Hancock et al., "Scaling up Research on Drug Abuse and Addiction through Social Media Big Data," *Journal of Medical Internet Research* 10 (2017).

续表

学科方向	数量	占比
计算机科学:跨学科应用	17	3.76
社会科学:跨学科	16	3.54
社会学	12	2.66
商业	10	2.21
计算机科学:人工智能	10	2.21
其他	125	27.64

通过观察 WOS 平台检索到的所有涉及数据新闻的文献结果发现，有 134 篇（80.72%）被标注为"传播学"，有 62 篇（37.35%）被归属为"行为科学"。不过，回溯原始文献发现，有"行为科学"标签的文献通常也会带有"传播学"的学科标签，研究内容重合。"计算机科学"有 15 篇（9.04%），"信息科学：图书馆科学"有 9 篇（5.42%）。如博纳克（Bonaque）等人提出了一种轻量级数据集成原型 TATOOINE，用来集成和链接数据源，帮助数据新闻记者进行内容管理。[1] 樊（Fan）等人提出了一种 k-Sketch 查询算法，帮助媒体在数据中筛选出具有计算/数据新闻价值的主题。[2] 可见，以上均为计算机科学主动涉足数据新闻领域的研究。此外，有 4 篇文献归属到"商业经济学"，"艺术学""教育学""广播电视学"等学科方向各有 3 篇文献，WOS 平台数据新闻文献学科分布呈现多元化的特征（见表 6）。

表 6　Web of Science（WOS）数据新闻文献的学科分布

单位：篇，%

学科方向	数量	占比
传播学	134	80.72
行为科学	62	37.35
计算机科学	15	9.04

---

① R. Bonaque, T. D. Cao, B. Cautis et al. , "Mixed-instance Querying: A Lightweight Integration Architecture for Data Journalism," *VLDB* (2016) .

② Q. Fan, Y. Li, D. Zhang et al. , "Discovering Newsworthy Themes from Sequenced Data: A Step towards Computational Journalism," *IEEE Transactions on Knowledge and Data Engineering* 7 (2017) .

续表

学科方向	数量	占比
信息科学:图书馆科学	9	5.42
社会科学:其他主题	7	4.22
商业经济学	4	2.41
艺术学	3	1.81
教育学	3	1.81
广播电视学	3	1.81
其他	17	10.24

同样地，对 CNKI 数据源上引用了 CSSCI 数据新闻文献的施引文献进行"跟踪"，分析其学科方向分布结果。统计显示，在 1940 份施引文献数据中，88.74% 的文献被归属为"新闻与传媒"。回溯原始文献发现，"高等教育"（4.67%）类目的施引文献通常指向新闻教育问题。如余根芳与吴小坤对高校数据新闻教育进行调研，指出国内数据新闻教学重工具性的倾向。可见，这些研究仍属于新闻传播学科体系。[①] 相对显著的跨学科现象存在于"计算机软件及计算机应用"（3.38%）学科方向（见表7），尽管比例较低，但亦有部分研究以数据新闻为出发点之一，这拓展了现有文献的研究领域，如于丰畅与陆伟参考数据新闻的阅读效果等研究，提出了一种学术文献图表位置数据集的构建方法。[②]

表7　CSSCI 数据新闻文献的施引文献的学科分布

单位：篇，%

学科方向	数量	占比
新闻与传媒	2072	88.74
高等教育	109	4.67
计算机软件及计算机应用	79	3.38
出版	73	3.13
图书情报与数字图书馆	38	1.63

---

①　余根芳、吴小坤：《数据新闻教育调研报告 2018 - 2019》，《教育传媒研究》2020 年第 1 期。

②　于丰畅、陆伟：《一种学术文献图表位置标注数据集构建方法》，《数据分析与知识发现》2020 年第 6 期。

续表

学科方向	数量	占比
体育	36	1.54
金融	15	0.64
民商法	14	0.60
美术书法雕塑与摄影	14	0.60
其他	109	4.67

在 CNKI 中选取"核心期刊"为来源类别，可获得涉及数据新闻的文献结果 405 篇。同前文一致，同一篇论文可能有多个学科归属。数据显示，归属在"新闻与传媒"的文献达到 400 篇（98.77%），"高等教育"与"出版"分别有 16 篇（3.95%）和 6 篇（1.47%），其具体议题属于国内的新闻传播学一级学科范畴。仅有 4 篇"民商法"方向的研究探讨了数据新闻作品的著作权问题（见表 8）。① 可认定，国内发表的大部分数据新闻论文在新闻传播领域。

表 8　CNKI 数据新闻文献的学科分布

单位：篇，%

学科方向	数量	占比
新闻与传媒	400	98.77
高等教育	16	3.95
出版	6	1.47
民商法	4	0.98
体育	2	0.49
其他	6	1.47

---

① 贾磊：《数据新闻数据挖掘的著作权侵权风险与例外制度构建》，《新闻爱好者》2020 年第 6 期；文杰：《数据新闻作品使用数据的著作权法规制——兼谈〈著作权法（修订草案送审稿）〉的相关规定》，《中国出版》2019 年第 15 期；沈思言、刘建：《人工智能数据新闻作品著作权归属问题探析》，《中国出版》2019 年第 8 期；刘建：《数据新闻合作作品著作权归属的困境及其破解》，《出版发行研究》2018 年第 9 期。

作为一种学术想象，数据新闻多次被学者认为与大数据、可视化等领域紧密关联。但至少从国内研究来看，数据新闻学极少得到计算机科学、可视化与数据科学的认可与借鉴，互动关系微弱，也暂未有研究者从心理学、政治学等领域的研究理论与方法切入，对数据新闻展开跨学科研究。这在一定程度上表明，数据新闻学在我国未能打破学科壁垒，实现理论与方法上的突破，而局限于学科内部的思考，实在难以满足数据新闻业务与理论之需。从国外学者的研究成果来看，已有一定数量的文献源于传播学以外的其他学科，尤其是信息与计算机科学。同时，存在来自其他学科的研究对数据新闻成果的引用。这表明，数据新闻与理工及人文社科领域存在一定的"对话"空间，虽然保持了相对的开放性，但比例依然偏低。

五　结论与讨论

2017年底，一篇题为《从一哄而上到问题一把，数据新闻的未来在哪里？国际和本土从业者们的结论是……》[①] 的报道，集中反映出当下中国数据新闻业遇到的传播效果不及预期、产制成本上升、数据匮乏等问题。数字新闻学正在兴起[②]，而数据新闻作为数字新闻业的创新产物，暂未解决新闻业转型语境下的诸多问题，甚至带来投入产出不平衡的状态，失望、怀疑与担忧的情绪在业界蔓延。[③] 数字新闻业逐渐意识到，情感化[④]等手段将帮助其在以流量为绩效的新闻编辑室常规中赢得先机，而数据新闻依然面临着媒介素养（数据可视化素养）、政府开放数据等多层面的限制与拉扯。在缺乏注意力的媒介多任务环境中，数据新闻难免会陷入媒体技术转型的幻象。然

---

① 杨颜菲、刘璐：《从一哄而上到问题一把，数据新闻的未来在哪里？国际和本土从业者们的结论是……》，上观新闻，https://www.shobserver.com/news/detail? id =70953。

② 常江：《数字新闻学：一种理论体系的想象与建构》，《新闻记者》2020年第2期。

③ S. Zhang, J. Feng, "A Step Forward Exploring the Diffusion of Data Journalism as Journalistic Innovations in China," *Journalism Studies* 9 (2019).

④ C. Beckett, M. Deuze, "On the Role of Emotion in the Future of Journalism," *Social Media + Society* 3 (2016).

而，有关新冠肺炎疫情的数据及可视化报道在全球涌现，这意味着受众对准确、快速的信息流动的确有迫切需要。在需求与供给的衔接中，数据新闻学尚存较多的理论空间亟待填补。

运用文献计量法，本报告述评了中外数据新闻研究的脉络、议题与走向。面对业界困惑，学界提供的理论工具乏善可陈。从 2016 年国内的研究高峰到当前的热度下降，意味着数据新闻学作为一门知识门类，其知识生产的剩余边际增速明显放缓。从整体来看，中国的数据新闻业及研究经历了从早期的引入、启蒙，技术乐观想象，到现阶段逐步反思的过程。[①] 而中外数据新闻学在研究议题、方法上的差异，以及我国在跨学科"对话"上的不足，也在提醒着我国重视数据新闻学实务指导的同时，加快构建科学理论体系的必要性与紧迫性。

首先，祛魅大数据幻象，探寻数据新闻的本质，科学构建理论体系。应用新闻研究从来都是国内新闻传播学研究中最富活力、成果较多的领域，但其发展、完善的过程离不开相关理论的支撑。[②] 通过关键词共词分析，"大数据"是中外数据新闻研究的高频词，成为研究网络中心。然而，以大数据为研究对象的数据新闻学，实则缺少理论根基，容易迷失在"新兴技术诞生后的神话"里。[③] 2016 年开始，"开放数据""透明性"相继出现在中外数据新闻研究中，反映出学界开始重视数据新闻业面临的现实问题，尤其是国外数据新闻研究对"计算新闻学""计算机辅助报道"等新闻理论体系的探讨与构建，反映出国外相对成熟且审慎的研究取向。事实上，回溯国外文献发现，大量研究是以 online journalism（网络新闻业）、digital journalism（数字新闻业）、computational journalism（计算新闻业）、computer-assisted reporting（计算机辅助报道）为视角开展的数据新闻相关研

① 王勇、王冠男、戴爱红：《国内数据新闻本体发生发展研究述评》，《昆明理工大学学报》（社会科学版）2015 年第 6 期。

② 吴飞、吴妍：《中国新闻学十年研究综述（2001—2010）》，《杭州师范大学学报》（社会科学版）2011 年第 5 期。

③ V. Mosco, *The Digital Sublime: Myth, Power, and Cyberspace* (Mit Press, 2005).

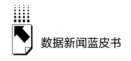

究。这与国内的研究存在差异。

其次，丰富相关研究方法，尤其是实证研究方法，深入探索数据新闻产制中的受众与效果研究。数据新闻是强调与受众互动、跨学科合作的新闻创新产品，然而国内的研究，较大比例停留在思辨性的论述阶段，实证检验不足。以个案与文献为主要分析手段的定性研究多于定量研究，方法规范在一定程度上存在缺失，"多而不精"与"重复同质"成为现阶段的特点。数量偏低的实证研究，多利用内容分析等方法，描述性统计了数据新闻作品的基本情况，对关注问题间的差异与关系推断，缺乏深入挖掘。正如郭可等人所言："一个问题是我们的宏观思辨学术传统有时使得我们的研究规范过于'百花齐放'，致使因为缺乏规范而无法切实提高我们的研究质量。"[1] 更重要的是，回顾中外数据新闻研究，受众与效果研究仍需补充，尤其是国外学者，对数据新闻的受众与传播效果的研究相当少，杜（Du）指出的数据新闻领域"对学术性关注的缺乏"的问题直到现阶段依然存在。[2] 传播效果研究在传播学研究中越发重要。[3] 而在国内的研究中，虽然刘丽群、方浩、蒋忠波、许向东等学者的研究，从测量受众态度与行为的调查或实验法出发，初步丰富了数据新闻效果与受众的现有文献，但由此衍生的相关理论问题，尚无人跟进，如受众是否理解可视化内容的媒介素养问题；数据新闻的美学、认知效率与传播意愿的问题等。[4] 这使"精心"产制的数据新闻内容无法取得预期效果，一拥而上的数据新闻研究也暂未解决新闻业转型的各

① 郭可、张军芳、潘霁：《中美新闻传播学学术传统比较研究——兼谈我国新闻传播学的发展》，《新闻大学》2008 年第 1 期。

② R. Du，"Data Journalism：Mapping the Future，" *Journalism and Mass Communication Quarterly* 3 (2014)．

③ W. J. Potter，K. Riddle，"A Content Analysis of the Media Effects Literature，" *Journalism & Mass Communication Quarterly* 1 (2007)．

④ 刘丽群、吴柯达、李轲：《数据新闻可视化信息回避行为研究》，《出版科学》2021 年第 3 期；方浩等：《数据新闻中信息图表的阅读效果：来自眼动的证据》，《图书情报工作》2019 年第 8 期；蒋忠波：《受众的感知、识记和态度改变：数据新闻的传播效果研究——基于一项针对大学生的控制实验分析》，《新闻与传播研究》2018 年第 9 期；许向东：《数据可视化传播效果的眼动实验研究》，《国际新闻界》2018 年第 4 期。

种问题。而基于个案展开思辨的数据新闻研究，难免陷入"光环效应"，难以验证其行动建议的稳健性。因此，本报告建议其研究工作兼具数据新闻的实务经验与社会影响，侧重科学性与实用性，特别是留意搭建数据新闻研究的理论架构，如方法论的"计算转向"①，以更好探测数据新闻生产中的受众与效果，为数据新闻理论研究提供支持。

最后，增强学科"对话"，满足数据新闻跨学科协作的实际需求，指导业界发展。在跨学科互动方面，本报告发现，国内的数据新闻研究暂未呈现跨学科"对话"的现象，涉及数据新闻的研究集中在社会科学领域，存在一定的来自信息及计算机科学的施引，但数量不多。就 WOS 的检索结果而言，国外的数据新闻研究存在一定的跨学科空间，计算机科学、信息科学在面向传播学的引证中存在数据新闻的身影，这表明国外的研究成果正得到其他学科的认可，尽管比例仍然偏低。总体而言，现有研究中频繁提到的数据新闻显著的跨学科特征，更像是新闻业面向信息科学转向过程中的一种学术想象，② 技术乐观主义（Technological Optimism）在其中发挥了主要作用。在此之前，一个更需要解决的问题是，与其帮助数据新闻学找到一个清晰的学术坐标，不如将它视为新闻业在逐步与媒体融合，吸纳人工智能技术的过渡阶段。正如本报告所研判的：数据新闻、计算新闻等新兴概念涌现的背后，是媒介融合报道技能的培养已成为核心的不变事实。③ 数据新闻学，可从一种尝试构建的复合知识领域，去其边界而转移为一种知识方向，在不断地媒体实践中，融入媒介素养提升、政府数据开放（OGD）、新闻叙事创新的未来视野。毕竟，在数字新闻学视野，开源新闻（Opensource Journalism）、算法新闻（Algorithmic Journalism）、自动化新闻（Automated Journalism）等术语还在出现，但理论思想和人文价值依然是新闻实务不可

---

① 黄文森：《计算方法在数字新闻学中的应用：现状、反思与前景》，《新闻界》2021 年第 5 期。

② 吴飞：《新闻传播研究的未来面向：人的主体性与技术的自主性》，《社会科学战线》2017 年第 1 期。

③ 申琦、赵鹿鸣：《审慎前行：美国数据新闻人才培养现状研究——基于美国新闻和大众传播教育认证委员会（ACEJMC）100 所新闻院校的实证分析》，《新闻记者》2018 年第 2 期。

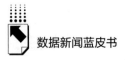
或缺的一部分，这也是数据新闻学与其他学科"对话"、交流时的核心竞争力。

另外，本研究尚存在以下不足：数据新闻学的研究历史不长，论著相对较少，本研究考察对象为期刊论文，篇幅受限；因数据缺乏，未对所有研究成果的参考文献与被引文献进行共现考察，需要在进一步的研究中完善。

B.3

知识生产视角下数据新闻的限制与突破

——以新冠肺炎疫情报道为例

方 洁 邓海滢*

摘 要： 知识社会学由帕克引入新闻学研究，知识生产成为新闻学的一
个研究视角，主要探究新闻生产何种知识、生产知识过程受何
制约、所生产知识有何种社会功能。近年数据新闻兴起，从知
识生产视角看，这种量化转向的新闻品类生产深度知识。本报
告采用内容分析法，以关于新冠肺炎疫情的254篇数据新闻为样
本，从知识生产的三个方面对提出的假设进行验证。研究发
现，数据新闻在一定程度上生产更具有深度的新闻知识，但仍
然受到传统新闻功能定位和生产流程的制约。

关键词： 数据新闻 知识生产 开放式协同合作

一 研究缘起

（一）研究背景

随着信息获取难度降低，信息质量变得参差不齐，单纯呈现事实的新闻

---

* 方洁，中国人民大学新闻学院副教授，中国人民大学新闻与社会发展研究中心研究员，主要
研究方向为数据新闻、媒体融合；邓海滢，中国人民大学新闻学院硕士研究生，主要研究方
向为数据新闻。

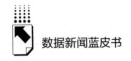

难以满足公众的全部期待。"外在的变化和社会的渐趋复杂，使新闻业不再相信事实本身能够说话，事实的堆砌也不足以反映世界的真相"，① 这种局面在20世纪初就出现，一直延续至今。新闻从业者可以通过两条路径应对，一条是强调"客观性原则"，将其作为应对批评的策略性仪式；另一条是通过"解释性新闻"改良，寻求新闻功能多样化。② 非虚构、数据新闻、互动式新闻、建设性新闻……近年来业界的探索实践表明，后一条路径被更多从业者采纳。

如果从知识生产视角观察研究，新闻是一种社会知识，它处于"熟悉性知识"（acquaintance with）和"理解性知识"（knowledge about）构成的"知识连续区"（knowledge continuum）中，并兼顾两种知识特性。③ 新闻业的转型，有一部分是对不同特性知识生产份额的重新配比。

数据新闻是近年新闻实践和新闻研究的热点，这种与数据开放运动相连的量化报道方式，被认为是新闻转型的重要方向。但是，亦有学者对早期数据新闻研究中鼓吹的"创新性"、"深度"和"客观性"等问题提出质疑，如质疑数据新闻的创新性呈"不确定性"状态，④ 部分报道信息量不如传统报道⑤、时效性不及传统新闻报道方式⑥和过度依赖数据来源易被操控⑦等。

目前，大多数数据新闻实证研究的研究对象是几个媒体在一定生产周期内的所有数据新闻产品或某个奖项在一定年份的获奖作品，很少以与某一公

---

① 黄旦：《传者图像：新闻专业主义的建构与消解》，复旦大学出版社，2005。

② 郑忠明、江作苏：《作为知识的新闻：知识特性和建构空间——重思新闻业的边界问题》，《国际新闻界》2016年第4期。

③ R. E. Park, "News as a Form of Knowledge: a Chapter in the Sociology of Knowledge," *American Journal of Sociology* 5 (1940).

④ 李艳红：《在开放与保守策略间游移："不确定性"逻辑下的新闻创新——对三家新闻组织采纳数据新闻的研究》，《新闻与传播研究》2017年第9期。

⑤ 王琼、苏宏元主编《数据新闻蓝皮书：中国数据新闻发展报告（2016～2017）》，社会科学文献出版社，2018。

⑥ W. Loosen, J. Reimer, & F. De Silva-Schmidt, "Data-driven Reporting: An On-going (R) Evolution? An Analysis of Projects Nominated for the Data Journalism Awards 2013 – 2016," *Journalism* (2017).

⑦ J. Tandoc, C. Edson & O. Soo-Kwang, "Small Departures, Big Continuities? Norms, Values, and Routines in the Guardian's Big Data Journalism," *Journalism Studies* 8 (2017).

共事件相关的数据新闻报道为研究样本。纵切面固然能探索演变规律，但横切面往往能呈现复杂性和多元性。

新冠肺炎疫情是一场影响范围广、持续时间长的突发公共卫生事件，媒体需要承担客观报道、引导舆论、促进沟通、普及知识①、心理危机干预②的责任。疫情防控常态化时期，媒体要为公众提供及时、准确的信息和科学的健康科普知识，报道呈现多议题和多层次的特点。具体到数据新闻领域，多类型主体参与其中，并生产出主题、认识层次和呈现形态各异的报道，其复杂性和多元性足以成为数据新闻研究的样本。

本报告正是基于上述背景，尝试以知识生产为研究视角，以疫情发生以来的数据新闻报道为研究对象，探求数据新闻在知识生产上的突破与限制。

（二）文献综述

1. 知识社会学

知识社会学是社会学的一个分支，在 20 世纪二三十年代，由舍勒、曼海姆和卢卡奇等人创立。知识社会学是探讨知识或意识同社会结构、社会存在的关系。③ 换言之，知识社会学的研究对象是知识，研究问题主要有两个：知识类型的界定与知识和社会的关系。④

知识包括具体历史—社会情境下的一切思想，⑤ 从特定历史语境下不同社会群体生活实践中产生，由社会选择、维系着时代公共生活并构建社会现实。⑥ 在进行知识与社会关系的研究之前，必然需要区分知识的属性认知和

① 沈峥嵘：《突发公共卫生事件中的媒体策略——从〈新华日报〉禽流感系列报道说开去》，《新闻战线》2014 年第 6 期。
② 郭力华：《突发事件传播中的公众知情权与媒体策略》，《当代传播》2011 年第 4 期。
③ 金桂：《知识社会学》，《科学学与科学技术管理》1985 年第 11 期。
④ 刘贝贝、林建成：《关于知识社会学理解上的几个问题》，《河南大学学报》（社会科学版）2016 年第 3 期。
⑤ 〔德〕卡尔·曼海姆：《意识形态与乌托邦》，黎鸣、李书崇译，商务印书馆，2002。
⑥ T. K. Chang, J. Wang, & C. H. Chen, "News as Social Knowledge in China: The Changing Worldview of Chinese National Media," *Journal of Communication* 3 (1994).

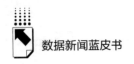

形态分类。不少学者提出了自身的知识形态理论，比如曼海姆提出"个体知识"和"群体知识"，詹姆斯提出"熟悉性知识"和"理解性知识"。①

而对知识与社会关系的研究，分为两个方面，一是社会对知识的作用，知识社会学认为任何思想或知识都受到历史和社会环境的制约，强调既定历史背景下社会力量是如何作为一种更强大的决定因素介入知识的生产与积累过程；② 二是知识对社会的作用，知识能够构建社会图景甚至触发社会行动。

当知识社会学被引入新闻学研究，"作为知识的新闻"这一研究视角便诞生了。

2. 作为知识的新闻

新闻有复杂的政治、经济和社会属性，学界研究也存在不同的理论维度。"作为知识的新闻"是与"作为商品的新闻"③、"作为意识形态的新闻"④ 并列的研究视角。

知识社会学由芝加哥学派学者帕克引入新闻学研究，他借鉴了詹姆斯的"熟悉性知识"和"理解性知识"，提出新闻是处于二者构成的"知识连续区"中的知识类型。⑤ "熟悉性知识"是大众观念和常识，⑥ 是对现象的直接认识，⑦ 是一种具身经验⑧；而"理解性知识"是系统化的专门知识，⑨

① 刘涛：《作为知识生产的新闻评论：知识话语呈现的公共修辞与框架再造》，《新闻大学》2016 年第 6 期。

② 刘涛：《作为知识生产的新闻评论：知识话语呈现的公共修辞与框架再造》，《新闻大学》2016 年第 6 期。

③ J. H. McManus, "What Kind of Commodity is News," *Communication Research* 6（1992）.

④ T. Liu, B. J. Bates, "What's behind Public Trust in News Media: A Comparative Study of America and China," *Chinese Journal of Communication* 3（2009）.

⑤ R. E. Park, "News as a Form of Knowledge: A Chapter in the Sociology of Knowledge," *American Journal of Sociology* 5（1940）.

⑥ 〔英〕迈克尔·马尔凯：《科学与知识社会学》，林聚任译，东方出版社，2001。

⑦ R. K. Merton, "Insiders and outsiders: A Chapter in the Sociology of Knowledge," *American Jjournal of Sociology* 1（1972）.

⑧ 郑忠明：《思想的缺席：罗伯特·E. 帕克与"李普曼 – 杜威争论"——打捞传播的知识社会学思想》，《新闻与传播研究》2019 年第 7 期。

⑨ 〔英〕迈克尔·马尔凯：《科学与知识社会学》，林聚任译，东方出版社，2001。

需要用逻辑和概念系统对事实和思想加以分类构建。① 作为间接经验的新闻正以其非具身性超越了"熟悉性知识"的范畴，但新闻依然有着"时间性、事件孤立性、非系统性"的特点，② 且并未真正进入"理解性知识"层次。

随着新闻转型，学者敏感地注意到新闻的知识特性偏向及移动。传统的新闻消息，依重要性顺序罗列事实，更偏向"熟悉性知识"。而技术进步使新闻从业者方便获取更多"关于事实的知识"，把他们从繁重的事实搜寻工作中解放出来，进而转向生产"关于事实的知识的知识"，③ 使新闻偏向知识连续区中的"理解性知识"。但是，新闻的核心知识领域仍然是偏向"熟悉性"的知识，目的不仅是让公众"知晓"，更是为了让公众理解偏向"理解性"的知识，是新闻的外围知识领域。④ 当然，外围知识领域可能变成核心知识领域，⑤ 新闻核心知识领域和外围知识领域的边界渐趋模糊，有学者认为提供特定社会结构中的公共知识，帮助公众理解日益复杂的世界，才是当下新闻媒体的应尽之责。⑥

以上是沿袭知识社会学对知识类型的研究，而对知识存在的社会基础问题的研究，在新闻领域体现为对新闻生产制约因素的研究。甘斯认为信源的权力、新闻的生产效率与受众的力量是新闻生产规律的主要解释因子，它们在很大程度上塑造了新闻的面貌。⑦ 塔奇曼明确指出新闻是一种为解释和建构现实提供框架的知识资源，它通过新闻网络、类型化报道、信源—事实互

---

① 郑忠明：《思想的缺席：罗伯特·E. 帕克与"李普曼 - 杜威争论"——打捞传播的知识社会学思想》，《新闻与传播研究》2019 年第 7 期。

② 郑忠明、江作苏：《作为知识的新闻：知识特性和建构空间——重思新闻业的边界问题》，《国际新闻界》2016 年第 4 期。

③ 王辰瑶：《未来新闻的知识形态》，《南京社会科学》2013 年第 10 期。

④ 郑忠明、江作苏：《作为知识的新闻：知识特性和建构空间——重思新闻业的边界问题》，《国际新闻界》2016 年第 4 期。

⑤ 林建成：《建构主义科学观的新发展——科尔的实在论的建构主义》，《自然辩证法研究》2001 年第 2 期。

⑥ 习少颖：《从信息传递到知识架构：互联网时代新闻内容生产的转型分析——以马航MH370 航班失联事件报道为例》，《中国出版》2015 年第 15 期。

⑦ 〔美〕赫伯特·甘斯：《什么在决定新闻》，石琳、李红涛译，北京大学出版社，2009。

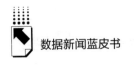

动和新闻叙事方式赋予框架合法性。①

新闻知识对社会的作用，体现在它的"公共记录"行为，这种行为直接影响了现代公共生活的形成。② 在网络时代，这种"公共记录"变得可管理和共享。所有的观点和事实都能嵌入网络中，被反复讨论和使用，新闻的易碎性被削弱，③ 新闻报道的"互文性"与"媒体间性"增强。④ 新闻媒体的定位也发生改变，成为积累和综合知识并使它们具有可用性和互动性的平台，⑤ 媒体要对自己所掌握的知识进行保存和再开发，通过知识管理提升自身竞争力。⑥

对数据新闻而言，有学者评价其能创造关于事实的知识模型，⑦ 具有更科学的知识生产理念，⑧ 基本都是笼统地评价数据新闻的知识生产情况，或是在讨论新闻知识生产话题时将数据新闻作为例子辅证。

综上所述，目前知识生产研究涵盖知识特性、知识生产制约因素和知识社会功能三个方面，但基本是针对新闻的笼统研究，且以质化研究为主。而被视为可能促使新闻出现"量化转向"的数据新闻实践⑨却很少被聚焦。新冠肺炎疫情防控常态化时期，媒体成为公众获知疫情相关信息和知识的重要渠道，包括数据新闻在内的疫情相关报道的发布时段集中且更新频繁，为对比和研究数据新闻与其他新闻类型在知识生产中

① 〔美〕盖伊·塔奇曼：《做新闻》，麻争旗、刘笑盈、徐扬译，华夏出版社，2008。
② 〔美〕迈克尔·舒德森：《新闻社会学》，徐桂权译，华夏出版社，2010。
③ 谭雪芳：《作为知识的新闻：数字化背景下媒介的知识生产转向》，《中国报业》2017 年第 19 期。
④ 云国强、吴靖：《当"小世界"遭遇"大事件"：呼唤一种语境化新闻报道》，《国际新闻界》2010 年第 6 期。
⑤ 龙小农：《知识生产者：记者社会角色的另一种想象》，《现代传播》（中国传媒大学学报）2018 年第 8 期。
⑥ 郑忠明、江作苏：《新闻媒体的知识管理：另一种角色期待——以〈纽约时报〉创新实践为例》，《新闻记者》2016 年第 5 期。
⑦ 王辰瑶：《未来新闻的知识形态》，《南京社会科学》2013 年第 10 期。
⑧ 郑忠明、江作苏：《作为知识的新闻：知识特性和建构空间——重思新闻业的边界问题》，《国际新闻界》2016 年第 4 期。
⑨ C. Petre, "A Quantitative Turn in Journalism? Tow Center for Digital Journalism," 26. Mar. 2020, http://towcenter.org/blog/a – quantitative – turn – in – journalism/.

的特征提供了便利，便于更科学地抽样和进行量化分析。基于此，本研究拟借用知识生产的相关理论和分析框架，运用内容分析法将数据新闻与一般新闻做对比，从而对数据新闻的知识生产特征进行更深层次的研究分析。

二 研究设计

（一）研究样本

1. 主要研究样本

本研究的样本为国内 31 个主要数据新闻发布主体截至 2020 年 3 月 10 日发布的 254 篇疫情相关的数据新闻。

参考澎湃"澎湃号·有数"（以下简称"有数"）栏目①对数据创作者的类型划分，31 个发布主体可进一步归纳为 6 种类型——机构媒体、门户网站、新媒体机构、高校、数据服务提供商、个人。

机构媒体和门户网站有着成熟的新闻生产流程，是生产数据新闻的重要力量。机构媒体和门户网站主体的选择标准有以下两条。第一，设有固定的数据新闻栏目。数据新闻栏目集中收录、制作规范的数据新闻报道，便于开展深度研究。样本中不乏开设时间长、影响力大的数据新闻栏目，比如国内最早开设的数据新闻栏目——搜狐的"数字之道"（现更名"四象工作室"），获得全球最佳数据新闻团队奖的财新网"数字说"，作品入围"信息之美"奖的澎湃新闻"美数课"。第二，该媒体数据新闻栏目中刊发了一定数量的与疫情相关的数据新闻报道。部分数据新闻栏目没有或刊发疫情相关报道的数量很少，则未将它们列入样本中。

除此以外，将另外 4 种类型主体纳入观察范围，是因为在数据新闻领

---

① 澎湃新闻湃客创作者平台于 2018 年 7 月 19 日正式在澎湃新闻客户端上线，"有数"栏目是其三大核心板块之一，目前其已成为国内知名的数据新闻 PGC 平台，进驻主体具有很好的代表性。

域，非传统媒体机构和部分个人创建的自媒体已然成为重要的生产力量，将其纳入观察范围能使研究样本覆盖更合理。这些主体的确定以参与澎湃新闻客户端"有数"栏目的湃客号名单为重要参照。

具体样本分布如表1所示。

表1 发布主体及样本容量分布统计

单位：篇，%

发布主体类型	发布主体	样本数量	样本占比
机构媒体	财新网、澎湃、《新京报》、DT财经、新一线城市研究所、上观新闻、新华网	141	55.5
门户网站	网易、搜狐"四象工作室"、谷雨数据	22	8.7
新媒体机构	时代数据、集智俱乐部、大数据文摘、航旅圈、帝都绘、地球知识局	24	9.5
高校	可视分析、严肃的人口学八卦、复数实验室、RUC新闻坊、新传行动派	26	10.2
数据服务提供商	镝次元、数可视、城市数据团、社会网络与数据挖掘	31	12.2
个人	Alfred数据、向帆、彩色说、照路明、服老思、卢诗翰、知链数据	10	3.9

2. 对照研究样本

因本研究需要对比一般新闻来分析数据新闻在知识生产领域的特征，故引入RUC新闻坊《2286篇肺炎报道观察：谁在新闻里发声？》[①]中的研究样本。

RUC新闻坊的研究样本为国内19个不同性质、不同地区的媒体在2019年12月31日至2020年1月31日刊登于电子版报纸、官方微信公众号及App的2286篇非数据新闻报道，其中包含消息、通讯/特稿、专访、记者手记、约稿/投稿等体裁，是该时间段选定媒体的可查全样本，在很大程度上

---

① 《2286篇肺炎报道观察：谁在新闻里发声？》，"RUC新闻坊"微信公众号，2020年2月11日，https：//mp. weixin. qq. com/s/xOUYUAZ1On3pvX7iCn1cPA。

能够代表样本期间其他品类的新闻报道的情况，可以成为数据新闻研究的对照样本。

为了方便对照，本研究以 RUC 新闻坊的研究样本为总体，使用分层抽样方法抽取 10% 作为最终对照研究样本。最终对照研究样本数量为 227 篇，具体分布如表 2 所示。

表 2　发布主体及样本容量分布统计

单位：篇，%

划分标准	发布主体类型	发布主体	总体数量	对照研究样本数量	对照研究样本占比
按媒体性质	党媒	新华社、《人民日报》、《中国青年报》、《中国新闻周刊》、《健康报》	377	37	16.3
	市场化媒体	财新网、界面、澎湃、三联生活周刊、人物、第一财经	749	74	32.6
	自媒体	丁香园、八点健闻	33	3	1.3
按媒体地域	湖北媒体	《长江日报》《楚天都市报》	455	45	19.8
	广东媒体	《广州日报》《南方都市报》	460	46	20.3
	北京媒体	《新京报》《北京青年报》	212	22	9.7

（二）研究问题与假设

本研究拟解答"数据新闻是否在生产深度知识"的问题，沿袭新闻知识研究的三个研究方面——知识特性、生产制约因素和社会功能，研究问题可进一步具体化。

1. 知识特性方面的问题与假设

从知识特性角度上看，"理解性知识"比"熟悉性知识"层次更深，本报告可以提出 Q1：数据新闻在知识特性上是否更偏向"理解性知识"？这个问题可以通过两个假设来检验。

从认识层次上看，"熟悉性知识"是在回答"是什么"层面的问题，而"理解性知识"是在回答"为什么"和"会怎样"层面的问题。数据

新闻可以分为"整体—图景型"、"问题—分析型"和"已然—预测型",[①] 不同类型的数据新闻可以对应不同的知识特性,呈现型更偏向"熟悉性知识",解释型和预测型更偏向"理解性知识",故提出第一个假设。

H1a:数据新闻的解释型或预测型样本多于其他新闻品类,且解释型或预测型样本内部占比高于呈现型样本。

而从主题上看,有些主题更明显处于新闻与其他系统性知识的交汇地带。在疫情报道中,科研科普类数据新闻传递疫情科学知识,具有更高的抽象性,更接近"理解性知识",故提出第二个假设。

H1b:数据新闻的科研科普类样本多于其他新闻品类,且自身科研科普类样本数量超过平均水平。

2. 生产制约因素方面的问题与假设

从生产制约因素角度看,数据新闻体现了新闻"朝着量化方向转变的趋势",[②] 以数据为核心,在一定程度上颠覆了传统新闻的生产流程。故以数据使用为着眼点,提出 Q2:数据新闻是否围绕数据生产使生产过程更客观、科学?这个问题可以通过三个假设来检验。

在客观性上,数据成为信源能减少新闻业长期依靠固定消息来源的弊病,[③] 所以本报告提出第一个假设。

H2a:在消息来源类型上,数据来源数量多于采访来源数量。

而在科学性上,和主题类似,有某些属性的消息来源本身与系统性知识关系更紧密,在疫情报道中,科研机构、专家和学术论文最有代表性,故提出第二个假设。

H2b:在消息来源中,"科研机构及专家"和"学术论文"数量超过平

---

① 曾庆香、陆佳怡、吴晓虹:《数据新闻:一种社会科学研究的新闻论证》,《新闻与传播研究》2017 年第 12 期。

② C. Petre, "A Quantitative Turn in Journalism? Tow Center for Digital Journalism," 26. Mar. 2020, http://towcenter.org/blog/a-quantitative-turn-in-journalism/.

③ 曾庆香、侯雪琪:《数据新闻:社会精英话语权的消解》,《探索与争鸣》2015 年第 3 期。

均水平。

另外，数据新闻获取数据后，需要运用统计方法质询数据，[1] 这在一定程度上符合科学的"系统经验性"和"可证伪性"，故提出第三个假设。

H2c：数据处理层面，绝大部分样本至少进行了多样化描述性统计。

3. 社会功能方面的问题与假设

除了展现公共图景，互联网时代的新闻还要能被重复使用，成为促进知识再生产的社会资源。而数据新闻自诞生之初就注入了程序员的开源文化、合作文化和透明文化，而开源能形塑整个系统的知识存储与传递方式。[2] 数据新闻常通过公开制作使用的数据[3]或通过"方法论"页面详细介绍分析过程[4]达到开放目的。所以本报告提出 Q3：数据新闻是否通过数据开放促进知识再生产？这可以通过两个假设来检验。

首先，根据数据新闻作品是否做好知识开放，可以提出第一个假设。

H3a：绝大部分样本都交代数据来源，并且"标注来源且可得"的样本数量多于"标注来源但不可得"。

其次，根据数据新闻作品之间是否形成互文性，可以提出第二个假设。

H3b：在数据来源中，"媒体"数量超过平均水平。

（三）研究方法与编码类目构建

为了完成上述假设验证，本研究采取内容分析法，对样本内容编码，进行定量分析。具体的类目构建与编码说明见表 3。

① H. Alexander, *The Art and Science of Data-Driven Journalism*, 2014.

② A. R. Galloway, "What is New Media? Ten Years after 'the Language of New Media'," *Criticism* 3 (2011).

③ 章戈浩：《作为开放新闻的数据新闻——英国〈卫报〉的数据新闻实践》，《新闻记者》2013 年第 6 期。

④ 刘建坤、方洁：《数据新闻领域专业规范的确立与变化——基于全球数据新闻奖历届作品的内容分析》，《新闻与写作》2017 年第 12 期。

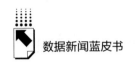

表3 样本内容的类目构建与编码说明

假设	指标	分类		分类说明
对应H1a	报道类型	呈现型		指仅呈现事件情况
		解释型		指对事件的原因、影响进行解释
		预测型		指对事件的走向进行预测
对应H1b	报道主题	数据通报		指疫情指标数据
		疫情现状		包括地区疫情、病例特征等
		防控措施		包括封城、定点收治、社区防控等
		科研科普		包括科研成果、防护科普等
		疫情影响		包括日常生活、经济运行等影响
		其他		
对应H2a、H2b	消息来源	采访来源	政府及官员	包括政府文件和官员发言
			科研机构及专家	包括研究所、高校成果和专家发言
			医院及医护人员	包括医院通告和医护人员受访
			其他社会组织及其人员	包括企业、媒体、NGO等
			患者及家属	
			普通群众	
对应H2a、H2b、H3b		数据来源	政府及政府间组织	包括卫健委、世界卫生组织（WHO）、国家统计局等
			其他社会组织	包括红十字会、医院等
			商业网站	包括百度、饿了么、咨询公司等
			媒体	包括媒体的各种体裁的报道
			学术论文	
			数据爬取	通过编程抓取
			自行调查收集	通过发放问卷、采访、收集数据
对应H2c	数据处理	呈现单个或多个统计量		仅呈现数字
		多样化描述性统计		进行基本的统计分析
		进行复杂的推断预测		运用模型进行推演
对应H3a	资料开放	未标注来源		自始未提及数据来源
		标注来源但不可得		统一标注数据来源但无链接
		标注来源且可得		标注数据来源且给出网页链接、论文DOI、项目代码等

　　确定编码后，对两位编码员进行培训。抽出10%样本进行第一次试编码，对分歧部分进行讨论并形成统一意见。然后再抽出10%样本进行第二次试编码，使用Cohen's Kappa计算第二次试编码交互信度（k）为0.923后（见表4），两位编码员分工对余下80%样本进行独立编码。

表 4 交互信度检验

	值	渐进标准误差[a]	近似值 T[b]	近似值 Sig.
一致性度量 Kappa	0.923	0.017	29.634	0
有效案例中的 n	467			

注：a 为不假定零假设；b 为使用渐进标准误差假定零假设。

三 研究结果

（一）知识特性假设检验

1. 假设 H1a 检验

假设 H1a 部分成立，从数据结果看，数据新闻比其他新闻品类拥有更高比例的解释型和预测型样本，但数据新闻内部呈现型样本数量依然多于解释型和预测型。

从外部比较上，其他新闻品类的呈现型样本占比比数据新闻的呈现型样本占比高约二十个百分点，且其预测型样本占比与数据新闻的占比差距（相差 3.3 倍）最大（见表 5、表 6）。

但从数据新闻内部看，所有主体类型都至少生产一半的呈现型样本，其中，高校（69.2%）和机构媒体（63.8%）呈现型样本生产量高于 59.1%。

表 5 数据新闻报道类型

单位：篇，%

报道类型	数量	占比	有效占比	累计占比
呈现型	150	59.1	59.1	59.1
解释型	81	31.9	31.9	31.9
预测型	23	9.0	9.0	100.0
合计	254	100.0	100.0	

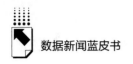

表6 其他新闻品类报道类型

单位：篇，%

报道类型	数量	占比	有效占比	累计占比
呈现型	178	78.4	78.4	78.4
解释型	43	18.9	18.9	97.3
预测型	6	2.7	2.7	100.0
合计	227	100.0	100.0	

2. 假设 H1b 检验

假设 H1b 部分成立，数据结果表明数据新闻的科研科普类样本比例高于其他新闻品类的科研科普样本，但在内部占比处于平均水平以下。

从外部比较上，数据新闻的科研科普样本占比比其他新闻品类的科研科普样本占比高约十个百分点，同时它与占比最高的疫情现状主题仅相差11.1%，其他新闻品类的科研科普主题占比与占比最高的防控措施主题相差32.6%（见表7、表8）。

但从数据新闻内部看，科研科普主题占比依然处于均值（16.6%）以下，如果去除极端值"其他"主题的影响，科研科普主题在5个主题中占比15.7%，与5个主题均值（20%）的差距增大。由此可见，科研科普主题不是数据新闻的主要主题。

表7 数据新闻报道主题

单位：篇，%

报道主题	数量	占比	有效占比	累计占比
数据通报	35	13.8	13.8	13.8
疫情现状	67	26.4	26.4	40.2
防控措施	51	20.1	20.1	60.3
科研科普	39	15.3	15.3	75.6
疫情影响	57	22.4	22.4	98.0
其他	5	2.0	2.0	100.0
合计	254	100.0	100.0	

表 8　其他新闻品类报道主题

单位：篇，%

报道主题	数量	占比	有效占比	累计占比
数据通报	26	11.5	11.5	11.5
疫情现状	47	20.7	20.7	32.2
防控措施	87	38.3	38.3	70.5
科研科普	13	5.7	5.7	76.2
疫情影响	48	22.2	22.2	97.4
其他	6	2.6	2.6	100.0
合计	227	100.0	100.0	

综上所述知识特性假设部分成立。从外部比较来看，数据新闻的解释型和预测型样本占比高于其他新闻品类中的同类型样本，科研科普主题占比也高于其他新闻品类中的同类型样本，数据新闻与其他新闻品类相比更偏向于"理解性知识"。但从内部比较来看，数据新闻中呈现型样本数量仍然多于解释型和预测型样本，科研科普主题数量亦处于均值以下，数据新闻本身依然偏向"熟悉性知识"。

（二）生产制约因素假设

1. 假设 H2a 检验

假设 H2a 成立，数据结果表明数据新闻更多采用数据来源而非采访来源，甚至近一半的样本未包含采访来源（见表9）。

表 9　数据新闻样本的消息来源出现率

单位：次，%

	出现次数	出现率
采访来源	135	52.7
数据来源	254	100.0

注：每篇报道中，出现的消息来源标记为1，未出现的标记为0。出现率指该项消息来源样本里出现的比率，某项消息来源出现率 = 该项消息来源出现次数/样本数量，表10、表11同。

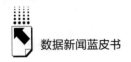

2. 假设 H2b 检验

假设 H2b 部分成立，数据结果表明采访来源中，"科研机构及专家"总出现率超过均值（13.3%）；而数据来源中，"学术论文"总出现率并未超过均值（21.9%）。

无论是采访来源还是数据来源，官方（"政府及官员""政府及政府间组织"）来源出现率都是最高的。"科研机构及专家"在采访来源中位列第二，而"学术论文"在数据来源中位列第四，处于"政府及政府间组织"（51.6%）、"媒体"（40.6%）和"商业网站"（30.3%）之后，并低于均值（21.9%）（见表10）。

表 10　数据新闻样本的具体消息来源出现率

单位：次，%

分类		出现次数	出现率
采访来源	政府及官员	76	29.9
	科研机构及专家	48	18.9
	医院及医护人员	7	2.8
	其他社会组织及其人员	47	18.54
	患者及家属	1	0.4
	普通群众	24	9.4
数据来源	政府及政府间组织	131	51.6
	其他社会组织	21	8.3
	商业网站	77	30.3
	媒体	103	40.6
	学术论文	40	15.7
	数据爬取	14	5.5
	自行调查收集	4	1.6

进一步分别分析呈现型样本和解释、预测型样本的数据来源出现率，结果如表 11 所示。可以看到，在呈现型样本中"学术论文"出现率极低（5.3%），位列第六；在解释、预测型样本中，"学术论文"出现率（30.8%）排名较总排名没有变动，但是和其他高频数据来源出现率差距缩小，且已超过均值（24.3%）。

表 11 不同报道类型中具体数据来源出现次数与出现率

单位：次，%

分类	呈现型中出现次数	呈现型中出现率	解释、预测型中出现次数	解释、预测型中出现率
政府及政府间组织	83	55.3	48	46.2
其他社会组织	16	10.7	5	4.8
商业网站	44	29.3	33	31.7
媒体	46	30.7	55	52.9
学术论文	8	5.3	32	30.8
数据爬取	10	6.7	4	3.8
自行调查收集	2	1.3	2	1.9

加之，在科研科普主题中，"学术论文"出现率高达 61.5%，高于其他所有类型的数据来源。主题更专业、类型更深入的报道会更多使用"学术论文"来源，因此本报告认为，在知识特性层次更深的样本中，"学术论文"出现率超过平均水平的假设成立。

3. 假设 H2c 检验

假设 H2c 成立，数据结果表明，绝大部分数据新闻样本至少进行了多样化描述性统计。

在所有样本中，7.1% 的样本没有进行数据处理，余下的绝大多数（92.9%）样本进行了以多样化描述性统计为主的数据处理（见表 12）。在所有发布主体中，只有新媒体机构与高校对所有样本进行了数据处理。

表 12 数据新闻样本的数据处理程度

单位：篇，%

	数量	占比	有效占比	累计占比
呈现单个或多个统计量	18	7.1	7.1	7.1
多样化描述性统计	203	79.9	79.9	87.0
进行复杂的推断预测	33	13.0	13.0	100.0
合计	254	100.0	100.0	

可见，生产制约因素假设大部分成立。从消息来源看，数据新闻对采访来源的依赖性大幅下降，更倚重数据来源，这使消息来源相对更透明、客观。但从具体消息来源来看，"科研机构及专家"出现率高于采访来源均值，"学术论文"出现率低于数据来源均值，只是在一定程度上反映出消息来源更科学。不过，绝大部分数据新闻样本都至少进行了多样化描述性统计，这表明生产过程更科学。

（三）社会功能假设

1. H3a 假设检验

假设 H3a 部分成立，数据结果表明，绝大部分样本交代了数据来源，但是"标注来源但不可得"的样本数量多于"标注来源且可得"。

在所有样本中，只有 7.5% 的样本没有标注数据来源（见表 13），门户网站没有未标注来源的数据。标注的数据来源以"标注来源不可得"为主，数据完全开放程度低，其中个人主体没有"标注来源且可得"的样本。

表 13　数据新闻样本的数据开放程度

单位：篇，%

	数量	占比	有效占比	累计占比
未标注来源	19	7.5	7.5	7.5
标注来源但不可得	197	77.6	77.6	85.1
标注来源且可得	38	14.9	14.9	100.0
合计	254	100.0	100.0	

2. H3b 假设检验

假设 H3b 成立，数据结果表明，在数据来源中，"媒体"出现率（40.6%）高于均值（21.9%）。其中，政府及政府间组织出现率（51.6%）最高，接近一半的样本使用"媒体"来源。

可见，社会功能假设大部分成立。绝大部分样本交代了数据来源，基本做到了知识开放，而"媒体"是样本的高频数据来源，媒体间形成互文性，数据新闻促进了知识再生产。

四　结论与讨论

（一）新闻框架下的精细图景与规律探索

从研究结果来看，样本在知识特性上依然总体偏向"熟悉性知识"，这意味着数据新闻仍然处于新闻框架内，并未脱离传统新闻的特质。

新冠肺炎疫情作为重大突发公共卫生事件，新闻报道的首要任务是及时地向公众呈现其最新情况。数据新闻作为新闻的一种，自然无法脱离事件直接转向传播更抽象的知识。而且，突发事件有着更高的时效要求，数据新闻生产也有相当紧凑的周期，尤其是有着成熟生产流程的机构媒体的数据新闻部门。本报告中样本的平均发稿频率为 5.4 天/篇，在发稿频率最高的前 10 位中，有 2/5 为机构媒体。在时效的要求下，发布主体难以大规模进行深度知识生产。

不过，比起其他新闻品类，数据新闻已经偏向"理解性知识"。尽管数据新闻还是以呈现型为主，但它实际上已然呈现一幅更精细的现实图景。传统新闻报道以被采访对象的叙述为主要内容，绝大多数报道呈现的社会图景受限于被访者的视野而相对狭窄与模糊，但数据新闻依靠数据"叙述"，由于数据已经经过系统化和结构化，对其所做的分析相对更容易呈现广阔的时空图景和清晰的事件脉络。最为典型的应该是多家媒体都配备的疫情地图和疫情曲线，它同时涵盖宏观和微观地区的确诊、治愈、死亡率等数据，在很大程度上塑造了读者对疫情态势的感知——读者通过数据的大小和增减幅度更清晰地感知疫情的严重性和走向。

另外，数据新闻的"熟悉性"报道和"理解性"报道比例差距并不大，应该关注到解释型和预测型数据新闻对科学规律的运用和规律性知识的生产情况。比如澎湃解释型报道《763 例确诊患者的故事，还原新冠病毒向全国扩散的路径》①通过收集、处理各地卫健委通报的病例，对患者的活动轨迹

---

① 邹煜云等：《763 例确诊患者的故事，还原新冠病毒向全国扩散的路径》，2020 年 4 月 7 日，https：//www. thepaper. cn/newsDetail_ forward_ 5719018。

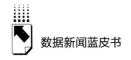

以及病毒传播路径进行规律性总结，从而对熟人空间传播、公共空间传播和医疗空间传播等传播场景进行解释；大数据文摘《如果新冠肺炎是在亚美尼亚爆发会发生什么？程序员用 Python 进行模拟》①通过数学建模模拟城市流动模式对传染病在亚美尼亚首都埃里温市的传播影响。

通过呈现更精细的图景、进行规律性解释和运用规律预测，数据新闻在新闻框架内生产更深层次的新闻知识。

（二）消息来源的渠道脱离与属性依赖

近一半的样本没有出现采访来源，这意味着数据新闻在一定程度上脱离了传统新闻的消息来源渠道，数据新闻记者有时不必像传统新闻报道那样与采访对象直接打交道。这种独立性一方面在一定程度上给数据新闻带来相对更客观的视角，剥离言辞修饰，数据更易验证真伪；另一方面是对原有消息来源渠道的拓宽，以往未被挖掘的消息来源也被纳入其中。比如"学术论文"来源，这种极其专业的文本以往可能只是记者采访专家前的案头准备资料，但在数据新闻中，它的文本内容成为消息来源本身，媒体为公众和科学研究架起了更直接的桥梁。

但这种脱离又是不完全的，当数据无法有力回答问题，或者没有合适的数据回答问题时，数据新闻记者依然需要转向采访对象。在样本中，"学术论文"出现率低于数据来源均值，而"科研机构及专家"出现率位居采访来源第二，这很可能是因为有关新型冠状病毒的研究论文较少，而记者需要向专家寻求专业背书。

与此同时，数据新闻对某些属性的消息来源存在依赖。即便在疫情这一重大突发公共卫生事件中，数据来源和采访来源出现率排名首位的也依然为"政府及政府间组织"（51.6%）和"政府及官员"（29.9%），而非科研机构及专家。

---

① 《如果新冠肺炎是在亚美尼亚爆发会发生什么？程序员用 Python 进行模拟》，澎湃新闻，2020 年 4 月 7 日，https：//www. thepaper. cn/newsDetail_ forward_ 6056645。

所以，尽管数据新闻有了更开阔的消息来源渠道，但生产者依然未能摆脱传统新闻生产中依赖权威消息来源的状况。

（三）生产实证化与技术化

绝大部分样本（92.9%）都进行了以多样化描述性统计为主的数据处理，这比方洁、高璐[①]在研究国内数据新闻专业规范确立情况时，仅有44.3%的样本进行了多样化描述性统计有所进步。

这意味着数据新闻生产流程实证化程度提高，数据新闻记者在获取数据后，并非直接使用，而是通过一些社会科学方法对其进行质证和分析，这使数据新闻更靠近社会调查报告。

另外，生产者在处理数据时，可能使用到一些较为复杂的技术，比如 RUC 新闻坊的《议题、情绪和话语：新旧媒体交织演绎的肺炎舆情史》[②] 使用了 Python 编写 LDA 主题聚类模型，对文本数据进行处理；集智俱乐部的《信息公开，分块隔离——基于信息扩散的新型肺炎网络传播模型》[③] 基于无标度网络模型构建新冠肺炎疫情传播的 SEIR 模型进行测算。

可以看到，数据新闻吸纳了社会科学、计算机科学的一些知识和方法，使新闻的边界区外延。在这种借鉴下，数据新闻生产形成了一个简单的"科学环"，科学化的生产流程使数据新闻生产出的内容能在经验层面被验证，从而进一步提升了其知识生产的科学性。

（四）知识共享与媒体间开放式协同合作

虽然绝大部分样本都标注了数据来源，但是"标注数据且可得"（14.9%）

---

① 方洁、高璐：《数据新闻：一个亟待确立专业规范的领域——基于国内五个数据新闻栏目的定量研究》，《国际新闻界》2015 年第 12 期。

② 《议题、情绪和话语：新旧媒体交织演绎的肺炎舆情史》，"人大新闻系"微信公众号，2020 年 4 月 7 日，https：//mp. weixin. qq. com/s/oqujRit5kWOM9ZhRTUd－rw。

③ 《信息公开，分块隔离——基于信息扩散的新型肺炎网络传播模型》，集智俱乐部网站，2020 年 4 月 7 日，https：//swarma. org/？ p＝18265。

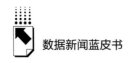

仍然远少于"标注数据且不可得"（77.6%），依然不符合 Lorenz[①] 提出的数据新闻专业规范要求。

不过，无论数据是否清晰可得，标注出数据来源就能为读者找到原始数据提供线索。标注出数据来源，不仅意味着向科瓦齐和罗森斯蒂尔在《新闻的十大基本原则》提出的"透明性"原则迈进，[②] 还意味着确实在进行知识共享。传统新闻采访得到的可能是碎片化、强时空制约性的信息，但是数据新闻开放的是可积累更新、超时空性的数据集，甚至还有强专业性、系统性的知识。读者回溯数据来源，不仅可以对生产者进行监督，还可以根据个人需要获取数据新闻内容之外的知识。

这种知识共享方式促进了知识再生产。一个有趣的新现象是媒体间产生了开放式协同合作的生产模式。所谓"开放式协同合作"，一个重要的特征就是"自组织"，即流程并非预定而是在参与中形成，是一种灵活开放的合作模式。疫情发生以来，有媒体将数据集和代码开源，后续有媒体使用这些开放数据集和代码进行知识再生产，挖掘出新的内容角度。比如，澎湃将编辑部自行收集、整理的有关疫情的信息通过石墨文档和 Github 公开，网易使用这个数据来源制作出《新冠肺炎席卷全国的 33 天》[③]《武汉疫情，129 名患者的患病史透露了什么》[④] 报道。而且，在数据来源中，"媒体"一项出现率也高达（40.6%），虽然不全是澎湃和网易这样深度的合作，但可以看到媒体间还是存在较强的"互文性"。这相当于媒体间进行了合作生产，但和传统的联动策划不一样，这样的合作方式是非预定、开放的。开放式协同合作使数据新闻生产在一定程度上改变了以往媒体间竞争独家的关系，探

① M. Lorenz，"Status and Outlook for Data-driven Journalism，"*European Journalism Center*：*Data-driven Journalism*：*What is there to learn*，（2010）.

② 〔美〕比尔·科瓦齐、汤姆·罗森斯蒂尔：《新闻的十大基本原则》，刘海龙、连晓东译，北京大学出版社，2011。

③ 《新冠肺炎席卷全国的 33 天》，网易数读，2020 年 4 月 7 日，http：//data. 163. com/20/0204/23/F4J0UGMF000181IU. html。

④ 《武汉疫情，129 名患者的患病史透露了什么》，网易数读，2020 年 4 月 7 日，http：//data. 163. com/20/0124/22/F3MJOBHN000181IU. html。

索了合作生产知识的新可能。

通过标注数据来源，数据新闻对公众开放了知识获取的新渠道，也给媒体合作提供了新选项，促进了知识共享与知识再生产。

（五）研究不足与展望

本报告从量化的进路，从知识特性、生产制约因素和社会功能三个维度对数据新闻的知识生产深度进行了测量，对知识生产和数据新闻研究领域的某些研究结论进行了验证和细化。但是本报告还存在以下不足之处。

在样本选择上，因为时间限制，可能会遗漏抽样时间范围之外出色的数据新闻报道，也无法进一步细化研究不同时段的数据新闻所存在的知识生产差异。在研究方法上，使用了内容分析法，从文本内容透视，这种量化研究方法只能得出初步结论，若要深入辨析数据新闻在知识生产上的突破与限制，还需要辅助扎实的访谈和参与式观察等质化研究方法。

所以，如果有机会对数据新闻的知识生产进行深入研究，本报告有以下展望：

第一，对研究样本和假设进行完善和深化，覆盖社会事件始末的数据新闻作品，并考虑社会现实的变化对数据新闻知识生产的影响；

第二，加入质化研究方法，通过深度访谈或民族志等方法，获取数据新闻从业者的实践经验，对量化结果进行检验和补充。

B.4
海外数据新闻发展研究报告

——基于"Data Journalism Awards"（2016~2019）
"Sigma Awards"（2020）获奖作品的研究

申琦　顾杰钰*

摘　要：　随着大数据时代的到来以及各种数字技术的不断发展，数据
　　　　　新闻成为新闻业转型与变革的新契机，"Data Journalism
　　　　　Awards"（全球数据新闻奖）与"Sigma Awards"先后设立以
　　　　　评选来自世界各地的最佳数据新闻作品。本报告以2016~2019
　　　　　年"Data Journalism Awards"以及2020年"Sigma Awards"的
　　　　　61个海外获奖作品为例，通过对这些作品的内容选取、生产
　　　　　过程与呈现方式等三个方面进行描述性统计分析，探析海外
　　　　　数据新闻实践动态、总结发展特征，以期为我国数据新闻实
　　　　　践提供更多可能的路径。

关键词：　数据新闻　Data Journalism Awards　Sigma Awards

一　引言

随着大数据时代的到来，新闻传播的场景正在发生深刻变化。人们被海量的数据与信息淹没，且很难筛选与自己相关的、有用的或者是有意义的信

---

* 申琦，南京大学新闻传播学院教授，主要研究方向为人机传播、计算传播、网络隐私与信息安全；顾杰钰，武汉大学新闻与传播学院硕士研究生，主要研究方向为数据新闻。

息。在这一背景下，媒体通过数据新闻实践，成为信息与公众之间连接与沟通的桥梁。数据新闻能够帮助公众进行数据处理，通过数据分析找到其中的意义与结构、厘清信息的内涵与背后的价值，并赋予其正确的解释，将其传递给公众。[①] 21 世纪初，以美国《纽约时报》、英国《卫报》为首的部分海外媒体首先开始在数据新闻领域进行尝试与实践。随着大数据以及各种数字技术的进一步发展，其强大的内容生产潜力也不断被发现与挖掘，这驱动着更多媒体组织加入了数据新闻实践的热潮，使数据新闻成为新闻业发展与变革的一个新的契机。

为推动数据新闻领域制定更加明晰的专业标准与规范，"Data Journalism Awards" 于 2012 年由全球编辑网（Global Editors Network）发起并运营，成为全球范围内最具影响力与权威性、能够代表数据新闻制作最高水准的专业奖项之一，但由于资金困难，该奖项已于 2020 年终止。2020 年，一项全新的数据新闻竞赛 "Sigma Awards" 开办，旨在关注全球数据新闻领域的最新实践动态与发展方向，成为接替已经停办的 "Data Journalism Awards"，继续表彰来自世界各地的最佳数据新闻作品的一个国际奖项。

本报告以 2016～2019 年 "Data Journalism Awards" 以及 2020 年 "Sigma Awards" 中获奖的 61 个海外媒体机构的作品作为研究样本，旨在通过对它们的分析，窥探近 4 年来海外数据新闻实践的前沿动态与发展特征，从而为我国数据新闻实践赋能，探索更多发展路径。本报告从内容选取、生产过程、呈现方式三个方面对获奖作品进行了描述性统计分析，同时将获奖作品内容选取细分为作品选题、内容涉及区域、报道类型三个维度，获奖作品生产过程细分为获奖单位类型、生产主体构成、数据处理技术三个维度，获奖作品呈现方式分为可视化形式情况、交互设计情况、移动端适配情况三个维度，以进行更加细致的观察，归纳其发展特征与趋势。

---

① 方洁：《数据新闻概论》，中国人民大学出版社，2015。

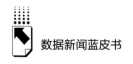
二　研究方法与内容

（一）获奖作品内容选取

1. 作品选题

本研究将作品选题编码表设置为政治、经济、社会、环境、军事、战争/灾难、犯罪、医疗、城市/交通、体育/文艺、突发事故等11项。统计结果显示：政治选题的作品占比最大，尤其是政治大选成为热门选题，其次为犯罪、社会、环境、战争/灾难、经济、军事、医疗等主题，总体来说以具有较高新闻价值与社会关注度的严肃新闻主题为主；数字技术的发展使突发事故的及时、深入报道成为可能；有少数作品选择城市/交通、体育/文艺等更加贴近读者生活、更具趣味性的主题进行操作（见表1）。

表1　获奖作品选题情况

单位：个，%

作品选题	频数	占比
政治	21	34.4
经济	4	6.6
社会	6	9.8
环境	5	8.2
军事	3	4.9
战争/灾难	4	6.6
犯罪	7	11.5
医疗	3	4.9
城市/交通	3	4.9
体育/文艺	2	3.3
突发事故	3	4.9

2. 内容涉及区域

本研究将内容涉及区域编码表设置为单个地区/国家、多个国家等2项。统计结果显示：报道内容聚焦于某一特定地区或某一国家内相关情况的作品占较大比例（78.7%），但也有小部分作品开始进行跨国家的选题操作，展现出一定的全球化视野（见表2）。

表2　获奖作品内容涉及区域情况

单位：个，%

内容涉及区域	频数	占比
单个地区/国家	48	78.7
多个国家	13	21.3

3. 报道类型

本研究将报道类型编码表设置为常规型、调查型等2项。统计结果显示：获奖作品中调查型数据新闻多于常规型数据新闻（见表3）。可以看出，随着数字技术的不断发展与运用，有更多的数据新闻制作团队趋向于通过更加复杂的数据分析对某一社会事件、现象或问题进行系统调查与深入探究；有一部分团队仍然会选择基于已有的数据集或依赖他人得出的数据结果找到具有价值的选题视角进行操作，数据抓取、清理、分析等环节的难度相对调查型作品较低。

表3　获奖作品报道类型情况

单位：个，%

报道类型	频数	占比
常规型	20	32.8
调查型	41	67.2

（二）获奖作品生产过程

1. 获奖单位类型

本研究将获奖单位类型编码表设置为传统媒体、互联网媒体、非营利性媒体组织等3项（有新闻协作项目，则将被列出的不同种类的获奖单位分别计数）。统计结果显示：传统媒体凭借其专业的生产团队、更丰富的资源渠道，一直在数据新闻领域进行积极实践，2016～2019年有28个获奖作品的生产团队是（或包括）传统媒体；在互联网时代，互联网媒体借助其技术以及信息传播渠道等方面的优势，在数据新闻生产领域取得了较多成果，有26个获奖作品的生产团队是（或包括）互联网媒体（见表4）；非营利性媒体组织以实现社会效益为目标，在数据新闻领域，尤其是在进行严肃主题的作品生产中崭露头角。

表4　获奖单位类型情况

单位：个，%

获奖单位类型	频数	占比
传统媒体	28	43.1
互联网媒体	26	40.0
非营利性媒体组织	11	16.9

2. 生产主体构成

本研究将生产主体构成编码表设置为单个、多个（新闻协作项目）等2项，需要说明的是，这里记录的主要是作品生产存在不同组织机构间的合作，而非某一组织机构的内部构成。统计结果显示：这些获奖作品的生产主体极大部分（93.4%）为单个生产主体，也有4个获奖作品为新闻协作项目（见表5）。相比由单个生产主体制作的作品，由多个生产主体制作的作品都展现出具有更大体量与规模的特点。

表5　获奖作品生产主体构成情况

单位：个，%

生产主体	频数	占比
单个	57	93.4
多个（新闻协作项目）	4	6.6

3. 数据处理技术

本研究在进行数据处理技术部分的分析时，主要记录在包括抓取、清理、分析数据以及可视化等生产环节中是否运用到算法与数字技术。统计结果显示：在数据新闻的整个生产流程中，算法已经成为极其重要的技术支撑，获奖作品的数据处理都体现出较强的专业性，只有极少数的获奖作品只进行了简单的描述性统计分析或者最基础的可视化呈现（见表6）。

表6　获奖作品是否运用算法与数字技术情况

单位：个，%

是否运用算法与数字技术	频数	占比
是	57	93.4
否	4	6.6

（三）获奖作品呈现方式

1. 可视化形式情况

本研究在进行可视化形式情况部分的分析时，首先记录每个作品使用的不同种类图表个数，其次记录是否运用视频（包括动画）这一形式。统计结果显示：除5个作品是以全文本或者数据库等形式呈现而未进行可视化设计，其余作品都进行了不同程度的可视化呈现。其中，图表依然是数据新闻作品进行可视化呈现的最主要的形式，超过70%的获奖作品使用了1~3种不同类型的图表，还有超过20%的获奖作品使用了4~5种不同类型的图表以进行更加丰富与多样化的可视化呈现。另外，还有小部分作品（11.5%）使用了视频的形式，体现出更大的信息容量与更强的内容解释力（见表7、表8）。

表7　获奖作品使用图表类型统计

单位：个，%

图表类型数	频数	占比
0	5	8.2
1	5	8.2
2	18	29.5
3	20	32.8
4	9	14.7
5	4	6.6

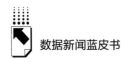

表8 获奖作品是否运用视频情况

单位：个，%

是否运用视频	频数	占比
是	7	11.5
否	54	88.5

2. 交互设计情况

本研究在进行交互设计情况的分析时，主要记录获奖作品中是否有交互设计的图表或网页。统计结果显示：77%的获奖作品在进行可视化呈现时都加入了不同程度的交互设计，包括交互式图表与个性化表单等形式，以达成与读者之间更深层次的互动，为读者提供更加个性化的内容（见表9）。

表9 获奖作品是否运用交互设计情况

单位：个，%

是否运用交互设计	频数	占比
是	47	77.0
否	14	23.0

3. 移动端适配情况

本研究将移动端适配情况编码表设置为完全适配、部分适配、不适配等3项，这里的适配情况主要针对的是作品的可视化呈现部分。统计结果显示：超过60%的获奖作品在移动端能够达到完全适配，但依然有超过30%的作品存在只是部分适配甚至是不适配的情况，其中，互联网媒体的作品相比传统媒体的作品整体呈现更好的移动端适配情况（见表10）。作品在移动端部分不适配或完全不适配的主要问题在于设计较为复杂的动态交互图表在移动端无法流畅、完整地呈现，还有作品存在在iOS系统可以有良好呈现，但在安卓系统不适配的情况。

表 10 获奖作品移动端适配情况

单位：个，%

移动端适配情况	传统媒体	互联网媒体	协作项目	非营利性媒体组织	全体样本	
	频数	频数	频数	频数	频数	占比
完全适配	14	17	4	5	40	65.6
部分适配	5	5	0	1	11	18.0
不适配	5	2	0	3	10	16.4

三 海外数据新闻发展特征分析

根据描述性统计分析得到的数据结果，本研究选取部分获奖作品案例对海外数据新闻发展特征展开进一步分析。

（一）数据新闻作品的内容选取

1. 严肃新闻主题与关照公众利益

海外数据新闻在主题的选择上以具有较高新闻价值与社会关注度的严肃新闻主题为主，并通过对这些"硬新闻"的操作来展现对社会各个方面存在的现象与问题的体察与关照。在历年的获奖作品中，政治主题的数据新闻，主要涉及政治选举的报道、政界腐败现象的调查等，旨在提高政界在公众面前的透明度，并为公众监督与问责提供证据；犯罪主题的数据新闻，主要涉及犯罪过程的重现、犯罪现象发生根源的探寻等，旨在系统调查并揭露存在的社会矛盾与社会问题，并为其有效治理与解决提供可能的路径；环境主题的新闻，主要涉及形势较为严峻的各种污染情况的呈现，旨在揭露其对公众健康的危害，并引起社会各方的关注，促进合力应对。

在这些新闻选题的操作中，公众利益被反复提及并被置于核心位置。大部分媒体作为传播公共信息的平台，一直在为提供与公众利益密切相关的，有价值的、真实的信息努力，也成为为公众发声、捍卫公众权利的一个渠道。数据在这一过程中体现出了优势，数据让社会中存在的问题变得有迹可

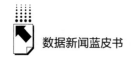
寻，也为记者在发现问题后深入挖掘问题，维护公众利益提供了更加强有力的线索与证据。一些涉及公众利益的作品如《金钱至上》①《司机笔记本》②《谁死于飓风玛利亚》③ 等，将搜集到的繁杂庞大的数据整理得更加清晰易懂，并建立公开数据库以供读者免费检索、浏览与下载，为公众提供监督的工具与问责的证据，创造出较高的社会效益。

2. 聚焦单一区域与放眼全球范围

大部分数据新闻报道依然是聚焦单一区域或国家。主要表现：报道内容上的限制，大部分被报道的事件或现象只涉及某一特定的区域或国家；新闻生产机构的限制，拥有跨国影响力与工作组织能力的媒体还是少数。当然，只涉及单一区域或国家的新闻报道也具有其独特的优势，记者们能够找到一个更小更聚焦的视角去挖掘更多更有深度的内容，从而使作品脉络清晰、言之有物，避免视角与内容的宽泛与空洞。

与此同时，越来越多的作品开始拥有跨区域的、关照全球范围相关情况的视野与格局，报道全球普遍关注的现象与问题。尽管完成跨区域、跨国报道，在获取数据以及清理数据方面具有较大的难度以及工作量，但也逐渐出现了具有相应的协调组织能力与技术能力的媒体团队开始关注并操作在全球范围受到人们普遍关注的议题。比如，涉及环境主题的作品《世上污染最严重的空气与你所在城市的空气》④，将世界各地 $PM_{2.5}$ 污染程度可视化，让人们能够体会到呼吸世界上最糟糕的空气的感受，通过数据建立同理心；涉及医疗主题的作品《Medicamentalia. org——关注全球药品获取情况的记者调查网站》⑤，

① 制作机构为加拿大 Postmedia 网络公司，获 2018 年全球数据新闻奖——开放数据奖。

② 制作机构为阿根廷民族报数据团队，获 2019 年全球数据新闻奖——谷歌最佳大型数据新闻团队奖，https：//blogs. lanacion. com. ar/projects/data/the - drivers - corruption - notebooks - argentine - massive - bribery - scandal/。

③ 制作机构为美国美联社、调查性新闻中心、Quartz 网，获 2019 年全球数据新闻奖——年度调查报道奖，https：//hurricanemariasdead. com/。

④ 制作机构为美国《纽约时报》，获 2020 年 Sigma Awards——最佳可视化奖（大型编辑室），https：//www. nytimes. com/interactive/2019/12/02/climate/air - pollution - compare - ar - ul. html。

⑤ 制作机构为西班牙非营利新闻机构 Civio 基金，获 2016 年全球数据新闻奖——年度最佳调查报道奖（小型编辑室），https：//medicamentalia. org/。

通过对比 61 个国家 14 种药品的价格与不同发展程度国家的人们对药品的支付能力，来调查不同地区药物获取情况的差异，并通过这种对比引起人们对制药行业相关政策与制度的关注；涉及战争灾难主题的作品《如果叙利亚内战发生在你的国家会怎样?》①，通过数据分析和技术模拟叙利亚内战发生在不同国家时，不同国家可能产生的损害，以警示战争对人们的生活造成的危害。该作品获得的奖项是"公众选择奖"，这也可以体现出世界各地的人们对战争的关注。另外，这些跨区域、跨国的作品还呈现个性化设计的特点，上述三个作品都可以让读者选择自己所处的地区从而生成不同的图表，获得不同的信息，这是吸引读者参与互动的一种方式，也是化繁为简，将收集到的涉及各区域、各国的庞杂数据进行更清晰的梳理与展现的一种方式。

3. 调查型选题成为受青睐对象与实践趋势

调查新闻是一种深度报道，旨在通过调查，全面系统地反映某一社会事件、现象或问题的现状，深入挖掘其背后的原因，分析预测其发展趋势以及可能导致的结果等。传统调查新闻报道往往是通过记者本身对报道对象长期观察追踪、采访调研与组织分析来完成，需要耗费大量的时间与精力，其间也可能遇到重重阻挠与障碍。而随着数字技术的不断发展与应用，在数据新闻领域中，传统调查报道的部分实证采访与调研工作可以被转化为数据挖掘与分析工作，这为记者深入探究一些可以被量化呈现的社会事件、现象与问题，从中发现线索与证据提供了更多的路径与可能性。因此，越来越多的媒体倾向于选择调查型话题进行操作，促进调查型新闻报道的转型升级。全球数据新闻奖自 2012 年设立起，专门设立了调查新闻报道相关奖项，这也体现出借助数据处理分析来完成调查新闻报道已经成为一种普遍趋势。曾获"年度调查奖"的作品《无据可依》②，对加拿大不同地区存在的性侵案件

---

① 制作机构为美国公共国际广播电台，获 2016 年全球数据新闻奖——公众选择奖，http：//www. pri. org/stories/2016 – 03 – 16/what – if – syrian – civil – war – happened – your – country。

② 制作机构为加拿大《环球邮报》，获 2017 年全球数据新闻奖——年度调查奖，https：//www. theglobeandmail. com/news/investigations/compare – unfounded – sex – assault – rates – across – canada/article33855643/#。

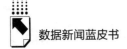

认定差异进行了调查与分析，其团队通过向全加拿大 178 个警察部门发送近 250 项信息自由请求才获得了较为完整翔实的材料信息，并通过深度的数据挖掘与分析，向读者展示了全国不同区域无根据性侵犯罪率的具体数据，以此追问加拿大执法系统的漏洞，促成相关公共政策的调整与完善。

当然，值得注意的是，数据是不能完全展示事件全貌的。大部分调查型的数据新闻报道并不会舍弃传统的新闻调查方式，在利用数据挖掘与分析搭建了报道的整体框架与分析脉络后，还是会通过采访调研等方式为报道增添更多细节内容与人性温度，与数据部分互相支撑，使调查型数据新闻报道能够更加完整立体。

（二）数据新闻作品的生产过程

1. 不同类型媒体呈现不同生产优势

从历届赛事各奖项的获奖单位类型来看，传统媒体一直在数据新闻领域积极实践。事实上，数据新闻的实践也是始于纸媒，比如美国的《纽约时报》、英国的《卫报》等都是进行数据新闻尝试与布局的"先行者"，之后也有更多的传统媒体加入数据新闻实践大潮，其中不乏专门成立数据新闻团队、编辑部以进行数据新闻作品生产的传统媒体。传统媒体在数据新闻实践中有其优势。首先，传统媒体，尤其是在社会上享有较高声誉的主流传统媒体，拥有更多经验丰富的媒体工作者以及更加强大、稳定的内容制作团队，在一定程度上能够保证较高的内容生产效率与质量；其次，这些传统媒体由于具有更高的公信力与权威性，在获取数据资源与信息材料方面也可能拥有更多的渠道，更容易获得数据提供方的信任。2016～2019 年全球数据新闻奖突发新闻事件相关奖项的获奖单位全部为传统媒体，这可以体现出传统媒体在数据新闻生产时所具有的上述优势。

随着网络与新媒体时代的到来，各种互联网媒体不断涌现，并进入数据新闻实践的领域，在获奖名单中也能频频看见它们的"身影"。有学者指出，新兴的互联网媒体基于数据传播进行内容生产，并以移动网络作为主要的信息传播渠道，能够将信息内容与网络技术进行深度结合，从而拥有其进行数据新闻实践的天然优势。① 比如美国的 FiveThirtyEight 网站，曾于 2016 年获"年度最佳新闻数据应用奖（大型新闻编辑室）""年度最佳数据新闻网站奖"，于 2018 年获"年度最佳新闻数据应用奖"。该网站除了关注体育、文化、科学等这些较为常见的选题，还专注于做政治民意调查。这两个年度的获奖作品都是分析政治选举的影响因素并建立结果预测模型，属于数据驱动类的作品，用精良的数据挖掘与分析技术寻找更多可能的报道视角，并驱动优质内容的生产。

此外，新的数据新闻实践参与者——非营利性媒体组织也在出现。他们不以实现营利为主旨，而以实现社会效益为目标，去主持、参与数据新闻项目的运作。这些非营利性媒体组织由各基金会支持，运用民间资本解决媒体在操作数据新闻时可能会面临的资金、技术等方面的难题，坚持非政府非商业化的独立新闻立场。② 正是由于这样的性质与理念，非营利媒体组织更多地选择了包括政治、犯罪等严肃新闻主题进行操作，以揭露一些社会中存在的负面问题，且操作过程不受政府机构的牵制与商业利益的诱惑。虽然业界对其发展模式与制度一直存在各种各样的争议，但是从其内容生产与制作中还是可以看到对新闻专业主义的坚守，这也在很大程度上推动了数据新闻生产的发展。比如，美国的马歇尔计划非营利新闻机构，曾于 2017 年获"小型闻编辑室奖"，于 2019 年获"年度数据新闻应用奖"。该组织主要致力于报道美国刑事司法系统、移民制度等存在的问题，《语境中的犯罪》③《罪犯移民的神话》④ 两个获奖作品都聚焦对犯罪问题的深入剖析，通过发布犯罪现象的相关数据让公众对这些问题有所感知与关注，为相关部门解决问题提

---

① 卢长春、李秋华：《数据新闻实践国际前沿动态——以 2016 年数据新闻奖获奖作品为例》，《新闻界》2017 年第 4 期。

② 卢长春、李秋华：《数据新闻实践国际前沿动态——以 2016 年数据新闻奖获奖作品为例》，《新闻界》2017 年第 4 期。

③ 制作机构为美国马歇尔计划非营利新闻机构，获 2017 年全球数据新闻奖——小型编辑室奖，https：//www. themarshallproject. org/2016/08/18/crime – in – context#. CgaGZ0eLP。

④ 制作机构为美国马歇尔计划非营利新闻机构，获 2019 年全球数据新闻奖——年度数据新闻应用奖，https：//www. themarshallproject. org/2018/03/30/the – myth – of – the – criminal – immigrant。

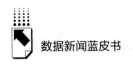

供可能的方案。

2. 多元生产主体进行协作互动

这里的多元生产主体有着多重含义，可以是不同类型的媒体机构，也可以是一个媒体机构或生产团队内部不同专业与身份的人员，还可以是包括媒体与公众在内的社会各方。本报告将对此逐一进行分析。

不同类型的媒体机构在数据新闻实践中呈现不同的优势。在这种情况下，数据新闻的协作生产也开始出现。虽然目前从获奖单位的构成来看，大部分是由单个生产主体进行数据新闻制作，而新闻协作项目还比较少，但其也可能逐渐成为一种生产模式。传统媒体、互联网媒体以及非营利新闻组织可以在合作中发挥各自的长处，在数据获取与分析、内容策划与生产、可视化设计与制作、作品分发与传播等环节中互相支持与渗透，形成技术与内容、资源与渠道等方面的优势互补。比如，《谁死于飓风玛利亚》就是由美联社、调查性新闻中心、Quartz 网协作完成的一个数据新闻作品，于 2019 年获得了"年度调查报道奖"，由于波多黎政府对飓风玛利亚所造成的死亡情况统计不力，这 3 个机构通过采访、政府诉讼等方式共同调查了真实死亡情况，并创建了死亡者数据库；作品《Troika 自助洗衣店》[①] 由 OCCRP（有组织犯罪和腐败报告项目）、英国《卫报》、德国《南德意志报》等来自全球的 17 个机构共同完成，被评为 2020 年"最佳数据驱动作品（大型编辑室）"，OCCRP 与其合作机构通过细致的数据分析以及深入彻底的调查，对欧洲银行体系进行了严格的审查，揭露了俄罗斯最高权力阶层的寡头和政客们秘密投资不义之财以及洗钱逃税、收购俄罗斯国有企业股份等行为，由此对欧洲政治与金融界造成了直接而广泛的影响。可以看出，不同媒体机构之间的协作，能够助力完成更大体量的、复杂的以及跨国的数据新闻作品，应当被各媒体机构重视、采纳，这将成为数据新闻生产的一个趋势。

[①] 制作机构为 OCCRP（有组织犯罪和腐败报告项目）、英国《卫报》、德国《南德意志报》、韩国 Newstapa、西班牙 El Periodico 等 17 个合作机构，获 2020 年 Sigma Awards——最佳数据驱动作品奖（大型编辑室），https：//www.occrp.org/en/troikalaundromat/vast‑offshore‑network‑moved‑billions‑with‑help‑from‑major‑russian‑bank。

除了不同类型的媒体机构之间的合作，在一个机构、一个生产团队的内部，也存在具有不同身份的成员的合作。由于目前数据新闻生产体现出越来越高的数据分析与技术应用的需求以及可视化设计与创新的需求，一个作品往往会需要记者编辑、数据科学家与工程师、可视化设计师等之间的合作。虽然在数据新闻发展初期，这些身份之间并没有清晰的划分而存在重合的可能，作品的生产要求记者编辑除了具备进行内容生产所需的人文素养外，还要拥有一定的数据分析能力以及审美设计能力，但如今发展日臻成熟的数据新闻在数据挖掘与分析以及数据可视化呈现等方面呈现更加复杂与专业的特点，这就对团队吸纳深耕于不同领域的多样化人才以保证每个环节的高质量完成提出了要求。

另外，有些作品在生产过程中还会通过众包的方式，借助公众的力量获取更多数据、进行数据分析等，从而挖掘出更多真相，为作品增加更多视角，这也打破了以媒体为中心的数据新闻生产模式，呈现多元主体在生产过程中进行协作互动的特点。比如《谁死于飓风玛利亚》这一作品在数据收集的过程中采用了众包的方式，让灾难受害者的亲属参与在线调查来提供更多的信息与数据，从而也参与作品的生产。

3. 算法与数字技术的发展与应用驱动专业化、创新生产

数据新闻区别于一般新闻的核心特征是，其需要依靠软件程序作为数据处理的技术保障，[1] 因此其创新发展的一个巨大驱动力来自算法及以其为核心的各类数字技术的应用。通过分析获奖作品也可以发现，数据处理的各个环节都呈现专业化的趋势，许多作品也已经不满足于使用基础算法来进行数据处理，创新算法、机器学习、传感器等在数据处理过程中的应用也成为数据新闻创新生产的流行趋势。

从获取与挖掘数据到整理与清洗数据，再从分析数据到可视化数据，算法已经成为整个流程中重要的技术支撑。而除了一些常用的基础算法外，有作品开始通过对算法进行改进，甚至是创新与开发来处理数据，比如 2017

---

① 方洁、颜冬：《全球视野下的"数据新闻"：理念与实践》，《国际新闻界》2013 年第 6 期。

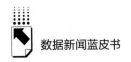

年的获奖作品《汉密尔顿的韵律》①，在将音乐剧《汉密尔顿》的复杂音律结构数据进行识别与可视化处理时运用的就是《华尔街日报》可视化团队的自研算法；2020年的获奖作品《富内斯（Funes）：一种对抗腐败的算法》② 就是由秘鲁OjoPúblico团队通过15个月的讨论、分析、构建数据库、验证信息等环节自主开发的一个算法模型，来识别秘鲁公共合同中的腐败风险情况。

另外，还有作品会运用到机器学习算法，让计算机去学习数据中存在的，尤其是人们难以发现的内在规律，这在处理大规模数据集时尤其适用。机器学习算法在数据新闻生产中的应用主要有分类和预测、洞察、决策，在很大程度上能够帮助记者提高数据处理的效率。③ 2018年的获奖作品《隐藏的空中侦察兵》④ 制作团队就运用到了机器学习算法，通过训练计算机学习已经获得的监控飞机数据，来识别出隐藏在空中的监控飞机；2020年的获奖作品《寂静地带》⑤ 制作团队在衡量墨西哥不同地区的记者当面对有组织的暴力犯罪，为了避免成为目标而选择保持沉默的程度及其对新闻业的影响时，就运用了机器学习算法来识别出有关暴力犯罪报道并确定事件发生的地点。

算法已经成为数据新闻生产中被普遍使用的数据处理工具，同时还支撑着更多发展中的数字技术被运用到数据新闻领域，在很大程度上驱动了数据新闻的创新。传感器新闻就是一个在大数据背景下逐渐流行起来的数据新闻生产新模式。所谓传感器新闻，就是指"利用传感器来生成或收集数据，

---

① 制作机构为美国《华尔街日报》，获2017年全球数据新闻奖——年度数据可视化奖，https：//source. opennews. org/articles/hamilton – algorithm/。
② 制作机构为秘鲁OjoPúblico，获2020年Sigma Awards——创新作品奖（小型编辑室），https：//ojo – publico. com/especiales/funes/。
③ 张超、闪雪萌、刘娟：《从去专业化到再专业化：数据新闻对数据科学的应用与趋势》，《中国出版》2019年第9期。
④ 制作机构为美国BuzzFeed News，获2018年全球数据新闻奖——数据新闻创新奖，https：//www. buzzfeed. com/peteraldhous/hidden – spy – planes？utm_ term = . ybLp33ogz#. kuzgYYeqv。
⑤ 制作机构为墨西哥《环球报》，获2020年Sigma Awards——创新作品奖（大型编辑室），https：//zonas – de – silencio. eluniversal. com. mx/。

从而分析、可视化、使用数据来支持新闻报道"①。在互联网时代，传感器作为一种数据收集方式，它可以以智能手机、可穿戴设备、遥感卫星等为载体，出现在世界的各个角落。一些数据新闻作品就采用了这种技术以进行更加自主的数据创建或是收集工作，而非爬取或利用现有的数据，大大扩大了可获取的数据范围，为报道视角与内容的选择提供了更多可能性。在 2016 年的获奖作品中，美国 BuzzFeed News 的作品《天空中的密探》②，利用由航班追踪网站 Flightradar24 设立的接收器来收集飞机发送的位置数据，从而调查美国政府的空中监视行为；印度数据分析机构 IndiaSpend 创新性地使用 GPRS 信号传送器来监测印度多个城市空气质量数据，并建立数据库与所有人共享数据；2019 年的获奖作品《雷德梅瑟（Radmesser)》③ 是通过可以测量骑车超车距离的传感器来收集数据，为柏林地区的骑行安全提供可靠数据。

（三）数据新闻作品的呈现方式

1. 可视化形式呈现多样化与创新发展趋势

从对历届获奖作品的统计与分析来看，图表依然是数据新闻作品进行可视化呈现的最主要的形式，同时，大部分数据新闻作品趋于使用多种类别的图表来进行更加丰富与多样化的可视化呈现。比如，2019 年获"年度最佳数据可视化奖"的作品《拯救恒河的竞赛》④ 由六个部分组成，几乎每一个部分都挑选了不同的可视化形式来进行相应的数据呈现，通过动态地图来展示恒河的不同流域被污染程度，通过可交互气泡图来展示不同地区水中的污

---

① 许向东：《大数据时代新闻生产新模式：传感器新闻的理念、实践与思考》，《国际新闻界》2015 年第 10 期。

② 制作机构为美国 BuzzFeed News，获 2016 年全球数据新闻奖——年度最佳数据可视化奖（大型新闻编辑室），https：//www.buzzfeed.com/peteraldhous/spies－in－the－skies？utm_ term ＝.igqaxKlxA6#.orXzGXJGjW。

③ 制作机构为德国 Der Tagesspiegel，获 2019 年全球数据新闻奖——约翰·S·奈特新闻奖学金数据新闻创新奖，https：//interaktiv.tagesspiegel.de/radmesser/。

④ 制作机构为路透社美国分社，获 2019 年全球数据新闻奖——年度最佳数据可视化奖，https：//graphics.reuters.com/INDIA－RIVER/010081TW39P/index.html。

染物含量，通过交互页面来详细演示恒河从上游到下游流经地区的家庭废水和工业污水排入的过程，通过将每天排入恒河的污水量绘制成正方体的象形图与自由女神像进行对比，让读者对污水量的体积有了更加直观与强烈的感知，还将不同地区的每日污水排放量与污水治理能力用不同颜色、不同长度的线段具象化，从而展现两者之间的差距。由此也可看出，这种多样化的呈现并不是为了体现制作团队技术的精湛与先进，而是由于作品体量日趋变大，涉及的内容主题与支撑数据也都较为丰富，为了更好地服务于需要表达的内容，制作团队趋向于根据不同的需求挑选最合适贴切的、最清晰易懂的图表形式。

另外，不同种类的图表与视频、动画等更多可视化形式的互动呈现也在部分作品中成为亮点，通过视频、动画进行可视化呈现有其优势所在。动态的画面能够拥有更大的信息容量，同时，图像与文字、声音的互动呈现还能够拥有更强的内容解释力，是一种让作品信息与内容更加高效率、高质量地触达读者的方式。比如获 2019 年"公众选择奖"的作品《为了成为模特，你需要有多瘦?》①将荷兰模特的臀围数据与 20 多岁的普通女性的臀围数据进行比较，并通过视频的形式对该研究的数据结果进行了动态呈现，辅以主持人的讲解，帮助受众更加快速、便捷地理解作品内容。

随着数字技术的发展，还可以在获奖作品中看见一些创新技术被运用于可视化呈现中。比如 2016 年获"最佳可视化奖（大型编辑室）"的作品《天空中的密探》中就有一段展示增强现实（AR）技术的视频，这一增强现实系统被安装于美国联邦调查局的监视飞机上以获取更加广阔的视野，观众能够通过观看作品中运用了 AR 技术的视频对飞机的监视范围有更直观的感受；2020 年获"最佳可视化奖（大型编辑室）"的作品《世上污染最严重的空气与你所在城市的空气》，在可视化过程中对 AR 技术有了进一步的创新使用，通过 AR 技术让存在于受众周围但通常不可见的污染物在屏幕上

---

① 制作机构为荷兰国家电视台（NOS），获 2019 年全球数据新闻奖——公众选择奖，https：// nos. nl/op3/artikel/2248432 – zo – dun – moet – je – echt – zijn – als – je – model – wil – worden。

的 3D 空间中实际可见，帮助受众增强对周围环境的感知与体验，给受众带来了视觉上与心理上的冲击感。

2. 交互性设计促进作品的个性化与互动传播

数据新闻的交互性设计已经成为一大趋势，部分作品会使用交互式图表，即读者可以通过鼠标的移动、停留、点击、拖拽等方式来查看自己感兴趣的数据内容，或是触发下一个阅读步骤。这种交互的方式在一定程度上打破了传统的"直线型"阅读模式，给予了读者更多阅读的自主性，增加了阅读过程的互动性。[①] 还有一些作品会使用个性化表单，即读者可以输入不同的词条内容，作品会为读者生成相应的图表与文字内容，提供一定的检索与查询功能等。[②] 以上的交互性设计都使读者不仅可以了解作品所要传达的事件全貌，还可以根据需求去阅读想要了解的内容，为读者阅读作品提供了更加个性化、更加聚焦的视角，在很大程度上提高了作品内容与不同读者之间的贴近性，从而增加读者对作品内容的阅读兴趣以及探索欲望，促进作品的个性化传播。

2017 年的获奖作品《冲突的路线》[③] 记录了 1982～2012 年哥伦比亚武装冲突期间发生的 730 起大屠杀，并依据收集到的信息建立数据库，以交互地图与记录表格的形式进行呈现。在交互地图的页面中，读者可以通过移动鼠标点击地图中已标记的，代表发生过大屠杀的地区的点，以查看更加详细的信息，也可以自行在检索栏下拉选择地区、武装团体以及年份，以更加快速地获取信息。值得注意的是，在网页的最下端还有一栏"你的记忆很重要"，这是旨在通过一种安全且保密的方式，向读者询问并征集更多新的案例，甚至是新的研究主题以及对数据库建构有重要意义的任何信息。而大部分交互性的数据新闻作品，尤其是以个性化表单方式呈现的作品，都不局限

① 李喆：《交互式数据新闻的概念内涵及基本特征》，《中国报业》2018 年第 18 期。
② 刘建坤、方洁：《数据新闻领域专业规范的确立与变化——基于全球数据新闻奖历届作品的内容分析》，《新闻与写作》2017 年第 12 期。
③ 制作机构为哥伦比亚 Rutas del Conflicto 机构，获 2017 年全球数据新闻奖——年度数据新闻网站，https://rutasdelconflicto.com/。

于向读者单向地传递信息，而是在作品发布后还十分重视从读者处收集阅读反馈以及更多相关信息，以对作品的数据与内容进行不断地更新与完善，呈现作品与读者之间更加深度的交流与互动。事实上，许多交互式的数据新闻作品已经打破了传统新闻具有较强的时效性、只可做一次性展示的特点，成为一种具有一定工具性质与使用价值的应用产品。① 而这时，读者也不再只有新闻作品的"受众"这一个身份，不再只是作为旁观者进行作品的浏览，而是成为产品的"用户"，能够提出反馈意见供制作团队参考，甚至在提供的反馈与更多信息被制作团队采纳时，成为数据新闻作品的共同生产者。

3. 移动端适配促进作品的社交传播

数据新闻的可视化呈现存在较高程度的交互性设计，并且也有促进个性化互动的优势。通过对获奖作品的分析也可以发现，一些复杂的动态交互设计存在着在移动端不适配的现象，这是由于 PC 端与移动端会对作品提出不同的设计要求。考虑到当下许多人有通过移动端浏览新闻的习惯，这种移动端的不适配现象在很大程度上会影响人们的阅读体验与作品的传播效果。因此，尽管目前的技术发展已经能够支持数据新闻作品进行一些高级的交互可视化设计，但依然有作品选择使用静态图表或简单的交互图表，来保证作品能够在移动端上也有完整且流畅的呈现。针对这一现象，有学者指出，这并不是由于技术的制约，而是出于对读者实际阅读场景的考量与遵循，简化或去掉一些过于复杂的、不必要的交互，是在为读者"减负"，属于一种可视化设计的理性回归。②

在移动端适配方面，互联网媒体相比传统媒体具有更多理念与技术上的优势。互联网媒体的信息传播方式与渠道不同于传统媒体，它们以移动网络作为主要的传播渠道，会更多地考虑内容版式在手机、平板等移动端的适配程度，更多地以读者、用户为中心。比如获得 2016 年"评委选择优秀奖"

① 姜日鑫、彭兰：《从信息静态呈现到数据深度探索——彭博社网站的交互式信息图表应用》，《新闻界》2014 年第 21 期。
② 郭文琛、陈智睿、曾庆香：《选材与呈现：全球数据新闻实践十周年截面特征》，《电视研究》2021 年第 1 期。

的 Quartz，就是一家以移动设备作为基础载体的原生数字媒体，该媒体十分重视用户使用场景与用户体验，甚至会通过对 App 和网站进行不同的受众定位与设计来拓展出更庞大的用户群。另外，Quartz App 通过对话式的内容发送方式，还可以和其他社交媒体兼容，这样的考虑也为其带来了更多由社交链接驱动的流量。[①] 从这一个案例中可以看出，当数据新闻作品的可视化设计拥有较好的移动端适配情况时，还能够更加主动地去与社交媒体平台进行融合，将社交媒体打造成作品传播的一大阵地，借助社交媒体的传播链拓宽作品的传播渠道与范围，增加影响力。

四　借鉴与启示

对 2016 ～ 2019 年 "Data Journalism Awards" 以及 2020 年 "Sigma Awards" 海外数据新闻获奖作品的分析，能够帮助洞察目前数据新闻的实践动态与发展特征，在一定程度上也能够为我国数据新闻的生产实践提供更多发展路径。

（一）内容选择：关注社会效益，拓展报道视角，数据分析与叙事有机结合

在数据新闻作品的内容选择方面，选题依然是最本质、最需要把握好的核心，选题的新闻价值是值得重视的，应当多寻找公众关心的议题，并通过作品的完成与传播达到对公众利益的关照与维护，产生一定的社会效益。

除了聚焦发生在特定区域的事件或现象，如有足够的资源与能力，也应当拓展报道视角，拥有跨区域的，甚至是放眼全球的格局，多关注全球范围内公众普遍关心的议题，通过对此类议题的操作传递人文关怀。

另外，在利用不断发展的数字技术进行更多更加深入的调查型选题的操

---

① 王灿：《在聊天界面中读新闻　美国媒体 Quartz 是这样做内容创新的》，界面新闻网站，2017年 11 月 22 日，https：//www.jiemian.com/article/1761553.html。

作时，也不可舍弃包括实地采访、调研等在内的传统新闻调查方式，为作品增添更多细节内容与人性温度，与数据部分一起让作品更加充实、立体。

（二）生产过程：注重多元主体协作生产，追求数字技术创新应用

在数据新闻作品的生产过程方面，不同地区、不同类型的媒体组织可以发挥各自优势进行更加充分深度的合作，在各个生产环节中互相支持，以完成能够关照更多区域的、拥有更大体量规模或者更加复杂有深度的作品。制作团队也应当以更加开放的姿态，欢迎更多不同类型的人才加入数据新闻作品的共同生产，以保证作品各个生产环节的顺利进行以及高质量、高专业度地完成。

同时，对成熟技术的精进应用与对新技术的探索与创新应用应当成为制作团队的追求，以此不断加强数据处理能力，帮助找到更多报道视角与思路，通过数据分析进一步发挥在呈现现象、挖掘原因、预测未来等方面的作用，丰富作品的可视化呈现形式。

（三）呈现形式：轻量图表与交互设计、视频等更多形式值得探索实践

在数据新闻作品的呈现形式方面，符合作品内容需求的多样化图表设计以及易于操作的、能够加强读者参与感的交互设计是可取的。然而，若仅仅为了追求可视化形式的丰富与华丽，从而进行一些非常复杂的图表设计，甚至是在移动端无法适配的交互设计，都是不可取的。

轻量的、理性的可视化设计成为一种趋势，并且有更多的可视化形式应当被挖掘、重视、采用与发展，如拥有更大信息容量与更强内容解释力的视频。而这种归于理性的发展趋势实际上是由移动时代以用户为中心的思维驱动的，在进行作品的可视化设计时，应当更多地考虑到用户在移动端的阅读习惯与阅读场景，提升其阅读体验感，增加其分享行为，以此促进作品的社交传播，拓宽并优化作品的传播路径，增加作品影响力。

B.5
多模态、联觉和可听：数据新闻可视化研究趋势报告[*]

王朝阳　李艺佳^{**}

摘　要：　本报告通过对2015～2021年数据新闻及其可视化的研究热点
　　　　　进行回顾，梳理了数据新闻实践中所涉及的多模态话语分析
　　　　　及通感联觉传播的研究现状，着重探讨后数据新闻可视化时
　　　　　期，新闻信息传播形态延伸的尝试和可能性。作为数据新闻
　　　　　呈现的前沿领域，本报告对数据可听化的研究现状及其创新
　　　　　实践做进一步分析探究，并将数据可听化的表达分为三种类
　　　　　型予以讨论，即信息听觉化、"数据—声音"隐喻关系的参
　　　　　数映射及数据"音乐化"，最后总结当前数据新闻可听化在
　　　　　生产实践中存在的问题并给予建议。

关键词：　数据新闻可视化　数据可听化　联觉传播　多模态话语

数据新闻作为新闻生产的一个新兴领域，能够使新闻从业者利用海量的
开源数据和尖端前沿的信息技术来寻找故事、提取信息并制作新闻，考验着

---

* 项目基金:2020年度中央高校基本科研业务费专项资金武汉大学自主科研项目(人文社会科
学)(2020SK021)

** 王朝阳，新闻学博士，武汉大学新闻与传播学院副教授，硕士生导师，网络传播系副主任，
武汉大学媒体发展研究中心研究员，主要研究方向为网络传播理论与实务、数字媒介技术与
应用、交互设计；李艺佳，武汉大学新闻与传播学院2020级硕士研究生，主要研究方向为视
听传播文化、网络传播。

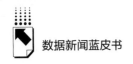

新闻从业者在大数据时代的信息素养能力。本报告从数据新闻及其可视化的研究现状起步，以"数据新闻"或"数据新闻可视化"为关键词，搜索并筛查2015～2021年中国知网以及Web of Science数据库中的相关文献，对其热点及前沿问题进行回顾和梳理，继而着重探讨数据新闻可视化之外的可能性。因数据新闻在传播实践的过程中通常以多模态话语报道或融合新闻报道的形式出现，所以对该研究范畴中基于视觉或其他感官体验方式的数据新闻研究也进行了阐述。本研究发现当前数据新闻可视化的主要延伸方向是数据可听化，并进一步梳理了该领域的相关研究和创新实践。本研究将数据可听化的表达类型分为三种，而当前的数据新闻可听化实践主要集中于"数据—声音"之间隐喻关系的参数映射类型。本研究最后指出当下数据新闻可听化的生产实践所存在的问题并给予了建议。

一　数据新闻及其可视化研究现状

为了能获得更为宏观清晰的数据，探讨未来数据新闻发展的可能性，本报告基于中文、英文两大学科信息资源库，梳理关于数据新闻及其可视化在新闻传播领域或社会科学领域的研究现状。在数据库的选择上，本报告选择中国知网为中文文献数据库，选用Web of Science为英文文献数据库进行检索；在文献年限的选择上，以2015年1月1日至2021年6月20日的相关文献作为主要研究对象，以尽可能确保文献的新颖程度。为了保证文献梳理的议题关联度和准确度，本报告以"数据新闻"为核心关键词在中国知网数据库中进行检索，以"data journalism"为关键词在Web of Science中进行检索。其中，中国知网的数据库仅选择CSSCI期刊和北大核心期刊两类。通过检索，在中国知网数据库中共有593条匹配记录，其中主要主题包括数据新闻、大数据、可视化和数据新闻报道等词条（见图1）；在检索结果文献的年度分布上，呈现先增后减的趋势，其中2015～2016年呈递增态势，在2016年达到发布文献数量峰值后呈现下降态势（见图2）。在检索结果中，研究议题所涉及学科的分布上则以新闻和传媒为主，共577篇。

图 1　中国知网检索"数据新闻"词条结果

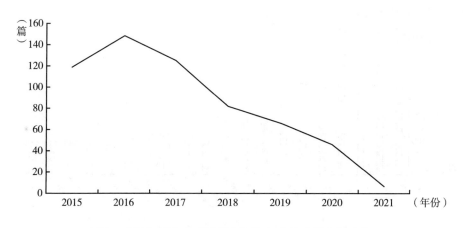

图 2　中国知网检索"数据新闻"词条结果的年份分布

而以"data journalism"为关键词在 Web of Science 数据库中检索，共有 1269 条记录。其中，以"是否被引用"为筛选限制条件，共有 860 篇相关文献；在文献的年度分布上，整体呈现递增态势；在检索结果中，相关文献涉及的学科前 4 名分别是："Communication"（传播学），共有 1072 篇，"Behavioral Science"（行为科学），共有 505 篇，"Information Science

Library Science"（信息及图书情报科学），共有 223 篇，"Computer Science"（计算机科学），共有 144 篇。本报告将 1269 篇文献的作者姓名、文章标题、文章摘要等相关数据从 Web of Science 官网中爬取导出，并使用 Python 及 NLTK 工具对导出的文献数据进行词频分析。在数据处理过程中，主要选用文章标题和摘要两类关键数据，先后进行过滤特殊符号、还原常见缩写单词和英文词性还原等步骤，最后筛选关键数据中的名词，得出词频分布结果。

根据部分词频分布示意可以发现，在搜索结果中与新闻传播、数据新闻等词义相关的关键词较多，如"medium"（媒介）、"journalism/news"（新闻）和"data"（数据）等（见图 3）。为了更为精准地分析数据新闻在应用领域的研究趋势，在后续的关键词词频筛选中，对这些干扰关键词进行了剔除。

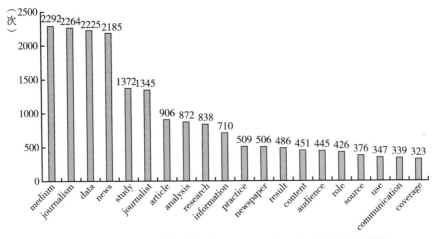

图 3　Web of Science 检索包含"data journalism"词条的文献标题和摘要的词频分布（前 20 个）

通过以上词频处理，本报告发现数据新闻在应用领域呈现多元化发展态势，如图 4 所示。其中，分布较为集中的有："network/internet"（网络），共有 313 篇；"woman"（女性）或"gender"（性别），共有 263 篇；"science"（科学），共有 233 篇；"twitter"（推特），共有 218 篇；"user"（用户），共有 203 篇；"health"（健康），共有 172 篇；"education"（教育），共有 159 篇；"visualization"（可视化），共有 113 篇。

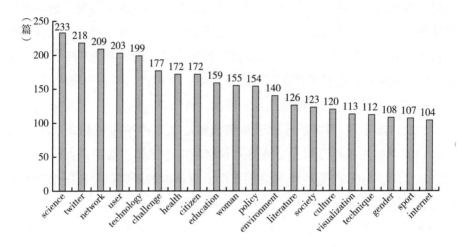

图 4　数据新闻相关研究领域近五年发展倾向

数据新闻作为新闻实务的一个类型，伴随数字化技术应运而生。2008 年《自然》杂志创建"大数据"（Big Data）封面专栏，2009 年英国《卫报》开设"数据博客"（Data Blog）栏目，在这之后数据新闻在业界的实践迅速增多，尤其 2011 年后，《华尔街日报》等报业先驱先后创立了数据新闻业务专栏。因学术研究的滞后性，学界对数据新闻的研究从 2012 年前后进入相对活跃期，与此同时，业界为数据新闻设立的奖项也逐渐增多，移动端内容及社交媒体发展势头迅猛。数据新闻已有十余年的中国本土化发展历程，2015 年，国内共有 15 家新闻媒体或数据公司建立了数据新闻栏目，是建立数据新闻栏目最多的一年。此后数据新闻新建栏目数量逐年降低，发展趋于平稳。① 国内学者对数据新闻的探讨主要集中于理论范畴和报道议题上，方洁依据报道数据的性质将数据新闻划分为"大数据新闻"和"小数据新闻"，并认为前者在新闻报道中以庞大量级的数据作为分析对象，后者

---

① 郭嘉良：《数据新闻产业化发展的现实困境与未来危机——基于国内三家数据新闻媒体栏目的分析》，《现代传播》（中国传媒大学学报）2020 年第 7 期。

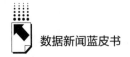

则相反。① 张帆等针对 2011－2015 年英美数据新闻的 29 篇研究文献进行梳理，对这些研究所涉及的数据新闻生产流程、报道内容、数据素养和伦理道德四个方面进行评述，文中预测了今后数据研究的若干发展趋势，包括用户阅读体验、移动端的数据可视化领域、数据新闻选题以及可视化呈现方式和传播效果的研究等。② 曾庆香等从数据新闻实践的目的、方法和模式三个视角来说明数据新闻是更接近社会调查报告的一种形式，而非一种新闻叙事，且这种带有叙事成分的新闻论证是一种社会科学研究的论证，其主旨在于对事实结论的推导。③ 傅居正等通过对美国核心数据库中与数据新闻相关的 1251 篇文献的筛查与分析，对该研究领域的演进逻辑、前沿热点问题进行可视化呈现，研究发现 2018 年之前有关数据新闻的研究议题较集中于内容研究、数据挖掘与来源的研究、数据新闻中的伦理规范研究以及人才培养研究等方面。在这之后针对数据新闻的研究进入了瓶颈期，相关研究放在了"大数据热"后新闻从业者如何对数据进行把关、利用数据新闻对虚假信息的事实核查等命题上，实现了从数据新闻本体的相关研究到外延的伦理规范研究的转变。④ 郭嘉良以国内三家新闻数据栏目在 2019 年发布的 385 个新闻作品为研究对象，从新闻主题、数据获取方式、数据描述有效性评价与可视化呈现四个方面分析国内数据新闻生产层面的现状并讨论其成因，包括数据来源缺失、官方渠道闭塞、生产趋利以及生产话语冲突等问题。⑤ 刘英华等通过对 2019 年数据新闻奖等 13 个获奖作品进行内容分析，总结现有数据新闻实践的三个发展新特征，即依托人工智能的多元生产方式、视觉叙事交互

① 方洁：《数据新闻概论：操作理念与案例解析》，中国人民大学出版社，2015。
② 张帆、吴俊：《2011－2015：大数据背景下英美数据新闻研究述评》，《国际新闻界》2016 年第 1 期。
③ 曾庆香、陆佳怡、吴晓虹：《数据新闻：一种社会科学研究的新闻论证》，《新闻与传播研究》2017 年第 12 期。
④ 傅居正、喻国明：《数据新闻的学科建构：演进逻辑、知识图谱与前沿热点——基于美国核心期刊数据库 Web of Science（1992－2018）的文献分析》，《新闻记者》2018 年第 10 期。
⑤ 郭嘉良：《数据新闻产业化发展的现实困境与未来危机——基于国内三家数据新闻媒体栏目的分析》，《现代传播》（中国传媒大学学报）2020 年第 7 期。

的多维呈现方式以及社交媒体对数据新闻传播场景的优化。① 郭文琛等通过选取 4 家全球性媒体的 255 篇数据新闻报道为样本进行截面分析，研究目前数据新闻实践在选题、体裁和可视化设计三个方面的"风向"，建议国内后续的数据新闻实践要在内容上优化框架，体裁上凸显数据。②

近年来，数据新闻可视化领域的研究略呈"降温"态势，一些学者对该领域的思考更多从批判或结合实例的视角出发。吴悠基于 5G 技术的发展，将数据新闻可视化的思考与融媒体的发展结合，认为大数据时代，数据新闻正在不断抹去不同媒体的边界，需要各传播模态之间的不断联动，以期数据新闻可视化的融媒体传播达到更佳效果。③ 刘涛认为在数据新闻的可视化实践中要重视人的维度，并将人文观念纳入数据新闻可视化叙事的体系。④ 方浩等陈述了新闻可视化的发展沿袭，为了测量阅读数据新闻时读者对信息图表的注意程度和认知效果，通过眼动追踪技术和行为实验对数据新闻的阅读效果进行考量，弥补了该领域实证和量化研究的空缺。⑤ 此外，一部分学者探讨数据新闻可视化的叙事模式，方毅华等对数据新闻的叙事范式进行归纳，并认为数据新闻具有宏观叙事与深度叙事的叙事焦点，以及"再现、互动和构图"的视觉性叙事语法。⑥ 在数据新闻叙事类型的总结上，许向东归纳出线型、组合型和交互型三种，叙事逻辑有相关性、对比性和严谨性三类。⑦ 王海智总结了现有可视化叙事在数据新闻中的应用现状及特点，提出未来数据新闻的实践发展应更多注重数据新闻的叙事性、模块化和

① 刘英华、颜钰杰、陈淑敏：《数据新闻生产中的数据获取、清理与分析》，《新闻与写作》2020 年第 12 期。

② 郭文琛、陈智睿、曾庆香：《选材与呈现：全球数据新闻实践十周年截面特征》，《电视研究》2021 年第 1 期。

③ 吴悠：《5G 可视化数据新闻带来融媒体传播革命》，《传媒》2019 年第 16 期。

④ 刘涛：《理解数据新闻的观念：可视化实践批评与数据新闻的人文观念反思》，《新闻与写作》2019 年第 4 期。

⑤ 方浩等：《数据新闻中信息图表的阅读效果：来自眼动的证据》，《图书情报工作》2019 年第 8 期。

⑥ 方毅华、杨惠涵：《论数据新闻的叙事范式》，《现代传播》（中国传媒大学学报）2018 年第 12 期。

⑦ 许向东：《数据可视化传播效果的眼动实验研究》，《国际新闻界》2018 年第 4 期。

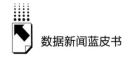

互动性。① 而在最新的研究中，白红义等梳理总结出数字新闻研究的主要议题、理论资源和研究方法，发现当下数字新闻研究以"转型"和"创新"为关键议题展开，理论研究侧重将数字新闻视为社会系统和社会技术实践的研究，并从文化生产角度展开的研究，而在研究方法上，质化研究居多，主要采用参与式观察法和深度访谈法。②

二　数据新闻可视化之外的可能性

当下数据新闻可视化已然成为新闻生产的主流形式，不仅打破了传统新闻生产的固有模式，还从以往仅限于用图形、图表展现数据转向由信息技术主导的融合新闻生产，包括动画特效和 3D 模型等复杂的技术实现方式，既融合了可视化的数据表达，又带来了可听可感的沉浸式交互体验。而作为数据新闻可视化的延伸，当前数据新闻的交叉领域更多向融合新闻、多模态话语报道的方向发展。此类多媒体融合的信息传播形态为受众也带来了复合的多感官体验。因此，数据新闻已经不再是简单的对物理数据的挖掘与分析，也不局限于呈现视觉化效果，而是在其含义上不断拓展，继而转向对数据可听化的研究路径，探求数据新闻在除视觉之外的感官接受体验。基于此，本报告对多模态话语分析研究和通感研究的以往文献进行总结和梳理，以期发现数据新闻未来的革新方向。

（一）多模态话语分析

综观当前的融媒体产品，声音并不是作为独立的叙事元素"出场"，而是与其他信息模态深度融合，最终呈现一种多模态信息形式。③ 因而在此类数据新闻产品的生产实践中必然涉及多模态话语的建构与分析。多模态话语

---

① 王海智：《可视化叙事在数据新闻中的应用研究》，《传媒》2021 年第 1 期。
② 白红义、张恬、李拓：《中国数字新闻研究的议题、理论与方法》，《新闻与写作》2021 年第 1 期。
③ 刘涛、朱思敏：《融合新闻的声音"景观"及其叙事语言》，《新闻与写作》2020 年第 12 期。

指的是融合视觉、听觉、触觉等两种或两种以上感官模态，进行符号编码的意义建构与交换的复合表达形式。而多模态话语分析是建立在语言学基础上，把文字语言与图像、声音等非语言符号结合起来，从整体的角度来分析各类符号所组成的表意系统和话语意义，以更好地解释人类传播中交际和互动的话语分析方法。[①] 多模态话语分析的意义在于它可以将语言和其他相关的意义资源整合起来，不仅可以看到语言系统在意义交换过程中所发挥的作用，而且可以看到诸如图像、音乐、颜色等其他符号系统在这个过程中所产生的效果，从而使话语意义的解读更加全面、更加准确，进而发现人类如何综合使用多种模态达到社会交际的目的。[②] 在国内以往对多模态话语分析流派的梳理中，辛志英将多模态话语分析流派大致分为社会符号学流派、交互社会学流派和认知学流派三种，并认为"话语"分析是隐喻术语，其真实含义为"交际"分析，即侧重多模态交互分析研究。[③] 潘艳艳等总结了2003～2017年与多模态话语有关的文献，研究中对多模态话语的定义、话语分析的缘由、发展和研究路径进行了梳理，并将多模态话语分析创新性地分为系统功能语言学多模态话语分析、社会符号学、多模态隐喻分析、多模态互动分析、会话分析、地理符号学、多模态民族志、多模态语料库分析以及多模态感知分析这九种。[④] 肖珺将多模态话语分析分为系统功能符号学、多模态互动分析、语料库语言学多模态话语分析以及认知语言学多模态隐喻分析四种理论模型，针对这四种理论模型的理论阐述和建模过程的异同进行了解读，并针对多模态话语分析之于新媒体跨文化传播研究的理论适用性进行了讨论。[⑤] 而在数据可视化的多模态表达案例研究里，不同学者对多模态

---

① 肖珺：《多模态话语分析：理论模型及其对新媒体跨文化传播研究的方法论意义》，《武汉大学学报》（人文科学版）2017 年第 6 期。
② 朱永生：《多模态话语分析的理论基础与研究方法》，《外语学刊》2007 年第 5 期。
③ 辛志英：《话语分析的新发展——多模态话语分析》，《社会科学辑刊》2008 年第 5 期。
④ 潘艳艳、李战子：《国内多模态话语分析综论（2003—2017）——以 CSSCI 来源期刊发表成果为考察对象》，《福建师范大学学报》（哲学社会科学版）2017 年第 5 期。
⑤ 肖珺：《多模态话语分析：理论模型及其对新媒体跨文化传播研究的方法论意义》，《武汉大学学报》（人文科学版）2017 年第 6 期。

理论模型基于数据可视化的适用性做了多样化尝试。朱庆等将时空大数据可视分析的发展分为三个阶段，即可视表达、交互式可视化和可视化推理，分别对应时空大数据描述性、解释性和探索性的三种层次特征，并针对这三类可视分析方法，论述了当前时空大数据的分析难点及发展动态。① 惠东坡通过分析 H5 作品、网络深度报道专题及微信新闻等多模态新闻报道形式，认为当前新闻写作话语的建构正趋向多模态立体化建构，其语言风格也更具对话性，而推荐算法和模板写作的技术应用也使新闻写作朝智能化发展，但文章中对多模态新闻报道案例的详解仅聚焦于可视化元素领域。② 吕月米等基于多模态理论对大数据可视化的优化路径提出了方案和拓展了新思路，指出多模态是人们通过多感官、多媒介与计算机进行信息交互，并将多模态大数据分为静态、动态和互动三类，研究认为大数据可视化的未来前景将聚焦于"智能可视化"与"信息技术化"两个方向。③ 李冰玉等从有声语言视觉化传播的角度出发，讨论文化类节目在多模态表达作用下创新的可能性，文中侧重肯定如短视频等多模态视觉表达形式对语言文本画面感的增强。④ 此外，也有学者讨论将多模态话语应用于对外传播的实践中，杨颖提出在中国形象输出的短视频制作中，需要把握各模态之间的协调并寻找其中隐喻的平衡点。⑤ 潘艳艳从社会符号学和认知语言学的相关理论出发，通过建构多模态认知批评视角，对中美新闻报道进行叙事模式和话语策略的分析，文中认为报道中的两个声音来源对画面分别起到了评价和解释的话语功能。⑥

---

① 朱庆、付萧：《多模态时空大数据可视分析方法综述》，《测绘学报》2017 年第 10 期。
② 惠东坡：《多模态、对话性、智能化：新闻写作话语建构的新走向》，《新闻与写作》2018 年第 8 期。
③ 吕月米、周雨：《基于多模态理论的大数据可视化的优化与拓展》，《包装工程》2019 年第 24 期。
④ 李冰玉、钱静：《有声语言的视觉呈现与多模态表达——以文化类节目为例》，《电视研究》2019 年第 12 期。
⑤ 杨颖：《短视频表达：中国概念对外传播的多模态话语创新实践》，《现代传播》（中国传媒大学学报）2017 年第 11 期。
⑥ 潘艳艳：《多模态认知批评视角的军事新闻报道分析》，《解放军外国语学院学报》2019 年第 5 期。

在以往多模态话语分析理论的案例应用中，主要针对诗歌、会徽、新闻报道中的图像使用，电视广告，漫画，纪录片，舞台叙事等多种媒介符号的表征方式进行分析，这些分析使学者对符号互动中的情感表达及意识形态有了更丰富的认知。而现在的多模态话语分析的研究对象从纸质平面媒介逐渐扩展到多维媒介，研究场景也不断延伸到除线下生活场景之外的互联网场域中，研究也呈现多学科、跨学科发展的趋势，融入包括新闻传播学、社会学、心理学等学科在内的不同视角。但在后续的研究中不仅需要依靠案例分析来证实理论在不同学科研究中的适用性和合理性，还需要结合对感官体验的研究，在分析的基础上对现有理论进行总结和拔高，并对不同类型的案例分析进行体系梳理，以期发现多模态话语研究的更多普遍规律。

（二）通感联觉传播

多模态话语分析是从传者的视角研究不同符号资源及感官体验在信息传播中的应用，而本报告也将从通感传播和联觉传播的角度观察受众在信息交互过程的感官体验。李有亮认为无论是"视听之间的转换"，还是"听觉转化为触觉"，通感能够得以产生的一个特殊中介便是视觉，研究突出视觉在诸多感官体验中的重要地位。[1] 朱文涛对西方艺术文化中的"通感"体验和观念进行回顾，尤其针对"视听""知觉"之间的通感转化进行研究，其认为西方对视听通感的研究一般有两条路径，一是视听间存在实质对应关系，二是视听间存在隐喻联系，而"色彩音乐"就是在光谱色和全音阶之间建立联系。[2] 在对通感联觉的实践研究中，蒋诗萍认为品牌意动的建构要从视觉到听觉再到"通感联觉"的多方感官渠道着手，使消费者对品牌的认知感受处在通感联觉之中，通过强烈多元的感官刺激和内容体验，实现品牌与

① 李有亮：《"通感"的发生机制解析——一个视觉心理学的理论视角》，《社会科学》2007年第6期。
② 朱文涛：《从"色彩音乐"到"视觉音乐"：西方视听通感的观念源流与其早期艺术实验》，《南京艺术学院学报》（美术与设计）2017年第5期。

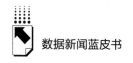

消费者之间的情感连接与品牌的意动性。[1]

联觉现象第一次被记录和描述是在1812年，[2] 联觉通常指的是人通过接收到了某一种感官刺激而激发了其他感官体验的心理过程，[3] 如听到某种声音会想到某种食物的味道，看到某个颜色会感受到疼痛，等等，或由视听行为如读词汇引发了味觉体验等，[4] 而常见的诱发刺激包括视觉、听觉、嗅觉、味觉和触觉五种感官体验。国内早年对于联觉的研究中，程大志等针对"字形—颜色"进行联觉研究，认为联觉具有特殊性、家族遗传性、性别差异、持久稳定性和异质性等特征，并且发现"字形—颜色"的联觉过程发生于视知觉加工的早期阶段，且对诱发刺激的意义起着主导作用。[5] 刘思耘对强联觉和弱联觉两种联觉类型及其理论模型进行了回顾，认为弱联觉通常以文本形式描述多个感官体验，并提出后续应该注重对弱联觉及其最主要表现形式联觉隐喻的研究。[6] 而随着信息技术的革新，信息传播媒介也在向多模态形式发生着改变，信息不再局限于视觉或听觉单一感官渠道进行流动，而是通过多感官之间的交互体验产生联觉传播。此外，郑志亮等指出虽然通感和联想也不局限于视域，不过就目前技术而言，视域中的通感可实现性更大、推广度更高。[7] 薛峰强调以联觉驱动为主的设计形式，突破视觉主导的阅读体验，即通过设计实现多感官或联觉体验的效果，如增强数字阅读界面中的"视觉—听觉""视觉—嗅觉""视觉—味觉""情景—场景"的联觉体验，以尽可能地带给受众较为深刻的阅读。[8] 而到目前为止大部分与联觉

① 蒋诗萍：《感官突围：从感知到情感构筑品牌意动》，《当代传播》2021年第2期。
② J. Jewanski, S. A. Day, J. Ward, "A Colorful Albino: The First Documented Case of Synaesthesia by Georg Tobias Ludwig Sachs in 1812," *Journal of the History of the Neurosciences* 18 (2019).
③ J. Ward, B. Huckstep, E. Tsakanikos, "Sound-colour Synaesthesia: To What Extent does it Use Cross-modal Mechanisms Common to Us All?" *Cortex* 42 (2006).
④ J. Simner, J. Ward, "The Taste of Words on the Tip of the Tongue," *Nature* 444 (2016).
⑤ 程大志、隋光远、陈春萍：《联觉的认知神经机制》，《心理科学进展》2009年第5期。
⑥ 刘思耘：《强联觉的认知加工模型及其脑机制》，《心理科学进展》2012年第4期。
⑦ 郑志亮、杨雨千：《融媒体视听表达的重塑再造与传播效果优化——基于微动效与多维感官立体化设计的思考》，《新闻与写作》2021年第3期。
⑧ 薛峰：《联觉体验视阈下的数字阅读界面设计方法探析》，《出版发行研究》2019年第9期。

相关的研究都集中于视觉与其他感官的联觉效果，对其他形式的联觉研究较少，Beeli 等从听觉视角出发研究联觉现象，如通过听觉刺激唤起色觉加工的大脑位域，[①] 或通过听觉激发味觉体验[②]。除此之外，Hubbard 发现联觉者看到运动物体时会激发听觉体验，但这种类型联觉的发生机制尚未得到证实。[③] 因而在开展数据新闻的实践过程中，需要通过建构以视觉和听觉为核心的联觉传播体，将创新技术形态与人的复合感官相连，不仅能够使数据新闻在讲述新闻事实的维度上打造声画融合的场景化传播，还能够通过多感官交互加深受众对新闻事实的感受，强化受众的情感认同。

（三）数据可听化

社会的发展带来了数据的生产与消费指数级增长，同时也推动了学者更好地分析数据和交流信息。以多样感官体验和语言来扩展除可视化之外的文本话语解读方式，能够为受众带来更为全面和有效的数据体验，尤其是当数据涉及与复杂社会本质相关的问题时，其他类型的感官表达及语言表述方式能够弥补视觉传播的不足，以实现更全面、连贯及有效的信息交互过程。在此背景下，听觉和声音成为数据传输的一种新颖方式，成为缩小专业话语与公众话语之间鸿沟的新手段。使用声音作为交流媒介来吸引公众注意力可溯源至电影制作领域，在电影制作中，声音旨在补充视觉化传播，帮助视觉塑造更为立体的时空体验。而当声音加入互动游戏中后，通常用于传达信息或提供更丰富的情感内容来优化玩家的游戏体验。利用声音来表示数据的行为（或称数据可听化）是在 20 世纪 90 年代初期开始进入大众视野，Scaletti 等将数据可听化作为科学分析过程中数据可视化的补充或替代方式。[④] 2000 ~ 2021 年，从所谓的听觉传播再到参数映射，不同的数据可听化方法已应用

① G. Beeli, M. Esslen, L. Jäncke, "Time Course of Neural Activity Correlated with Colored-hearing Synesthesia," *Cerebral Cortex* 35 (2008).

② G. Beeli, M. Esslen, L. Jäncke, "When Coloured Sounds Taste Sweet,". *Nature* 434 (2006).

③ E. M. Hubbard, "Synaesthesia: The Sounds of Moving Patterns," *Current Biology* 18 (2018).

④ S. Carla, B. C. Alan, "Using Sound to Extract Meaning from Complex Data," *Electronic Imaging*, 1991.

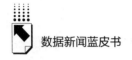
到各种科学领域，如地震学、天文学、地理制图以及社会科学等。

随着社会问题及新媒体呈现方式不可避免地趋向复杂多维演变，可视元素通常被过度使用和刺激，与此同时可听化在一个特定的、"不可见"的纬度对数据可视化起着辅助的补充作用。Barrass 等对声音的思考从作为一种科学分析的工具转向作为一种独立媒介的框架，使意义创造能在声音与其他感官体验在与数据共存的环境中同时进行，以促进公众的互动交流体验。两位学者还从"实用性"和"可用度"的视角出发，认为数据可听化不仅将用于科学研究的可听化工具转变为作为媒介传播的介质形式，还具有一定的功能美学价值。① 基于此，数据可听化打破了以往在自然科学领域的研究限制，朝能够应对复杂社会问题的媒介公共领域发展。然而，数据可听化的实用性问题在 20 世纪就遭到过学者的质疑，Kramer 等认为可听化作为一种独立的呈现方式与可视化相比传播效率大打折扣，② Walker 等认为数据可听化的实验方法缺少在受众研究领域的验证③。但无论是作为科学分析的工具还是作为一种感官体验，数据可听化都具有其意义指向，在将数据转化为声音时，为满足数据表达与呈现的特定需求，需要结合既定的上下文语境进行思考。Lenzi 等基于数据密集的社会背景将可听化作为一种传播媒介，对最新的五个数据可听化实例进行解读，尝试描述创作者的意图及案例背后的创作过程和目标。④

在以声音为传播媒介的国内研究中，谢辛研究以背景音乐为例的声音视觉化表达，讨论听觉与视觉相融合产生的联觉效果对"互联网＋"打造的

---

① S. Barrass, P. Vickers, "Sonification Design and Aesthetics," in Hermann T, Hunt A , Neuhoff JG, eds., *The Sonification Handbook*（Berlin：Logos Verlag, 2011）.

② G. Kramer, B. Walker, T. Bonebright et al., "Report Prepared for the National Science Foundation by Members of the International Community for Auditory Display," In *The Sonification Report: Status of the Field and Research Agenda*（Santa Fe, NM：International Community for Auditory Display, 1999）.

③ B. N. Walker, M. A. Nees, "Theory of Sonification" in Hermann T, Hunt A, Neuhoff JG, eds., *The Sonification Handbook*（Berlin：Logos Verlag, 2011）.

④ L. Sara, C. Paolo, "Intentionality and Design in the Data Sonification of Social Issues," *Big Data & Society* 2（2020）.

全新声音景观所带来的意义，认为视觉逐渐呈现依附于听觉的媒介表达现象。① 季凌霄从声音媒介的视角进行传播学研究，探究人在社会情境中对声音情景的接受议题，注重声音在空间场景中的实践，认为声音景观的构成具有空间权力关系。② 李乐从中国传统乡村中的"唱新闻"的传播实践着手，将"唱新闻"视为一种日常实践声与仪式声的声响实践，研究其在乡村空间中作为声音景观的文化意义。③ 张寅研究城市中以车载广播形式存在的"声音景观"文化，并认为以"可视化广播"形式进行媒介融合的业务实践需要给予"声音景观"和"声音符码"更多思考。④ 周叶飞等从声音对人的知觉性重塑和声音形式两个路径出发，将声音作为媒介与社会的相互构成来研究。⑤

关于数据新闻可听化的学术研究稀少，于知网搜索关键词后仅有 2 篇具有学术参考意义的文献，都在 2020 年先后提出"数据新闻可听化"的相关概念。刘涛等从作为事实呈现的声音叙事、作为符号表征的声音叙事以及作为数据再现的声音叙事这三个领域讨论了融合新闻中声音叙事的特点，重点探讨数据新闻中的数据可听化命题，认为当前数据可听化具有声音配合画面、声音模拟现实情景和以音效再现数据的三种主要表现形式。⑥ 方惠基于可听化视角讨论数据有形化的可能，文章梳理了数据可听化的历史沿袭以及数据新闻实务中可听化在时间、空间和视听交融三个领域的应用，并对数据新闻可听化的美学意义进行了探讨。⑦

---

① 谢辛：《声音的视觉化 从抽象动画电影到"互联网＋声音 BGM"观念延伸》，《北京电影学院学报》2018 年第 5 期。

② 季凌霄：《从"声景"思考传播：声音、空间与听觉感官文化》，《国际新闻界》2019 年第 3 期。

③ 李乐：《唱新闻：浙江传统乡村的声音景观和感官文化》，《现代传播》（中国传媒大学学报）2020 年第 1 期。

④ 张寅：《车轮子上的"声音景观"文化：广播的媒介学想象》，《传媒》2020 年第 16 期。

⑤ 周叶飞、闫霄霄：《洗耳恭听：媒介史书写中的"声音"问题》，《新闻记者》2020 年第 3 期。

⑥ 刘涛、刘倩欣：《"一镜到底"：融合新闻的叙事结构创新》，《新闻与写作》2020 年第 2 期。

⑦ 方惠：《数据可听化：声音在数据新闻中的创新实践》，《新闻记者》2020 年第 11 期。

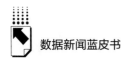

三　数据新闻可听化的创新实践

相较国内研究而言，国外在数据新闻研究的涉及学科分布方面的研究较为多元。国外学者在数据可听化领域的研究颇丰，在 Web of Science 数据库中以"data sonification"为关键词进行检索共获得 310 条记录。其中，计算机科学领域的研究最多，共有 196 篇文献，而与"Communication"（传播学）学科相关的文献仅有 68 篇，且最早的文献发布于 2014 年。根据对该 68 篇文献的标题及摘要进行词频分析后的部分词频分布情况，在高词频中包含了与检索关键词词义相关的词汇，如"sonification"（可听化）、"sound"（声音）、"data"（数据）和"auditory"（听觉）等（见图 5），为了更准确地定位分析可听化新闻的研究趋势，剔除了与以上词汇相关的检索结果。

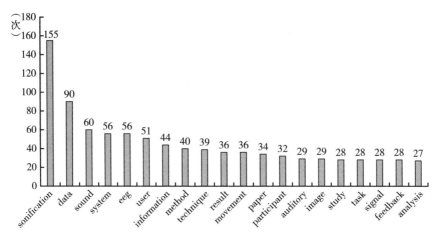

图 5　Web of Science 检索"data sonification"词条的文献标题
和摘要的词频分布（前 20 个）

本报告发现，除听觉领域（sonification，sound，auditory）及数据领域（data）研究议题外，按照词义及议题类别进行划分判断，较为集中的研究领域包括："eeg"（脑电波）、"user"（用户）、"technique"（技术）、

"participant"（参与）、"image"（画面图像）等，其中也包含了"music"（音乐）、"blind"（视障应用）、"gesture"（手势语言）等。

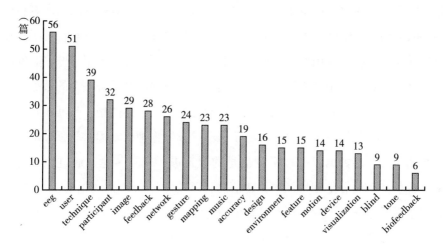

图6　数据可听化相关领域的研究倾向

在更宏观的研究范畴中，数据可听化是将数据关系转化为一个声学信号，或将数据通过声音显化的方式进行呈现，以此实现数据与声音的信息交流与转换。这种转换过程可能会直接将数据映射到声音上，或者应用更具创造性和开放性的映射关系。数据与声音之间的转换通过声音维度的变化向听众揭示了不断变化的变量，如频率、音高、振幅和立体声场中的位置。而在音乐环境中，数据可以映射到这些声音维度以及更为高阶的音乐维度，如速度、形式和音色等。相对而言，受众更容易同时关注每一个元素的变化，因为听觉感官本质上是多维的。依据 Hermann 等的分类，数据可听化大致的实现方法可分为四种类型，第一种是直听化，或称听觉化（audification），指的是统计收集声音输出的数据，实现声音和数据之间的相互转换，比如脑电波等。第二种是参数映射，将声音的长短、高低、粗细等特征与设定参数相对应，实现在数据驱动下发声。第三种是听觉图标，在声音与数据之间建立一套联系，并通过隐喻化符号表达进行编码和译码，建立参数对应的声音模型进行发声。第四种是基于发声来源的差异表现，通过音乐编辑工具将音乐元素通过数字技术进行表达。① 其中,第二种和第三种相似,但后者通过一套更复杂的编译符码来进行数据交换,实现听觉化呈现,数据可听化在新闻实践中的应用也更侧重于这两种方式。这种方式给予数据新闻生产者更多编码的话语实现空间,因而能够实现更多的数据表达形式。方惠将可听化在数据新闻领域中的应用按照数据呈现意义分为三类,分别为用于监测时间的时间序列的数据、用于表达空间的空间序列的数据以及视听融合的数据。②

本报告基于既有研究,依据数据可听化的意义表达类型,将其大致分为三类。第一类是信息听觉化,常见于医学、天体物理或工程科学领域的数据可听化应用,即数据以一种听觉信息的形式进行交互传达,通过声音的频率、音色和音调等基础特征来传达信息,以减少对视觉输入的负担。这类概念更接近听觉显示中的听标和耳标的概念,它们通过声音的突发性和声音序列来表示数据。徐洁等提出将心电信号转换为音频信号的心电图可听化尝试,将心电图里的特征数据完成与音色映射的架构,以此反映心脏活动情况,减少对病患的观测时间。③ 董丹煌设计了视障者行走辅助系统,将环境信息通过听觉或触觉的感官形式传达给视障者,如提取环境中最为关键的信息,通过节奏、音量等参数实现方向可听化等。④ 2018 年,NASA Jet Propulsion Laboratory 将土星及其卫星的射电辐射数据可听化,转化后时间由 16 分钟压缩至 28.5 秒,射电频率降低了 97%。同年第 20 届国际听觉显示会议(International Conference on Auditory Display,ICAD)公布了一种实时鉴别癌症特征的数据可听化技术,将干细胞数据进行读取并转化为特殊的声音信号,继而可以经过即时的医疗反馈做出快速准确的诊断。相比以往传统的癌症诊断,包括活体组织检查、光谱学等方法更省时省力。

---

① T. Hermann, H. Ritter, "Sound and Meaning in Auditory Data Display," *Proceedings of the IEEE* 4 (2004).
② 方惠:《数据可听化:声音在数据新闻中的创新实践》,《新闻记者》2020 年第 11 期。
③ 徐洁等:《心电数据可听化技术研究》,第八届全国信息获取与处理学术会议,中国山东威海,2010 年 8 月。
④ 董丹煌:《基于多维数据可听化的视障者行走辅助系统研究》,硕士学位论文,浙江大学,2010。

第二类是指数据—声音之间隐喻关系的参数映射，这类数据可听化形式更常见于数据新闻的实践当中，即数据事件与听觉呈现之间具有一定的隐喻关系，通过对这种隐喻关系的数据编译实现可听化。例如美国 Reveal 数据可听化试验平台曾在 2015 年举办了一个广播节目，其《俄克拉荷马州地震》作品将 2004 年以来该地区发生的地震数据汇总起来，以显示此类地震事件呈指数增长的态势，揭发当地由于石油天然气等工业开发对地质环境造成破坏的事实。音频节目中的时间线与历年地震的时间线所匹配，每个时间线中的声音都与地震数据相映射：地震震级越大，音量越高，音调越低。每个单独表示地震的音色设计是基于乐谱的小和弦，并通过 MIDI 处理所得到的与钟声类似的合成声音。还有之前 "Listen to Wikipedia"，即 "听维基百科" 的项目。该项目根据维基百科的平台开放数据，使平台上每秒钟的词条变化都实时、相应地生成一种声音。新增词条的音效为排钟的乐声，而连续拨弦声表示词条内容有所删减，逐渐增大的音效声意味着有新用户注册维基百科。其中，改动内容的大小、多少在可听化领域会通过音调的高低来表达，与此同时还会在视觉效果上生成不同面积和颜色的圆圈。

　　第三类是在前两种类型的基础上，将数据听觉化、可听化的形式向具有美学价值的数据音乐化方向延伸，即以数据为素材、驱动的音乐作品旨在使用数据作为创造艺术体验的组合工具，选用可听化的艺术表现形式与数据事件相关联，与公众产生情感共鸣。例如 *Distance from Home* 是利用联合国 1975～2012 年全球难民数据集生成的一首乐曲，将数据中的不同维度与音频参数相映射。难民从原籍国到庇护国之间的移动距离用乐音的数量、长度和音高表示。而随着时间的流动，乐器演奏的音量和音符在持续增加，歌曲中的音调也相应越来越低，这便意味着有越来越多的人离开家乡前往了更遥远的地方。通过声音传达的时间序列信息虽然较为抽象，需要听众进行认知训练将该音乐进行语境化接受，但依然能够使民众直观地感受到流离失所的难民数量和他们离开故土的距离。在天文数据可听化的应用中，一个最新研究通过数据可听化将银河系中心以听觉形式呈现出来。不同的声音特征与银河系中不同辐射源的位置和亮度进行参数对应，音量高低代表了天体的光芒

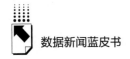

强弱不同，单个音符代表了恒星和辐射源，连续变化的"嗡嗡"声则象征着宇宙中扩展的气体云和尘埃。听众可以选择收听所在区域由众多观测数据编译转化的不同乐曲，而这些乐曲背后的"谱曲人"是包括 NASA、哈勃望远镜等的多家天文研究中心，其中每台望远镜也代表了不同乐器，能够立体直接地以听觉的方式帮助听众了解可望而不可即的宇宙。

四　总结与建议

本报告基于数据新闻可视化，对其延伸领域即数据可听化的应用进行探讨，研究发现目前数据可听化在数据新闻中的实践应用主要是将声音纳入数据的编码体系，将声音关系映射为一套具有符号编译意义的数值关系。而作为克服传播障碍的一种方法，数据可听化以一种线性的、有效且引人入胜的方式传达具有多维度的数据集，从而减少受众理解数据的素养障碍。与数据可视化相比，可听化数据有其线性化传播和强制性交流的特性，对时间序列的描述更具控制力，并且具备同时传达立体维度的能力。因而在未来进行数据探索的发展中，可听化具有无可比拟且不容小觑的工具能力。然而目前关于数据新闻可听化的研究还存在着诸多问题。第一，在现有的数据新闻或融合新闻的作品中，多以视觉为主、声音为辅的表征形式出现，声音在文本作品中多是配合视觉对文本数据进行解读。第二，从现有情况看，目前的可听化新闻作品对听觉元素的开发和使用过于浅显，然而声音能够传达的信息不仅包括音量大小或音色不同。仅仅是将数据与声音完成参数映射的对应并将声音表现出来，实则却并没有经过声音对数据关系进行深入分析，即数据分析过程的完成在可听化呈现之前，而非可听化呈现之后，在可听化呈现之后的数据分析也仅停留在对"声音—数据"关系的译码上。

在融媒体时代，信息的接受不是扁平化的单向输入，而是具有交互性、情境式以及舒适感的全方位体验。融媒体视听编辑的目标需要从单纯地整合信息要素，转变为构建一个完整的信息场域。这一多维空间要容纳图文、声音、影像和感官刺激，让受众去观看、聆听、品味以及触摸。① 而在未来数据可听化或数据新闻可听化的发展趋向中，如果将数据可听化放在更为广泛的新闻创新实践中，会发现它与新闻游戏、VR 新闻一样，都致力于丰富新闻的外延，让新闻变得更加可感，且"感官新闻学"（sensory journalism）会成为未来新闻业关注的重点②。基于此，本报告认为未来数据新闻的发展可以从两个途径开展相关实践。首先，需要逐渐重视听觉要素或声音要素在媒介传播和社会文化传播语境中的地位，创造性地开发以声音为主的数据新闻生产方式，重视对数据新闻生产人才和跨学科实践应用人才的培养。其次，需要挖掘更多声音的应用场景和应用要素，使对可听化的研究不停留在数据编译和参数对照的层面，而是超过使用声音来记录事实的本体功能，充分发挥声音在数据新闻实践中表达叙事的想象力、声音的情感化表现力以及声音的场景化描述力。

① 郑志亮、杨雨千：《融媒体视听表达的重塑再造与传播效果优化——基于微动效与多维感官立体化设计的思考》，《新闻与写作》2021 年第 3 期。

② 方惠：《数据可听化：声音在数据新闻中的创新实践》，《新闻记者》2020 年第 11 期。

B.6
2020年中国财经数据新闻
建设性的实证研究

王妤彬　罗书俊　王晓慧　陈雨婷　陈婷洁*

摘　要：　本报告聚焦财经数据新闻是否存在建设性、数据质量和有效可视化是否有助于提升其建设性等问题，对新华网等7家媒体的992条数据新闻进行了内容分析。研究发现：财经数据新闻存在建设性；数据质量、复合的可视化类型对财经数据新闻建设性有显著影响；"数据质量"与"可视化元素准确使用"之间呈显著相关。当前，中国财经数据新闻要以"建设性"为核心讲好中国经济故事，创造财经数据新闻的积极价值，强化其服务性与动态交互，提升其公众参与度和可信度。

关键词：　财经数据新闻　建设性新闻　数据质量　有效可视化

2020年，新冠肺炎疫情打乱了中国乃至世界社会经济发展的节奏。疫情对全球经济的影响不言而喻，路透社在疫情背景下进行的一项调查显示，英国绝大多数人为避免大流行报道而选择经常回避新闻。大多数回避新闻的

---

* 王妤彬，江西财经大学人文学院讲师，主要研究方向为数据新闻与可视化传播；罗书俊，江西财经大学人文学院教授，传播学博士，主要研究方向为新媒体传播；王晓慧，江西财经大学2020级MJC在读研究生，主要研究方向为新闻实务；陈雨婷，江西财经大学2020级MJC在读研究生，主要研究方向为新闻实务；陈婷洁，江西财经大学2017级MJC在读研究生，主要研究方向为数据内容传播。

受访者（66%）表示，他们主要担心新闻对自己情绪的影响。近 1/3 的受访者（33%）认为新冠肺炎疫情新闻太多了；28% 的受访者表示他们回避这些消息是因为觉得对这些信息无能为力。① 疫情造成的社会和经济震荡引发媒体界的思考，中国的新闻媒体在疫情防控常态化时期，应该扮演怎样的角色，中国财经数据新闻的生产是否对经济与社会的复苏起到了建设性的积极作用？

作为对西方传统新闻专业主义和冲突叙事范式的反思，建设性新闻（constructive journalism）逐渐成为国际新闻实践和学术研究的热点，包括欧美国家在内的西方主流媒体纷纷尝试践行关于"建设性"方面的新闻报道，"试图纠正以往新闻业所具有的负面偏向（negativity bias），通过建设性的报道技巧和积极情感的引入，重塑新闻业的权威与合法性"②。早在 20 世纪初，密苏里大学新闻学院的创办人沃尔特·威廉姆斯（Walter Williams）在其著名的《报人守则》（*Journalist's Creed*）一书中就曾表示过，真正成功的新闻业是具有建设性特征的，建设性是优质新闻业的特征。

这种强调正向价值的"建设性"新闻理念和实践也一直存在于中国新闻业。早在 1992 年，习近平就提出了"舆论监督的出发点应该是积极的，建设性的"③，2016 年，习近平总书记曾在党的新闻舆论工作座谈会上表示："舆论监督和正面宣传是统一的。新闻媒体要直面工作中存在的问题，直面社会丑恶现象，激浊扬清、针砭时弊，同时发表批评性报道要事实准确、分析客观。"④

财经新闻和数据新闻有着与生俱来的"合作"条件。财经数据新闻指以财经类主题为报道方向的数据新闻，包括国内外和经济或者是和社会经济

① 《路透社：59% 的英国人积极回避新闻》，199IT 网，2020 年 7 月 9 日，http：//www. 199it. com/archives/1059304. html。

② 白红义、张恬：《作为"创新"的建设性新闻：一个新兴议题的缘起与建构》，《中国出版》2020 年第 8 期。

③ 习近平：《摆脱贫困》，福建人民出版社，1992。

④ 《习近平：坚持正确方向创新方法手段 提高新闻舆论传播力引导力》，新华网，2016 年 2 月 19 日，http：//www. xinhuanet. com//politics/2016 – 02/19/c_ 1118102868. htm。

生活方面有关联的报道，不但会涉及金融、证券等资本市场要素，还包括产业经济、企业经济等相关内容报道。客观、真实是财经数据新闻的内核，这是否意味着财经数据新闻就与以积极心理学为理论基础的建设性新闻绝缘了呢？事实上，以"积极"和"参与"为核心的建设性新闻，在追求积极、建设性传播效果的同时又强调必须持守真实、客观、平衡等新闻专业主义原则。基于积极心理学的建设性新闻，并不意味着建设性新闻要背离新闻客观性原则。

因此，对于财经数据新闻而言，建设性传播并非客观与主观的"二元对立"，强调问题导向、以解决问题为出发点，恰恰是新时代财经数据新闻的应有之义。"一个健康的社会离不开新闻的建设性"[1]，用"建设性"的理念和策略讲好中国经济故事，因地制宜地探索符合中国经济发展和民众需要以及财经数据新闻报道规范的建设性框架，对打破财经新闻传播效果弱的传统瓶颈无疑起着积极作用。

一　文献综述

（一）财经数据新闻的研究综述

有关财经新闻的概念、内涵学界一直有争议，目前对其定义主要有两种。一种是狭义的财经新闻观点，认为财经新闻主要关注点是金融、资本市场以及与投资等要素有关的市场，即专门报道金融、贸易、财税、市场、证券等经济生活领域的情况。[2] 另一种是广义的财经新闻观点，认为财经新闻的含义广泛，除了涵盖狭义观点所提出的领域，还包含工业、农业、交通以及基建等诸多领域。[3] 以莫林虎、周根红、周瑞金等学者为代表，认为不能

---

① 唐绪军：《一个健康的社会离不开新闻的建设性》，《当代传播》2020 年第 2 期。
② 战迪：《新闻可视化生产的叙事类型考察——基于对新浪网和新华网可视化报道的分析》《新闻大学》2018 年第 1 期。
③ 刘楠：《数据新闻可视化叙事之我见》，《新闻窗》2016 年第 6 期。

狭义地把财经新闻理解为财经金融方面的报道，我国在财经新闻方面的报道领域不断扩大，在关注资本、资产、市场等经济要素的同时，还要对投资者以及消费者切身利益相关的领域进行关注，如宏观经济政策、中观产业以及微观企业的行业走势等，[①] 把财经新闻当作改革进入市场经济体制历史新阶段的一种带有新特点的经济报道。[②]

本报告采用广义的财经新闻概念，进而认为，财经数据新闻是以财经领域报道为主题的数据新闻，包括国内外与经济领域或与社会经济生活相关的所有数据新闻报道，不仅涉及金融、证券等资本市场要素，还包括产业经济、企业经济等相关内容。

1. 大数据在财经新闻报道中的应用

财经类新闻本身就是用数字、数据"说话"，枯燥、繁杂的数字、数据需要有效的梳理和清晰明了的呈现。数据新闻依靠对数据资源的开采、分析以及通过可视化进行呈现，已经变成财经类新闻报道的有力"武器"。[③] 大数据技术改革了财经新闻的整个评价体系，创新了财经新闻采编方式。[④] 基于大数据的采集和挖掘，有助于发现新选题、提出新问题，发现事物之间的关联性，提供新的解读方式或理解视角，预测发展趋势。[⑤] 此外，利用大数据对财经新闻事件进行更加透彻的分析，通过分析经济数据和财经事件繁杂数据背后的内在逻辑关系，形成独到、精深的财经新闻报道，提升报道的可读性。

2. 可视化在财经数据新闻中的运用

对数据进行"可视化"呈现是数据新闻的核心，不同的数据类型要辅以与之相匹配和适应的表现手法，以增强传播效果。[⑥] 交互式图表、数据地

① 胡乃雯：《新华网数据新闻研究》，硕士学位论文，湖南大学，2016。
② 陆朦朦：《数据新闻互动叙事策略研究——基于2014—2018年全球数据新闻奖获奖作品的分析》，《出版科学》2019年第27期。
③ 梁红玉：《财经类数据新闻的现状与前景探析》，《青年记者》2017年第15期。
④ 沈健：《大数据驱动下经济新闻报道的变革与创新》，《青年记者》2015年第8期。
⑤ 杭敏、John Liu：《财经新闻报道中数据的功用——以彭博新闻社财经报道为例》，《新闻记者》2015年第2期。
⑥ 谭婷、丁青云、贾肖明：《利用数据讲好经济故事——21财经App可视化数据新闻的探索》，《南方传媒研究》2018年第5期。

图、动态气泡图等丰富了呈现财经数据的手段和角度①，提升了数据的可读性，解决了数据复杂、专业性强等问题，方便读者阅读与理解，减轻了读者的阅读负担。② 在图像式、碎片化阅读流行的今天，美观恰当的可视化呈现方式在一定程度上促进了财经新闻的生动化和产品化，进而推动了财经新闻的亲民化和大众化。③

3. 关于财经数据新闻实践方面的研究

业内在财经数据新闻领域的制作中，对于数据的汇集、分析及可视化呈现都十分重视。④ 新闻报道充分利用数据资源，内容注重可视化和互动化呈现。⑤ 此外，不少财经数据新闻实践中体现了众包思维，通过与其他数据团队、不同领域的专业人员协同合作，打破行业与技术的壁垒，让数据的价值流动起来。⑥ 在协同生产的过程中，数据新闻团队规模得以不断扩大。⑦ 但是，财经数据新闻仍然存在发展瓶颈，如目前较为缺乏具有预测性的新闻报道；数据不太具备公开性特征，数据的来源较为限制；专业性的数据新闻人才资源不足等。⑧

（二）建设性新闻的研究现状

学者们普遍认为，最早提出建设性新闻的是丹麦记者哈格洛普（Ulrik

① 张驰、曾嘉：《用数据新闻讲好中国财经故事——以财新数据新闻中心为例》，《青年记者》2019年第3期。
② 孙阳阳：《大数据技术对数据新闻可视化呈现的推动作用——以新浪财经为例》，《新媒体研究》2018年第4期。
③ 张伍生：《新传播生态下财经新闻的可视化探索》，《视听》2021年第3期。
④ 翟春晓：《财经新闻"大数据化"传播创新研究——以DT财经为例》，《传播力研究》2018年第2期。
⑤ 谭婷、丁青云、贾肖明：《利用数据讲好经济故事——21财经App可视化数据新闻的探索》，《南方传媒研究》2018年第5期。
⑥ 王小乔：《数据，让新闻精彩呈现——DT财经在数据新闻领域的探索与实践》，《传媒》2016年第14期。
⑦ 王琼、王文超：《数据新闻内容生产的探索与商业模式——基于对财新网、澎湃、新华网、DT财经的访谈》，载单波、肖珺主编《中国媒体发展研究报告》，社会科学文献出版社，2017。
⑧ 梁红玉：《财经类数据新闻的现状与前景探析》，《青年记者》2017年第15期。

Haagerup），然后 Cathrine Gyldensted 将这一概念引入英美新闻学界。① 学界和业界对于建设性新闻存在许多不同的表述，如积极新闻、和平新闻、公民新闻、方案新闻等。广义来看，建设性新闻是在近年来此类新闻实践基础上将其宗旨抽象概括而形成的一种新闻理念。② 作为建设性新闻理论先导者，凯伦·麦金泰尔（Karen McIntyre）认为，建设性新闻将积极心理学这个领域内的技术，引入新闻工作，尽力地创建出极具生产力，同时能够吸引人的新闻故事，并且还致力于"新闻的核心功能"。

1. 关于建设性新闻的理论探究

关于建设性新闻的理论探究主要集中于概念界定、理论来源、特征和历史实践等。有的学者认为建设性新闻并不是一个新近产生的提法，它出现在早期对新闻生产实践的诸多守则和要求中。③ 北欧是建设性新闻的源头，史安斌认为，由于政党立场的对立和冲突，北欧媒体会不断进行相互的攻击和争论，为解决这一问题，哈格洛普等提出了建设性新闻的理念，④ 这和诸多新闻理念，如积极新闻、和平新闻、公民新闻与对策新闻等，具有一脉相承的密切联系。⑤

Gyldensted 援引荷兰温德斯海姆应用科技大学新闻系的课程体系提出的建设性新闻六大生产要素。⑥ McIntyre 认为建设性新闻必须要运用"积极心理学"策略，并为建设性新闻确定了四个分支：对策新闻、预期新闻、和平新闻和恢复性叙事。⑦

① K. McIntyre, *Constructive Journalism*（University of North Carolina, 2015）.
② 唐绪军:《一个健康的社会离不开新闻的建设性》,《当代传播》2020 年第 2 期。
③ 马旭:《建设性新闻的概念溯源、国外实践及意义启发》,《新闻知识》2021 年第 4 期。
④ 史安斌、王沛楠:《多元语境中的价值共识：东西比较视野下的建设性新闻》,《新闻与传播研究》2019 年第 26 期。
⑤ 徐敬宏等:《建设性新闻：概念界定、主要特征与价值启示》,《国际新闻界》2019 年第 41 期。
⑥ L. Hermans, C. Gyldensted, " Elements of Constructive Journalism: Characteristics, Practical Application and Audience Valuation," *Audience Valuation* 4（2019）.
⑦ K. McIntyre, C. Gyldensted, " Positive Psychology as a Theoretical Foundation for Constructive Journalism," *Journalism Practice* 6（2018）.

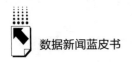

中国学者唐绪军结合中国的实际情况，把建设性新闻归纳为"媒体着眼于解决社会问题而进行的新闻报道，是传统媒体在公共传播时代重塑自身社会角色的一种新闻实践或新闻理念"。①

在建设性新闻的效果层面，有的学者认为带有解决方案框架、能唤起积极情绪的新闻会带来更多积极的结果，人们有更高的意愿去采取积极的行动，②并能在受众的认知、态度、行为等方面产生积极效果。同时，建设性新闻有助于补充传统新闻价值，有助于改善社会关系，推动全球"向上"发展。Aitamurto 与 Varma 认为，建设性新闻试图在坚守新闻专业主义的前提下实现危机突围，建设性新闻是以最严格的方式遵循传统的新闻事件和规范，只是有了新的报道方面，通过将焦点从报道社会转移到解决社会问题上，通过创造更全面和更具代表性的世界图景，保有客观和准确的新闻理想，承担为公共领域提供有效解决方案的责任。

2. 关于建设性新闻的实践研究

在新闻价值层面，建设性新闻主张以新的新闻价值标准引领实践；在具体操作层面，倡导者希望通过不同模式去探索建立一套生产规范，而这种生产规范是符合建设性理念的。③

欧美的建设性新闻实践在新闻中加入积极的元素，多聚焦于提出解决方案。英国的《卫报》、瑞典的国家电视台、丹麦广播公司、《经济学人》杂志和英国广播公司等，越来越多的新闻机构开始使用建设性新闻的原则和技巧。④ 丹麦广播公司的新闻主播杰斯伯·博乐普和他的新闻团队通过选择一个影响当地居民的社会问题进行全方位的报道，挖掘问题的细节以及如何找到解决方案。⑤ 在美

---

① 唐绪军：《建设性新闻与新闻的建设性》，《新闻与传播研究》2019 年增刊 S1。

② K. E. McIntyre，Constructive Journalism：The Effects of Positive Emotions and Solution Information in News Stories（Ph. D. diss，The University of North Carolina at Chapel Hill，2015）.

③ 常江、田浩：《建设性新闻生产实践体系：以介入性取代客观性》，《中国出版》2020 第 8 期。

④ L. Hermans，N. Drok，"Placing Constructive Journalism in Context," *Journalism Practice* 6（2018）.

⑤ K. E. McIntyre，Constructive Journalism：The Effects of Positive Emotions and Solution Information in News Stories（Ph. D. diss，The University of North Carolina at Chapel Hill，2015）.

国，《纽约时报》推出了名为"修理"的系列博客，其中的文章都是针对社会问题提出解决方案，其致力于在报道中探寻事件的解决方案并讨论方案奏效的原因。①

我国媒体在新闻实践中虽然没有明确提出使用建设性新闻这种报道形式，但一些新闻报道中包含了建设性新闻的元素。② 主流媒体通过对脱贫攻坚典型案例的报道，蕴含了中国当前新闻建设性理念的一种进步取向。③ 中国的新闻工作者以及新闻媒体也拥有自身的核心价值观，从另一个角度来讲就是建设性及责任感。④ 正如以中国国际电视台（China Global Television Network，CGTN）为代表的中国媒体对于涉非的有关报道中，极力谋求将长期被"妖魔化"与"神秘化"的非洲转变为"正常化"，直击非洲民众身处的困境和未来发展前景，还尝试探讨可能存在的"解困方案"。⑤

（三）研究问题与假设

由上述文献回顾可看出，中西方学者对于建设性新闻的基础内涵形成了价值共识，并结合本国实际情况，在各自的新闻实践中以"建设性"为核心进行"再语境化"的探索与尝试。本报告以作为共识性价值的建设性新闻六大理念为基点，以"再语境化"为目标来探讨财经数据新闻的建设性，并提出以下研究问题。

RQ1：数据质量是否有助于提升财经数据新闻的建设性？

财经数据是一篇财经新闻的必要组成部分，这也是它与传统新闻报道相

① 马旭：《建设性新闻的概念溯源、国外实践及意义启发》，《新闻知识》2021年第4期。
② Z. Yanqiu, S. Matingwina, "Exploring Alternative Journalistic Approaches to Report on China and Africa Relations? Comparative Study of Two Best Reporting Awards Projects in China and South Africa," *Journal of African Media Studies* 1 (2018).
③ 漆亚林：《建设性新闻的中国范式——基于中国媒体实践路向的考察》，《编辑之友》2020年第3期。
④ 李彬、马学清：《中国新闻专业主义的核心理念：责任感和建设性》，《湖南科技学院学报》2011年第3期。
⑤ 史安斌、王沛楠：《建设性新闻：历史溯源、理念演进与全球实践》，《新闻记者》2019年第9期。

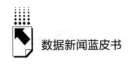

区别的特点。在数据新闻中，数据本身的优劣在一定程度上决定着数据新闻报道的质量。因此，根据上述分析提出以下假设。

H1a：财经数据质量有助于实现"问题解决导向"。

H1b：财经数据质量有助于"预测未来"。

H1c：财经数据质量有助于实现新闻的"包容与多元"。

H1d：财经数据质量有助于实现新闻的"赋权"。

H1f：财经数据质量能够为新闻"提供语境"。

H1g：财经数据质量有助于避免"利益捆绑"，实现协同创新。

RQ2：有效可视化是否有助于提升财经数据新闻的建设性？

在对数据进行可视化呈现时，越来越多的学者关注到可视化的有效性问题。以数据为中心，可视化的结构应该与数据的结构相匹配。[1] Dastani指出，"如果数据的预期结构和可视化的感知结构一致，可视化就能有效地呈现输入数据"。[2] Mackinlay认为可视化的有效性在于数据可视化可以被解释得有多准确。[3] Tversky则给出有效可视化的两个原则——一致性原则和理解原则。一致性原则指的是视觉化的结构和内容应该对应想要的心理表征的结构和内容；理解原则是指视觉化的结构和内容应该被容易和准确地感知和理解。更进一步，Ying用准确性、实用性和效率来定义数据可视化的有效性，并通过实验方法总结了这三个原则定量和定性测量的指标。[4]

根据上述相关文献，提出下列假设。

H2a：可视化元素的准确运用能够实现"积极心理"的阅读暗示。

---

① M. Wattenberg, D. Fisher, "Analyzing Perceptual Organization in Information Graphics," *Information Visualization* 2 (2004).

② M. Dastani, "The Role of Visual Perception in Data Visualization," *Journal of Visual Languages & Computing* 6 (2002).

③ J. Mackinlay, "Automating the Design of Graphical Presentations of Relational Information," *Acm Transactions On Graphics (Tog)* 2 (1986).

④ Z. Ying, *Measuring Effective Data Visualization. In International Symposium on Visual Computing* (Heidelberg: Springer, 2007).

H2b：可视化元素的准确运用形成"读者的共识"。

H2c：复合的可视化类型有助于新闻摆脱"二元对立框架"。

H2d：复合的可视化类型有助于新闻"挖掘深层次的原因"。

基于上述两个研究问题的假设，进而提出第三个研究问题。

RQ3：中国的财经数据新闻是否存在建设性？

建设性新闻理论的提出，所针对的是普遍意义的新闻，基于此，提出本问题的假设。

H3：中国财经数据新闻的建设性 $= a \times$ 数据质量 $+ b \times$ 复合可视化类型 $+ c \times$ 可视化元素的准确运用 $+ d$，其中，a、b、c 为系数，d 为残差。

二　研究设计与假设

本报告采用内容分析法，以作为共识性价值的建设性新闻六大理念为基点，以"再语境化"为目标、结合财经数据新闻的属性来探讨财经数据新闻的建设性。本报告对 7 家目标媒体 2019～2020 年的 992 个文本数据进行全样本采集，剔除无效样本后对有效样本进行相关分析。依次对"新闻建设性指数""财经内容分类""数据质量""复合可视化类型""可视化元素准确度"等五大维度进行编码表的设计。

（一）样本数据来源

本报告根据财经数据新闻栏目的团队规模、作品产出的可持续性以及业内影响力进行样本选择，样本覆盖网站、新闻客户端及媒体微信公众号等多种媒体平台，包括新华网"数据新闻"栏目、CGTN 网站数据新闻、财新网"数字说"、21 财经 App、澎湃新闻"美数课"、网易"数读"微信公众号、"谷雨数据－腾讯新闻"微信公众号 7 家媒体于 2019～2020 年栏目发布的992 篇财经数据新闻作品。

1. 新华网"数据新闻"栏目

新华网作为我国新型主流媒体在数据新闻领域的"拓荒者"，建立以来持续深耕数据新闻领域的生产。① 2012 年 11 月，新华网启动了数据新闻栏目，2013 年 3 月，正式成立"数据新闻"网络专栏，并将栏目理念设置为"用数据传递独特新闻价值"，致力于通过数据可视化传递新闻价值，挖掘事实真相，着力制作和发布高品质的数据新闻作品，以用户需求为出发点，注重改善用户对新闻产品的体验。新华网"数据新闻"栏目设有"讲习所""第一时间""数据观""涨知识""健康解码""政经事""数问民生""新极客""人文说""漫动作"十大子品牌栏目，报道领域十分广泛，内容涉及政治、经济、人文、民生、科普等各个层面，作品表现形式以信息图作为主要形式，另有专题、手机交互、PC 交互、图文互动等几大类型。作为数据新闻行业先锋者的新华网，其作品无论是在质量数量方面，还是内容及专业化程度上基本领先于同类媒体或同类型栏目。②

2020 年初，新冠肺炎疫情突袭而至，新华网始终秉持着新闻的建设性理念，面对公共突发事件对现实问题进行聚焦，从 2020 年 2 月起，"数据新闻"栏目就对疫情进行了全方位报道，对疫情发生以来如何保障经济平稳运行、疫情防控常态化时期行业经济复苏等进行重点报道。与此同时，新华网的财经类数据新闻报道主题涉猎广泛，还关注经济政策解读、脱贫攻坚、养老医保、生态环境等领域，坚持以正面报道为主，积极处理好正、负面报道之间的关系，将建设性的思想理念贯彻到实际的新闻传播活动中。

本次编码以 2019～2020 年新华网"数据新闻"栏目发布的与财经相关的数据新闻为样本。经统计，两年间新华网共发布财经数据新闻作品 183 篇，其中包括地方经济、金融、产业经济等多个领域。

2. CGTN 网站数据新闻

CGTN 是中央广播电视总台所属的中华人民共和国面向全球播出的新闻

① 王琼、王文超:《数据新闻内容生产的探索与商业模式——基于对财新网、澎湃、新华网、DT 财经的访谈》，载单波、肖珺主编《中国媒体发展研究报告》，社会科学文献出版社，2017。
② 马轶群、曹素妨:《"数"读新闻"据"焦天下——新华网数据新闻的探索与实践》，《传媒》2016 年第 14 期。

国际传播机构。2016年12月31日，中国国际电视台正式成立，其是一个多平台的国际传播机构、是国家对外传播的重要窗口，旨在为全球受众提供准确、及时的信息资讯和丰富的视听服务，促进中国与世界沟通了解，增进中外文化交流与互信合作。

目前，CGTN的数据新闻主要有两大板块，一是Creative Lab中的Data Visualization，该板块的口号是数据揭示了隐藏的、深入的见解。CGTN Data Visualization板块致力于通过通俗易懂、富有创意的图像，传递故事背后的关键数字。该板块的内容涉及经济、政治、医疗、民生等方面。二是Business栏目中的Biz Data板块，该板块内容主要为国内外经济政策、宏观经济、产业经济、国际经济、企业经济等。疫情发生以来，CGTN持续关注国内外的经济政策及产业经济等情况，如"Graphics：How COVID-19 Lockdown Hit India's Economy"展示了疫情对印度经济的影响；"Graphics：30 Days into China's Cinema Reopening Amid COVID-19"一文分析了疫情对电影产业影响及影院重开后的发展情况。

本次编码以2019～2020年Data Visualization和Biz Data两个板块发布的内容为样本，共123篇作品，主题包括国内外经济政策、宏观经济、产业经济、国际经济等多个领域。其中产业经济内容最多，占21.76%；其次为国际经济，占25.1%；贸易投资、宏观经济和企业经济，分别占15.6%、11.3%和9.62%。

3. 财新网"数字说"

财新网定位于原创财经新媒体，与《财新周刊》《中国改革》《比较》同属财新传媒，在2010年1月正式推出，其自身致力于打造原创财经新媒体平台。2013年，财新网成立"财新数据可视化实验室"，"数字说"是其子栏目，栏目用可视化呈现财经新闻数据，用数据构建新闻内容。2017年11月6日，财新网正式启动全网新闻付费。该栏目报道内容全面广泛，表现形式丰富多样且互动性强，自2015年起，财新网在数据可视化报道领域持续创新，《从调控到刺激 楼市十年轮回》《像市长一样思考》等作品先后获得国内外专业奖项。财新传媒凭借财经数据新闻融合创新获选"2017中国应用新闻传播十大创新案例奖",2018 年的"全球最佳数据新闻团队奖",等等。在《新周刊》主办的"2020 中国年度新锐榜"中,财新传媒荣获"年度媒体"嘉奖,推荐委员会评价财新传媒"是中国传媒界无可撼动的一面旗帜,坚持以严谨、客观、冷静、克制的新闻专业本色直面新闻一线现场。用真实的力量,最大化地推动社会良性建设"。

2020 年新冠肺炎疫情突袭而至,财新网充分发挥了新闻媒体在重大公共突发卫生事件中"瞭望塔""守望者"的作用。从 2020 年 2 月起,财新网"数字说"的财经类报道基本都是以"新冠肺炎疫情"为主题,报道前期大都是以"发现问题"为导向,后期是以"解决问题"为切入点,比如作品《新冠疫情加剧医疗废物处置压力 如何补短板?》就是为面临的现实问题提出积极的解决方案。直到 2020 年 5 月,财经类报道内容才涉及除疫情外的其他主题,由此可见,财新网数据新闻报道选题与疫情的发展态势有很高的拟合性。相较于之前的内容付费情况,在此次突发性公共安全事件报道中,财新网选择公开自采且有很高新闻价值的报道内容,在商业利益获取与社会责任承担中,选择了坚守媒体的社会责任,恪守新闻专业主义。

本次编码以 2019~2020 年财新网"数字说"栏目发布的数据新闻作品为样本,这一期间,财新网的"数字说"栏目共发布了 164 篇数据新闻作品,这些作品内容涵盖领域广泛,其中包括宏观经济、经济政策、企业经济等。

4."网易数读"微信公众号

成立于 2012 年的网易"数读"栏目,是我国最早成立的数据新闻板块之一。作为网易新闻旗下独立的数据新闻栏目,在网页端和微信公众号发布数据新闻作品。网易"数读"的创设宗旨为"用数据说话,提供轻量化的阅读体验"。从发布的数据新闻内容来看,网易"数读"一直在践行这个宗旨,并随着时代的发展,不断创新、不断进步。由于网页端没有具体板块划分且只能显示最新的 81 篇报道,故本次针对网易"数读"栏目发布在微信公众号上的数据新闻作品进行样本编码。

其微信公众号的全称是"网易数读",每次推送多为单条,发布的频率一般维持在一周2~3篇。2019~2020年"网易数读"微信公众号共发布了87篇原创财经数据新闻作品。网易的财经数据新闻大部分紧扣社会民生,包括就业、交通、饮食等,也有紧扣社会热点事件的推文。疫情防控常态化时期,"网易数读"发布的第一篇财经类推文是2020年2月8日的《武汉封城后的有些秘密,只有外卖小哥知道》,从"饿了么"外卖切入,展现封城后武汉人民的生活气息与守望相助。3月23日后,与疫情相关的推文减少,主题回到日常的衣、食、住、行。无论是信息图配色还是图表配色,"网易数读"的风格都偏向简洁大方。

5. 21财经App

21经济网是21世纪经济报道门户网站,主打财经新闻,是21世纪经济报道原创新闻最重要的展现平台,其官方App是"21财经"。2015年12月,21新媒体基于现有团队优势组建了数据新闻团队——21数据新闻实验室,开始数据新闻的探索与实践,并于2017年8月开设了"数读"栏目,以时政、经济、民生类数据新闻为抓手,以优质可视化数据新闻为载体,讲好经济故事。

2020年新冠疫情突袭而至,21财经App发布的疫情相关的第一条财经类报道是1月24日的《一图为快丨你的春节出行计划都取消了么?旅行之路千万条,健康安全第一条!》,以静态信息图的形式呈现2020年春运出行大数据,提醒公众注意出行安全,提倡线上拜年。与其他媒体相比,21财经App的报道重点较早集中于疫情发生以来企业复工复产的问题,并以这些已经出现的问题为基础,呈现一个"问题解决导向"的报道模式。如2月7日的报道《企业放宽心!广东发布支持企业复工复产20条》和3月13日的《最新全国复工地图:5省份规上企业员工返岗率超80%,江西领先》,以图文形式介绍了各地复工复产的政策和现实情况,以积极且具有建设性的方式激发受众的积极情绪。此外,疫情防控常态化时期投资贸易和金融经济类报道占比上升。

本研究主要从21财经App展开,收集了21财经App中订阅号"数据新闻实验室"和"图说"栏目2019~2020年,共135篇数据新闻作品样本,涉及宏观经济、产业经济、贸易投资等领域。

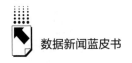

6. 澎湃新闻"美数课"栏目

2015 年设立于澎湃新闻旗下的"美数课"栏目，隶属于澎湃新闻的"时事"栏目，以"数字是骨骼，设计是灵魂。与新闻相关，又与新闻无关"为宗旨，并于 2019 年 12 月 25 日开通"澎湃美数课"微信公众号。

"美数课"栏目的网站设计简洁，作品以"卡片"或者列表的形式展示，用户可根据阅读习惯自由选择。平台涵盖了政治、经济、文化等各个领域的报道，作品呈现形式多样、主题多变，多通过静态信息图、交互地图、时间轴等形式呈现。此外，无论是数据视频还是数据图表，作品中都会标明数据来源，部分数据甚至会提供链接供用户下载使用。在用户反馈上，"美数课"与澎湃新闻其他栏目保持一致，在文末设置了点赞、收藏、跟踪以及评论四个反馈途径，用户可以就每篇数据新闻报道表达自己的态度与观点。在内容更新上，"美数课"紧跟社会热点，如疫情防控常态化期间，"美数课"上线疫情地图，及时更新全国疫情数据，并且关注疫情之下产业经济的发展，如《因为疫情，今年图书行情不太一样》，呈现了疫情对图书市场的影响。

本次编码以 2019～2020 年澎湃新闻"美数课"栏目发布的财经新闻作品为样本，共计 231 篇文章。对样本进行统计后发现产业经济相关报道占比最高，达 39.05%；政策信息相关报道占比次之，为 17.62%；与企业经济和国际经济相关的报道占比最小，分别是 13.33% 和 10.95%。

7. "谷雨数据－腾讯新闻"微信公众号

"谷雨数据－腾讯新闻"微信公众号原名为"谷雨数据"，2019 年 10 月改名为"谷雨数据－腾讯新闻"。"谷雨数据－腾讯新闻"微信公众号是腾讯谷雨工作室旗下聚焦数据新闻与可视化的栏目，作品涵盖社会、经济、民生等多个领域，表现形式以信息图为主。该栏目致力于用数据洞察新生活方式，提供定制报告类解决方案或以数据产品为核心的传播矩阵。

疫情发生以来，与新华网较为严肃的报道风格不同，"谷雨数据－腾讯新闻"的财经数据新闻报道风格更加多变、文风也更轻松，报道内容并不仅仅聚焦于疫情，还包括生活生产、日常消费、饮食、教育、就业等多个领域，通过多方报道，转移人们对于疫情信息的注意力，缓解社会恐慌和焦虑。

本次编码采用2019～2020年"谷雨数据－腾讯新闻"微信公众号发布的财经数据新闻为样本，共计70篇，涉及宏观经济、产业经济、国际投资等多个领域。在主题分布上，产业经济相关报道数量最多，金融、政策类数据新闻作品数量最少。

（二）变量测量

在本报告中，对992个变量的测量基于既有研究文献的梳理，并结合本报告研究的实际对象，做了一定的修正与调整，将文本内容制成编码表（见表1）。

表1　财经数据新闻建设性编码

一级维度	二级维度及编码信息		赋值
新闻建设性指数	问题解决导向指数	发现问题	"有"赋值1，"没有"赋值0
		提供"问题解决导向"的报道框架	"有"赋值1，"没有"赋值0
	面向未来的视野指数	是否在传统新闻报道的"5W1H"的基础上加入"现在怎样"（what now）	"有"赋值1，"没有"赋值0
		预测未来	"有"赋值1，"没有"赋值0
		积极心理	正面赋值1、中性赋值0、负面赋值－1
	包容与多元指数	平衡报道信源	"是"赋值1，"否"赋值0
		跳脱二元对立框架	"是"赋值1，"否"赋值0
	赋权指数	数据来源	"有"赋值1，"没有"赋值0
		政府、专家与社会公众的互动	"有"赋值1，"没有"赋值0
	提供语境指数	挖掘深层原因	"有"赋值1，"没有"赋值0
		提供新闻背景	"有"赋值1，"没有"赋值0
		使用数据量化呈现	"是"赋值1，"否"赋值0
	生产方式协同创新	合作生产新闻	"有"赋值1，"没有"赋值0
		避免主流媒体与商业利益捆绑	"是"赋值1，"否"赋值0

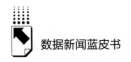
续表

一级维度	二级维度及编码信息		赋值
数据质量指数	数据获取	采用大数据挖掘技术	"有"赋值1,"没有"赋值0
	数据来源数量	多个数据来源(2个,含2个以上)	"有"赋值1,"没有"赋值0
	数据属性	结构性数据	"是"赋值1,"否"赋值0
		非结构性数据	"是"赋值1,"否"赋值0
	数据来源标注	是否注明数据来源	"是"赋值1,"否"赋值0
	数据核查	是否注明已核查数据	"是"赋值1."否"赋值0
	数据深度	是否有统计层面的深度处理数据	"是"赋值1,"否"赋值0
财经内容分类指数	政策信息		"有"赋值1,"没有"赋值0
	宏观经济		"有"赋值1,"没有"赋值0
	地方经济		"有"赋值1,"没有"赋值0
	产业经济		"有"赋值1,"没有"赋值0
	国际经济		"有"赋值1,"没有"赋值0
	贸易投资		"有"赋值1,"没有"赋值0
	企业经济		"有"赋值1,"没有"赋值0
	金融经济		"有"赋值1,"没有"赋值0
复合可视化类型指数	多媒体交互		"有"赋值1,"没有"赋值0
	VR交互		"有"赋值1,"没有"赋值0
	动态可视化		"有"赋值1,"没有"赋值0
	图文交互		"有"赋值1,"没有"赋值0
	静态信息图		"有"赋值1,"没有"赋值0
可视化元素准确度指数	视觉元素的属性与数据项的属性相匹配		"是"赋值1,"否"赋值0
	可视化的结构与数据集的结构相匹配		"是"赋值1,"否"赋值0
	可视化的图例信息使用正确		"是"赋值1,"否"赋值0
	色彩的使用有主题色		"是"赋值1,"否"赋值0

由于本编码表的类目均是定类数据,在统计分析中无法直接进行相关性等数据处理。故对数据做进一步整理,把每个二级维度进行对应拆分,用dummy variable虚拟变量的方式(0和1)进行测量,最后可将编码后类目数据递加后形成一个"新"类目,即新闻建设性指数、数据质量指数、财

经内容分类指数、复合可视化类型指数、可视化元素准确度指数。新变量是典型的定序数据，可在统计分析中使用。

7名经系统性培训的编码员对研究所需的财经数据新闻作品样本进行了编码，这些作品样本来源于经编码员随机抽取出的7家样本媒体。这些样本与抽样时段和研究样本存在排他性，且与研究文本之报道特征存在相似性。在研究前期，本研究对于编码员的培训共经过了三轮的探讨与编码，对于编码差异进行了识别与解决，并对于变量可操作定义进行完善以构建本研究中测量的有效性。

由于本报告由7名编码员完成文本编码，故采用 Fleiss's Kappa。Fleiss's Kappa 是 Cohen's Kappa 的扩展，适用于3名或更多编码者。经过几轮样本前测，7名编码员独立编码随机选择的6%（$n=60$）样本，得出 Fleiss 的 Kappa 值从0.58到0.73，而一般来说，0.61到0.80的 Kappa 统计数据通常被认为是有效的。[①]

本报告将财经数据新闻的建设性作为因变量，将数据质量、可视化元素准确度作为重点解释变量以检验研究构面中所存在的变量相关关系，并以此探索财经数据新闻当中所运行的内容生产机制对于本研究之因变量在实践层面的提升影响。

三 数据分析与研究发现

（一）描述性统计结果

1. 问题导向的议题设置与内容生产

（1）财经数据新闻报道内容呈现多领域交叉趋势

本研究所随机抽取的7家样本媒体皆为主流财经数据新闻栏目（板块）。经

---

① J. L. Fleiss, J. Cohen, "The Equivalence of Weighted Kappa and the Intraclass Correlation Coefficient as Measures of Reliability," *Educational and Psychological Measurement* 3（1973）.

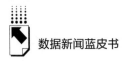

统计，研究显示在 2019～2020 年，这 7 家样本媒体所报道的内容与泛财经领域中同时段的相关重大议题具有重叠性，基本能够涵盖。一共涉及"国际经济""宏观经济""地方经济""企业经济""经济政策""贸易投资""金融经济"等七大类，且在报道内容上呈现复合类型交叉的趋势，涉及两个及两个以上交叉分类领域的作品多达 504 篇，占总样本的 50.8%。与此同时，产业经济、地方经济和企业经济是数据新闻作品涉及比较集中的三个领域。

（2）以问题导向为主的议题设置

在对 992 个样本标题进行分词和词频处理后，"中国""数字""China""如何""疫情""经济""图解""城市""公司"成为出现频次在前十位的高频词（见图 1）。样本的财经报道主题比较聚焦，"疫情""经济""城市""公司""企业""trade""上市""GDP"等出现在标题词频前三十位的词语中。与此同时，"如何""怎么""背后""为什么""怎么样"这些带着明显探究意味的代词位居前列，体现出各媒体在处理标题时，以问题为导向，以解决问题为出发点的建设性理念。

图 1　财经数据新闻标题高频词

2. 数据质量整体较高

统计结果显示，2019～2020年的财经数据新闻，数据质量普遍较高，数据源广，但在数据深度处理、二次加工、数据真实性核查等方面还亟待加强。

（1）大数据特征明显，非结构化数据受重视

在992个全样本中，使用了大数据技术进行数据筛选、清洗、加工解读的财经新闻作品有609篇，占总样本的61.4%，各类产业大数据的运用，是驱动财经新闻发展的动力，亦是财经数据新闻的未来趋势。在数据属性上，创作者对数据的使用，不再局限于直接使用结构化的数据，共有619篇作品同时使用了文本、图片、音频、地理位置等非结构化数据，把这些"不规则数据"整理成可用的数据集，占总样本的62.4%，这也反映出财经新闻业界不再将目光局限于可机读的数值型数据上，非结构化数据越来越受到重视。此外，作品中注明有两个及两个以上数据来源的作品有684篇，占总样本的69.0%，引用多方来源的数据，注重数据来源的广泛性，能在新闻源头增强新闻内容的客观性。[1]

（2）数据深度亟待加强

在992个报道样本中，有90.4%的作品标注了数据来源，明确的数据来源有助于提升新闻的可信度。有197篇作品对数据采取了数理统计的深度处理和再加工，占比19.9%。采用诸如散点图、箱线图、热力图等高阶图形来处理数据，而不是简单采用描述性统计的折线图、饼图等，更有助于引导公众深入数据语境，理解财经数据背后的故事。

由虚假新闻盛行带来的"后真相时代"，明确数据核查对争取公众的支持与认可、重塑新闻的社会价值无疑是有积极作用的。但遗憾的是，在此次样本统计中，仅有2篇作品明确表示作者对数据进行了核查。

3. 静态信息图仍是主流，可视化的有效性较强

（1）图形的动态、交互不充分

由于终端技术的兼容性越来越强，有96.6%的作品能够实现多媒体终

---

① 金梅珍、董光宇：《新闻网站"两会"数据新闻的特征——以人民网、新华网为例》，《青年记者》2016年第33期。

端的交互功能，手机、电脑、平板电脑等多媒体终端交互体验不再是技术
难题；可视化类型多元，所有的样本都实现了单个作品采用 2 种以及 2 种
以上的可视化形式。而在表现方式上，财经数据新闻仍然以静态信息图为
主，以短视频、动画、H5 等为代表的动态可视化形式仅占总量的 11%，
图文交互作品仅占 10.4%，VR 交互作品更稀有，只有 2 篇，占 0.2%。
各类媒体在进行财经数据新闻报道时，形成了一定的路径依赖，快捷易出
活儿的静态信息图成为首选，对动态交互方面的应用还相对较少。要想使
繁杂的经济数据客观地呈现，可以通过动态交互类的图表、短视频、H5
等进行多方位立体化展现，数据可读性也更强。但随之而来的是漫长的制
作周期和较高的制作成本。设计感强、视觉冲击大、交互效果好的数据新
闻作品，往往需要整个数据新闻团队花费较长的时间去打磨和创作。在数
据新闻制作的过程中，不可避免地会遇到新闻时效性和制作难易程度的矛
盾，媒体人大多会侧重于时效性，制作相对省时又省力的静态信息图表成
为最有效的选择。①

（2）可视化元素运用准确度高

可视化有效性包含一致性和理解性两大原则。可视化要有效，视觉元
素的属性应与数据项的属性相匹配，可视化的结构应与数据集的结构相匹
配。在 992 个总样本中，96.2% 的作品图例使用正确，96.5% 的作品可视
化的结构与数据集的结构相匹配，99.6% 的作品视觉元素属性与数据项的
属性相匹配。视觉化的结构和内容应该容易且准确地被感知和理解，通过
视觉编码，以人类大脑更能识别和理解的关系和模式呈现。在一篇数据新
闻作品中，色彩是最先被受众感知的，因此，意象清晰、平衡和谐的视觉
元素有助于聚焦受众的注意力。在总样本中，明确有主题色的共计 937
篇，占比 94.5%。从整体数据来看，2019 ~ 2020 年 7 个媒体样本，可视
化的有效性比较强。

---

① 王妤彬、罗书俊、刘虹驿：《2018 年财经数据新闻传播力的实证分析》，载王琼、徐园主编
《中国数据新闻发展报告（2018~2019）》，社会科学文献出版社，2020。

（二）验证研究假设

根据提出的研究问题，本报告对 2019～2020 年财经数据新闻的 992 个样本的建设性新闻指数、数据质量指数、财经内容分类指数、复合可视化类型指数、可视化元素准确度指数等多个变量做了皮尔逊相关性的分析，同时使用双尾显著性检验对研究问题做了进一步的验证及确认。与此同时，为了更进一步分析建设性新闻六大核心要素与自变量的关系，分别将这六大要素与自变量指数进行了更进一步的皮尔逊相关性分析。

1. 财经数据新闻具有新闻建设性

通过对数据结果的分析，"建设性新闻"和"数据质量"呈现显著正相关（r =.457**，p =0.000），与"复合可视化类型"呈现显著正相关（r =.127**，p =0.000），与"可视化元素准确度"呈现显著的正相关关系（r =.134**，p = 0.000）（见表2）。

表2 财经数据新闻建设性指数的皮尔逊相关性

		建设性新闻指数	数据质量指数	复合可视化类型指数	可视化元素准确度指数
建设性新闻指数	Pearson 相关性		.457**	.127**	.134**
	显著性（双侧）		.000	.000	.000
数据质量指数	Pearson 相关性	.457**		.048	.180**
	显著性（双侧）	.000		.133	.000
复合可视化类型指数	Pearson 相关性	.127**	.048		.102**
	显著性（双侧）	.000	.133		.001
可视化元素准确度指数	Pearson 相关性	.134**	.180**	.102**	
	显著性（双侧）	.000	.000	.001	
	N	992	992	992	992

注：** 代表在 0.01 级别（双尾），相关性显著。

上述相关性方面的数据展现出财经数据新闻包含建设性新闻的内涵，建设性新闻和复合可视化类型、财经数据新闻的数据质量、有效可视化之间存在紧密关联。这为以"建设"为核心来推动财经数据新闻的报道质量，处理好国家、企业、消费者三方的关系、讲好财经故事，提供了研究数据上的支持。

在对假设方程"财经数据新闻的建设性 $= a \times$ 数据质量 $+ b \times$ 复合可视化类型 $+ c \times$ 可视化元素的准确运用 $+ d$"进行多元线性回归检验后，得出回归方程式，即：

财经数据新闻建设性指数 $= 0.679 \times$ 数据质量指数 $+ 0.430 \times$ 复合可视化类型指数。

进一步验证了假设，即数据质量与复合可视化类型是影响财经数据新闻的两大重要影响因子，其影响系数分别是 0.679 和 0.430（见表3）。

表3　财经数据新闻的建设性回归分析

模型	非标准化系数		标准系数	t	Sig.	B 的95.0%置信区间			相关性		
	B	标准误差	试用版			下限	上限	零阶	偏	部分	
（常量）	3.637	0.537		6.770	0.000	2.583	4.692				
财经领域指数	0.091	0.051	0.050	1.782	0.075	-0.009	0.190	0.039	0.057	0.050	
数据质量指数	0.679	0.044	0.445	15.613	0.000	0.594	0.765	0.457	0.445	0.438	
复合可视化类型指数	0.430	0.121	0.100	3.553	0.000	0.193	0.668	0.127	0.112	0.100	
可视化元素准确度指数	0.193	0.126	0.044	1.534	0.125	-0.054	0.440	0.134	0.049	0.043	

注：因变量为建设性新闻指数。

2. 数据质量对财经数据新闻建设性有显著影响

进一步细分数据结果发现，财经数据新闻的数据质量与建设性新闻六大核心要素中的六个要素都有显著相关：与"问题解决导向"之间呈现显著相关性（r = .189**，p = 0.000），与"面向未来的视野"呈现显著相关性（r = .093**，p = 0.004），和"包容与多元"呈现显著相关性（r = .369**，p = 0.000），与"赋权"呈现显著相关性（r = .512**，p = 0.000），与"提供语境"呈现显著相关性（r = .455**，p = 0.000），与"协同创新"呈现显著相关性

$(r = -.099^{**}, p = 0.002)$。

进行回归验证后，进一步明确了财经数据质量对新闻建设性的显著影响，系数为0.679。数据源越广，诸如使用大数据挖掘获取更广泛的公开数据、引用多个数据来源、关注非结构化数据的挖掘等，都有助于进一步提升数据新闻的建设性。

3. 复合的可视化类型对财经数据新闻建设性有显著影响

进一步细分数据结果发现，在对财经数据进行可视化呈现时，使用复合、多元的可视化呈现类型，也对提升新闻建设性有显著影响。"复合可视化类型"与"面向未来的视野"之间呈现显著相关性（$r = .082^{**}, p = 0.010$），与"提供语境"呈现显著相关性（$r = .150^{**}, p = 0.000$），与"协同创新"呈现显著相关性（$r = .133^{**}, p = 0.000$）。

进行回归检验后，进一步明确了复合的可视化类型对新闻建设性的显著影响，系数为0.430。针对不同数据类型，采用多元、复合的可视化呈现形式，能够更好地为受众理解冗杂晦涩的财经数据提供语境，有效提升财经数据新闻的建设性。

4. 回归不支持"可视化元素准确"对新闻建设性的影响

进一步细分数据结果发现，"可视化元素准确度"仅与建设性新闻中的"赋权"之间呈现显著相关性（$r = .093^{**}, p = 0.003$），与"提供语境"呈现显著相关性（$r = .207^{**}, p = 0.000$）（见表4）。但在多元回归检验中，未能得到其对新闻建设性影响的支持验证。

5. 数据质量影响可视化数据的准确使用

数据分析结果发现，财经数据新闻的"数据质量"与"可视化元素准确度"呈现显著相关性（$r = .180^{**}, p = 0.000$）。"复合可视化类型"与"可视化元素准确度"之间呈现显著相关性（$r = .102^{**}, p = 0.001$）。

上述相关性数据显示，数据质量与提升可视化的有效性之间存在密切关联。

进一步回归检验后，发现数据质量对可视化数据的准确使用有显著影响，影响系数为0.062（见表5）。

表4 财经数据新闻建设性六大要素的皮尔逊相关性

		问题解决导向指数	面向未来的视野指数	包容与多元指数	赋权指数	提供语境指数	协同创新指数	财经领域指数	数据质量指数	复合可视化类型指数	可视化元素准确指数
问题解决导向指数	Pearson 相关性		.016	.235**	.160**	.354**	.089**	-.074*	.189**	-.008	.036
	显著性（双侧）		.610	.000	.000	.000	.005	.021	.000	.796	.258
面向未来的视野指数	Pearson 相关性	.016		.080*	.138**	.031	-.028	.181**	.093**	.082*	.026
	显著性（双侧）	.610		.011	.000	.327	.372	.000	.004	.010	.412
包容与多元指数	Pearson 相关性	.235**	.080*		.563**	.310**	-.047	-.032	.369**	.047	.051
	显著性（双侧）	.000	.011		.000	.000	.140	.310	.000	.136	.110
赋权指数	Pearson 相关性	.160**	.138**	.563**		.244**	-.138**	.011	.512**	.036	.093**
	显著性（双侧）	.000	.000	.000		.000	.000	.737	.000	.252	.003
提供语境指数	Pearson 相关性	.354**	.031	.310**	.244**		.189**	.034	.455**	.150**	.207**
	显著性（双侧）	.000	.327	.000	.000		.000	.291	.000	.000	.000
协同创新指数	Pearson 相关性	.089**	-.028	-.047	-.138**	.189**		-.015	-.099**	.133**	.026
	显著性（双侧）	.005	.372	.140	.000	.000		.629	.002	.000	.407
财经领域指数	Pearson 相关性	-.074*	.181**	-.032	.011	.034	-.015		-.029	.025	-.008
	显著性（双侧）	.021	.000	.310	.737	.291	.629		.356	.425	.800
数据质量指数	Pearson 相关性	.189**	.093**	.369**	.512**	.455**	-.099**	-.029		.048	.180**
	显著性（双侧）	.000	.004	.000	.000	.000	.002	.356		.133	.000
复合可视化类型指数	Pearson 相关性	-.008	.082*	.047	.036	.150**	.133**	.025	.048		.102**
	显著性（双侧）	.796	.010	.136	.252	.000	.000	.425	.133		.001
可视化元素准确度指数	Pearson 相关性	.036	.026	.051	.093**	.207**	.026	-.008	.180**	.102**	
	显著性（双侧）	.258	.412	.110	.003	.000	.407	.800	.000	.001	
	N	992	992	992	992	992	992	992	992	992	992

注：** 在 0.01 水平（双侧）上显著相关。

* 在 0.05 水平（双侧）上显著相关。

表5 数据质量对可视化元素准确度的影响系数

模型	非标准化系数		标准系数	t	Sig.
	B	标准误差	试用版		
（常量）	3.621	0.045		80.967	0.000
数据质量指数	0.062	0.011	0.180	5.753	0.000

注：因变量为可视化元素准确指数。

四 以建设性理念讲好中国经济发展的故事

建设性新闻不是静态领域，而是会随着研究、基础方法和应用程序的发展而发展。[①] 本研究提出了财经新闻领域存在新闻建设性的假设，并得到文本数据上的验证与支持。建设性新闻"边际模糊、辐射宽泛，却具有一定的概念统摄力、现实贴近度和实践可行性"，[②] 其含义的多重性与开放性，使本报告可以在中国经济社会发展的现实语境下探讨财经数据新闻的未来发展。

（一）坚持以"PERMA 模式"为核心，创造财经数据新闻的积极价值

建设性新闻的学理基础是积极心理学，麦金泰尔等人将建设性新闻生产阐释为对应积极心理学的 PERMA 模式：其新闻叙事强调召唤公众的积极情感（Positive emotion）、倡导专注投入（Engagement）、连接社会关系（Relationship）、建构共同意义（Meanings）、重视解决方案和达成任务（Accomplishment）。[③]

---

① G. Cathrine, *From Mirrors to Movers*: *Five Elements of Positive Psychology in Constructive Journalism* (Lexington, KY: GGroup Publishing, 2015).

② 金苗：《建设性新闻：一个"伞式"理论的建设行动、哲学和价值》，《南京社会科学》2019 年第 10 期。

③ K. McIntyre, C. Gyldensted, "Constructive Journalism: an Introduction and Practical Guide for Applying Positive Psychology Techniques to News Production," *The Journal of Media*, 2018.

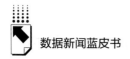

本研究验证了财经数据新闻领域对新闻建设性的影响因子，即财经数据新闻建设性指数 = 0.679 × 数据质量指数 + 0.430 × 复合可视化类型指数，从数据层面为创新财经数据新闻生产提供了数理依据。显然，财经数据新闻中的数据不仅仅是一堆客观冰冷的数据，它们也同样能表达情感、消弭公众与政府、公众与企业之间的误解与隔阂，以 PERMA 模式为原点，财经数据新闻同样可以是有温度、有意义的深度报道。

财新网 2020 年疫情的数据新闻报道不仅包括疫情本身的发展状况，还从宏观、中观、微观的立体层面对疫情给社会经济造成的影响做出详细的解读。2020 年 2 月底，随着疫情的发展，"防控压力和有序复工两大主题在角力和平衡中各自推进"。① 在《各地复工情况到底如何？数据展示出另一面》这一新闻报道中，作品用饼状图、柱状图、折线图等详细生动地向民众展示了部分省份的复工情况、大城市返程率、大城市地铁客流恢复情况、城市地铁日均客流情况等数据；在《在线率、怠速比、日均里程……新冠疫情对公路货运影响几何？》这一报道中，作品将数据制作成折线图，为民众解答了公路货运这一"生命线"在疫情防控常态化时期受到了怎样的影响以及湖北省和全国货车运行是否通畅这些问题。而《"钻石公主"号暴发新冠疫情 国际邮轮业遭受的冲击有多大？》一文则用图片加图表的方式让受众直观地了解该邮轮的整个运行轨迹以及相应的重要节点。读者可以通过该报道了解邮轮上的疫情情况，更清晰地明白该病毒的"毒性"和"传染性"。不止于此，该篇报道还进一步分析了 2010～2019 年邮轮暴发传染病的案例，让读者了解到以前发生在邮轮上的感染病的主要病源以及邮轮防控传染病难度大的原因，对理解国际邮轮业因此而受到的冲击和影响做了大量的背景材料补充，满足了公众在重大公共卫生事件中的知情权。

不仅是财新网，在 992 个财经数据新闻样本中，有近 42.6% 的作品能在发现问题的同时为公众、相关企业提供大量有价值的数据信息解读和解决方案；

---

① 黄晨：《各地复工情况到底如何？数据展示出另一面》，财新网，2020 年 2 月 26 日，https：//datanews.caixin.com/2020 - 02 - 26/101520776.html。

有30.3%的作品在文本中正面回应公众困惑，消除各种信息不确定性，向公众明确地传递积极、正向的心理引导；有30.2%的作品对企业发展、行业走向、宏观经济等未来趋势做出了预测。"当人们被提出有效的问题解决方案时，他们的消极情绪明显降低，这表明基于解决方案的报道可能会减轻负面新闻报道的某些有害影响，例如同情心疲劳。"[①] 从 PERMA 模式出发，建设性新闻致力于构建"积极心理—积极行动—问题解决—良好生活—公共之善"正向循环增益的价值生产链条。[②] 这不仅对连接社会关系和建构社会共同意义有着积极作用，也为创造财经数据新闻积极价值提供了实现路径。

（二）客观呈现多元联动数据，提升财经数据新闻的说服力

数据质量不仅是财经新闻作品生产的基础，更决定了财经数据新闻作品的价值。数据质量既影响新闻作品的建设性，也对新闻作品的可视化呈现有显著影响。如在前文的文本数据分析中，"数据质量"与"建设性新闻"之间呈显著正相关性（$r = .457^{**}$，$p = 0.000$），且对新闻的建设性有显著影响（$B = 0.679$，$p = 0.000$）。不仅如此，"数据质量"对"可视化元素的准确度"具有较为显著的影响作用，二者呈现显著正相关性（$r = .180^{**}$，$p = 0.000$），影响系数为 0.062（$B = 0.062$，$p = 0.000$）。

数据质量影响着新闻的建设性，但不意味着要回避负面数据。媒体要通过全方位的数据呈现，深入解读存在的问题，在全面客观的新闻报道中帮助人们寻找解决问题的途径。财经数据新闻报道应积极利用"建设性"的理念对财经行业数据进行全面挖掘、整合，方能探究到数据背后更有价值的信息，增强财经数据新闻报道的说服力，强化用户与媒体之间的黏性，更好地赢得公众信任，并进而重塑财经数据新闻报道的影响力，增强财经新闻媒体和财经新闻栏目的权威性和社会影响力。

---

① K. E. McIntyre, Constructive Journalism: The Effects of Positive Emotions and Solution Information in News Stories (Ph. D. diss, The University of North Carolina at Chapel Hill, 2015).

② 胡百精：《概念与语境：建设性新闻与公共协商的可能性》，《新闻与传播研究》2019 年增刊。

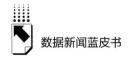

"数据是骨骼",澎湃新闻"美数课"向来对数据质量极为重视。以作品《2个月,13753例,新冠肺炎如何蔓延全球?》为例,① 该篇报道聚焦新冠肺炎疫情在国际的传播情况,灵活生动地使用数据将其传播过程及程度娓娓道来,为受众展现一幅全球新冠肺炎感染状况的清晰图景。在这篇数据新闻中涵盖了多渠道的数据来源,并通过对不同新闻数据的全面分析,精准客观地将多元新闻信息呈现在读者面前。

CGTN作为我国对外传播的窗口,也非常重视财经数据的可视化叙事。以"Graphics:How Has China's Military Relieved Poverty in Rural Xinjiang?"② 这篇报道为例,作者通过当地人均净收入变化、捐资助学、捐资助农、脱贫速度等多方位的数据,清晰地讲述了驻地的军民联合部队是如何一步步通过三年的时间帮助新疆维吾尔自治区一个小村庄彻底摆脱贫困的。

相比于传统资讯的快速发布,财经数据新闻报道的价值更多地体现在其基于数据的价值判断和未来预测。因此,从业人员在进行财经数据新闻报道时,应善用独特的新闻视角及新闻敏感度对数据进行充分挖掘,更好地帮助受众快速获取关键信息和知识,拓宽对财经信息的掌握,实现财经数据新闻公共服务专业化、高效化。

(三)以融合形态促参与,强化动态与交互的视觉表达

马丁·海德格尔在对现代传播的本质进行探究时,提出了"世界图像时代"③,视觉化表达与传播已成为数字时代建设性新闻的重要组成,复合型的可视化呈现对提升新闻建设性有显著影响。复合可视化类型指数与建设性新闻指数呈显著相关($r = .127^{**}$, $p = 0.000$),其对新闻建设性的显著影响系数为0.430($B = 0.430$,$p = 0.000$)。

---

① 蒋馨尔、王亚赛:《2个月,13753例,新冠肺炎如何蔓延全球》,澎湃新闻,2020年3月5日,https://www.thepaper.cn/newsDetail_forward_6316835。
② "Graphics:HowHas China's Military Relieved Poverty in Rural Xinjiang?" CGTN,30. Apr. 2020,https://news.cgtn.com/news/2020 – 04 – 30/Graphics – How – has – China – s – military – relieved – poverty – in – rural – Xinjiang – Q52f6m5E4M/index. html.
③ 〔德〕马丁·海德格尔:《林中路》,孙周兴译,上海译文出版社,1997。

在 992 个样本中，静态信息图在可视化类型中占绝对比重，以短视频、动画、H5 等为代表的动态可视化形式仅占总量的 11%，图文交互作品仅为 10.4%，VR 交互作品则仅为 0.2%。由此可见，受众很难按照自己的需求选择性阅读新闻内容，只能被动地接收信息，参与感不强，加上财经数据本身专业且繁杂的属性，从而使受众产生视觉疲劳。

交互性有助于提升用户积极性。随着鼠标的移动，数据新闻用户充分利用图表、动画、视频等多种新闻报道形式直观地获取新闻信息，围绕自身对新闻事件的认知兴趣来构建自己的新闻故事，从而有效强化了新闻主题、数据分析、报道深度与个人认同之间的关联性，这是传统的新闻报道方式所难以企及的。数据新闻可视化传播的动态交互，大大促进了用户的共同参与，提升了新闻报道的传播效果，数据新闻将成为新时代新闻发展的重要趋势。

大数据时代，财经数据新闻满足用户的参与和需求是第一要务。[1] 如新华网数据新闻栏目于 2021 年 1 月全新推出的"数视频"板块，通过"数·百年"系列数据短视频对建党百年所取得的系列成就进行报道，立体展现大国经济发展多方位的数据和成果。让数据与用户个人生活关联度提高，用大众喜闻乐见的短视频形式进行表达，更有利于吸引受众参与其中，凝聚社会共识。

新华网《全面深化改革活页——中央深改委 15 次会议全纪录》设置的交互按钮，让用户能够身临其境，通过点击翻页、亲身探索党的十九届三中全会以来的 150 多个各领域的改革文件，深入了解党的十八大以来的改革成果。而作品最后突出设计的分享按钮，也让读者参与新闻作品的传播过程。财经数据新闻报道可以通过复合、多元的可视化形式优化财经数据新闻的结构与呈现，借助交互模块的设计和沉浸式体验，如问卷、小调查或者提供交互的接口等，实现与受众的对话与交流，这既增强财经新闻的可读性，也吸引用户参与社会问题的建构和解决，从而提升我国各大媒体财经数据新闻生产的建设性。

---

① 戴梦岚：《大数据对新闻传播力的影响探究》，《传播力研究》2017 年第 7 期。

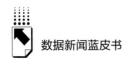

（四）重视数据核查，提高财经数据新闻的可信度

数据公开可以有效地扩大数据新闻的来源，但从目前我国的现状来看，各种公开数据的质量参差不齐。无论是政府数据、行业协会数据，还是企事业单位数据和网络资源数据，都缺乏连续性和系统性。首先，我国政府部门发布的公开数据往往过于宏观，这在一定程度上影响了数据分析的客观性、数据分析的深度和数据分析的准确度；其次，部分行业协会、企事业单位、网络运营商等公开发布的数据具有较强的选择性，对数据样本获取和数据处理方法阐释不明；最后，部分媒体对其数据新闻生产"自我豁免"，从不在新闻作品中标注其数据来源和明示数据结论是如何得出的，这实质上是数据新闻形式的滥用。上述现象严重影响了数据核查的有效性和数据新闻的可信度，给财经数据新闻的健康发展带来深层次伤害。

目前，绝大部分媒体在进行数据新闻报道时，大部分会标注数据来源，在本报告的 992 个样本中，无数据来源的报道有 95 篇，占总样本的 9.6%。然而，提高财经数据新闻的可信度，不仅要保证信息来源的真实性，标清信息来源和数据来源，也必须要重视对数据来源和数据本身的核查。在 992 个样本中，未注明数据核查的报道高达 990 篇，这在一定程度上也会让受众质疑媒体的专业性和可信度。

财经数据也需要像其他采访对象一样，经过严格的鉴别才决定能否采用。媒体自身应该利用其媒介资源整合的优势，加强辨别信息能力，探索自己的数据库，扩大数据的来源渠道。加强与政企和机构之间的沟通，建立共享数据库，不失为提高数据质量的一种方式。这可以帮助媒体获得一手的财经数据，保证数据的原创性，进而形成差异化竞争，各个媒体着力于从不同角度发掘数据背后隐藏的深意，并用可信数据证实解决方案的可行性。

五　建设性对财经数据新闻的现实意义

2020 年，面对新冠肺炎疫情的严重冲击，我国成为全球唯一实现经济正增长的主要经济体,在脱贫攻坚、科技创新、改革开放、民生保障等领域都取得了令人瞩目的成就。与此同时,各种衍生风险和困难挑战也不断涌现。面对复杂严峻的经济和社会形势,媒体应该如何提升财经数据新闻的品质,讲好中国的经济故事,参与推动人类命运共同体的构建,是值得重新思考的一个问题。

财经故事的叙述,不应只是冰冷数据的客观堆砌,记者可以更积极地以自身的力量推动事件发展和社会变革。对发展中国家而言,建设性新闻的理念与国家发展和社会进步价值观之间的联系更为密切。[①] 正如唐绪军教授所言,"每一个国家都会创造属于自己的新闻业",以积极向上、面向未来和解决问题的理念,广泛调动公众参与的积极性,提升公众的获得感和幸福感,改变财经新闻曲高和寡的现状,这也是财经数据新闻发展的时代使命。

参考文献

王姤彬、罗书俊、刘虹驿:《2018年财经数据新闻传播力的实证分析》,载王琼、徐园主编《数据新闻蓝皮书:中国数据新闻发展报告(2018~2019)》,社会科学文献出版社,2020。

白红义、张恬:《作为"创新"的建设性新闻:一个新兴议题的缘起与建构》,《中国出版》2020年第8期。

---

① T. Hanitzsch et al. , "Mapping Journalism Cultures Across Nations: A Comparative Study of 18 Countries," *Journalism Studies* 3 (2011) .

B.7
中国视频类数据新闻可视化
叙事特征分析*

冯雨阳　路俊卫**

摘　要：　视频类数据新闻是新闻生产的新兴领域，经历了从借助数据
　　　　　到数据分析、从浅层分析到深度开发、从信息服务到故事叙
　　　　　述三个发展阶段，并逐渐形成了线性、递进式、同心圆三种
　　　　　基本叙事模式。视频类数据新闻在叙事中突出"故事性"内
　　　　　核特征，强调以时间数据倒错完善叙事链条，通过"零聚
　　　　　焦"串联数据突出叙事要点，并应用视听数据符号立体化新
　　　　　闻叙事。研究认为，视频类数据新闻生产应避免视频可视化
　　　　　叙事与新闻性失焦的矛盾，同时提高数据新闻视频利用率、
　　　　　增强视频类数据新闻的互动性。

关键词：　数据新闻　可视化叙事　视频新闻

　　数据新闻（data journalism），又称"数据驱动型新闻"，源于新闻业对
客观、深度、易读等新闻特性的不断追求。随着计算机数字技术在新闻传播
领域的进一步发展，20世纪五六十年代"计算机辅助新闻报道""精准新

---

　*　项目支持：湖北大学教学研究项目"基于融媒体传播的新闻专业'课程群＋工作坊'产学研
　　用合作培养人才研究"，项目号202118。
　**　冯雨阳，湖北大学新闻传播学院2020级硕士研究生；路俊卫，新闻学博士，湖北大学新闻传
　　播学院副教授，硕士生导师，湖北大学融媒体发展研究中心主任，主要研究方向为新闻理
　　论、视听传播。

闻"被看作数据新闻的"前身",数据新闻的发展旨在通过数据深度挖掘和对新闻客观性阐释重塑新闻业态。对于"数据新闻"的系统性定义,学界尚未得出定论,但从生产过程来看,"'数据新闻'是通过反复抓取、筛选和重组来深度挖掘数据,聚焦专门信息以过滤数据,可视化地呈现数据并合成新闻故事"①。2012 年前后,以新浪"图解天下"、搜狐"数字之道"为代表的数据新闻栏目在各大媒体平台如雨后春笋般增长。大数据技术的进步与受众对可视化信息的追求,掀起了新闻业可视化变革的新浪潮,图文、图解、H5、交互、微视频等新形式逐渐被应用于新闻生产领域,新闻形态异彩纷呈,"数据新闻"的可视化日益受到业界、学界的关注。

视频类数据新闻的可视化叙事,可以从"可视化"与"叙事"两个层面进行交叉解读。"可视化"是一种呈现形式,"叙事"是数据新闻的表现方式,强调基于数据搜集、整理、分析、挖掘对所要表达的内容进行立体、生动地展示。"可视化的目的和意义就是对于特定的'视觉框架'的生产。所谓视觉框架,意为经由视觉化的观念、方式和途径建构的一种认知框架。"② 数据新闻可视化研究聚焦于数据新闻可视化的叙事全局特征、叙事策略、现状分析等,此外,对于数据新闻可视化的类别研究主要聚焦于个案分析或多个主体间的对比分析,鲜有立足于特定形态可视化叙事模式的纵向延展归总,且尚未在垂直领域形成研究体系。本报告将选择我国专业性媒体的视频类数据新闻作为研究样本,从叙事结构、视听语言等角度出发,运用案例研究与文本分析的方法,针对数据新闻"视频化"叙事特征展开分析探讨。

一　我国视频类数据新闻的发展趋势

大数据是数据新闻的内容基础,大数据技术的广泛应用深刻改变着传统

---

① 方洁、颜冬:《全球视野下的"数据新闻":理念与实践》,《国际新闻界》2013 年第 6 期。
② 刘涛:《西方数据新闻中的中国:一个视觉修辞分析框架》,《新闻与传播研究》2016 年第 2 期。

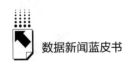

传媒业，我国视频类数据新闻的发展可以追溯到电视媒体新闻报道的数据可视化呈现上。

（一）初期：从借助数据到数据分析

将数据新闻视频化呈现最早可追溯至电视新闻报道的数据信息图表，"信息图表的作用主要表现为数据可视化、提示新闻要点，图解过程、梳理进程，揭示关系、展现情状、整合内容"[①]。这种形式仅将数据以柱状图、条形图、饼状图等形式呈现，作为辅助性新闻报道形式单一，常见于财经类新闻当中，体现时间线的变化。

2012 年 8 月 21 日，在央视《新闻 30 分》栏目首播的《数字十年》是目前可查的最早的视频类数据新闻板块之一。节目内容依托《新闻联播》与百度指数等在搜索和抓取数据信息方面的优势，进行热点内容的创作与传播。该节目共 95 集，主要围绕"经济、社会、科技"等层面的宏观结构，展示国家重大工程项目与地方巡礼等内容。《数字十年》是央视数据新闻可视化的初步探索，其内容仍停留在以文本叙述为主体，数据仅作为文本真实性、准确性、可靠性的有力支撑，将数据分析置于内容的表面，而未对数据进行充分挖掘，未能从整体出发深入了解数据间的关联性，缺少系统性的认识。

早期的视频类数据新闻主要依托传统电视媒体和互联网公司进行合作生产，互联网公司主要提供数据，媒体完成内容的生产与制作。数据新闻的生产核心主要在于数据的挖掘与分析，传统媒体并没有深度参与，只是借助数据来阐述新闻，对数据停留在较浅层次的利用，还没有做到对大数据进行有效开发与深层次分析。

（二）中期：从浅层分析到深度开发

2014 年 1 月 25 日，央视综合频道晚间新闻栏目应用百度 LBS 定位的可

---

① 彭兰：《社会化媒体，移动终端，大数据：影响新闻生产的新技术因素》，《新闻界》2012年第 16 期。

视化大数据推出特别节目《据说春运》，该节目主要通过春运时期"迁徙"动态图表现数值变化，智能手机用户始发地与目的地能够在可视化地图中用不同线条呈现。春运报道一改以往记者出镜报道的形式，这也是央视在数据新闻制作流程与模式上的创新。此后，央视视频类数据新闻从报道内容上看，也主要涉及政治活动与社会民生领域的热点事件。

依托大型互联网数据公司，数据成为新闻叙述的重要工具。这不仅弱化了以往大体量数据新闻报道的主观性倾向，同时为观众展示实时地图上春运"迁徙"全景并概述数字背后的形成原因。《据说春运》栏目一时间引发广泛关注，究其原因可归结为三个方面：首先是大数据技术的赋能，精准调配互联网信息资源与专业媒体采编；其次是满足了受众对于可视化信息的追求，将海量数据透过极简线条，清晰展现信息要素；最后是聚焦微观视角，叙事内容的接近性以及富有人文关怀的特征，既有宏观数据总览，又不乏故事温情。

《据说春运》一经播出就引发学界、业界广泛讨论，成为"现象节目"，央视也相继推出《据说两会》《据说清明》等同类系列节目，这使数据新闻视频化视角开始转向数据的实时动态，并联合互联网平台的大数据技术进行内容叙述，为观众提供建设性的参考，使视频类数据新闻从单一化转向动态多元化。《据说春运》等系列节目播出的 2014 年也被称作"数据新闻元年"，在中国知网中以"数据新闻"为关键词进行检索可知，相关文献由 2013 年的 22 篇陡然增至 2014 年的 137 篇，研究主要关注"数据新闻"对新闻生产领域的影响，学者们都认同"数据新闻对新闻的呈现方式、新闻生产的流程和理念都产生了巨大影响"[1]。

在规模化生产过程中，视频类数据新闻发展局限性在于未掌握数据新闻挖掘的核心技术、缺少样本的多样性、数据来源局限、对数据的充分发掘与交叉分析不足。另外，限于电视平台的制播形式，依托《新闻联播》与

---

[1] 刘义昆：《大数据时代的数据新闻生产：现状、影响与反思》，《现代传播》2014 年第 11 期。

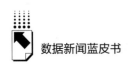

《晚间新闻》两档新闻栏目中的子单元，还未形成数据新闻规范化创作体系。

直到 2015 年，央视《数说命运共同体》作为"一带一路"特别节目播出，呈现"一带一路"倡议提出两年来，沿线国家关于贸易、能源等方面正在形成的命运交织的历史进程。此后，央视在 2016 年播出的《数说"十三五"》、2017 年播出的《数说香港》等节目在视觉传达方面开始将"数据"与"实景"有机结合，使用卫星定位跟踪系统数据，通过 GPS 移动轨迹来提升数据新闻的视觉传播效果，同时成功使用数据库对接可视化工具，通过虚拟数据图与现场拍摄的实景画面有机结合，将数据信息更加形象化地展现，增强了主题报道的科技感与生动性。

（三）从信息服务到故事叙述

近年来，国内共有 7 家媒体单独设立数据新闻栏目，开始应用视频形式制作视频数据新闻的有 5 家（见表 1）。通过对视频类数据新闻的分析与梳理可以看出，我国视频类数据新闻发展水平不一，但从总体上看，各家媒体已经摆脱单纯利用数据的初级阶段，开始了用数据呈现新闻故事的积极探索。

表 1 专业媒体门户网站数据新闻栏目设置

媒体名称	独立栏目名称	主要数据新闻类型	网站链接	说明
央视网	无	视频节目	https://www.cctv.com/	数据新闻来源央视栏目："数说""据说"系列、"两会大数据"等
澎湃新闻	美数课	图文、视频、H5	https://www.thepaper.cn/list_25635	
《新京报》	无	视频、图文	http://www.bjnews.com.cn/	数据新闻来源于专栏报纸或动新闻："有理数"（2018年）、"新图纸"（2019年）、"图个明白"（2013年）
新华网	数据新闻	视频、图文、信息图、H5	http://www.news.cn/datanews/index.htm	

续表

媒体名称	独立栏目名称	主要数据新闻类型	网站链接	说明
网易新闻	数读	图文、漫画、视频	https://data.163.com/	
搜狐新闻	数字之道	图文	http://news.sohu.com/matrix/	
腾讯网	谷雨数据	图文	https://new.qq.com/omn/author/10123904	
界面新闻	数据	图文	https://www.jiemian.com/lists/154.html	
财新网	数字说	图文	https://datanews.caixin.com/	

注：在样本选择上主要以专业媒体为研究对象，且为便于数据搜集，统一以门户网站内容为主，部分源于其他媒体已做说明。

从叙事模式建构成熟度分析，以央视为代表的电视媒体率先开始应用新技术进行内容采制，注重对呈现模式的创新性形塑。在新闻源搜集过程中，联合新闻所涉单位进行数据采集与内容分析，并利用媒体平台长期积累的视频制作经验整合资源、生成内容，以可视化数据充实新闻本体"骨架"，富有数据新闻的"故事质感"。同时，善用"同心圆模式"叙事，以特定时期内容板块作为节目子集，把数据与受众生活相联结，实现了数据新闻故事的生活化。

以澎湃新闻"美数课"、《新京报》"动新闻"、新华网"数据新闻"为代表的门户网站型媒体则偏好于用字幕动画或画外音将内容串联起来，符合互联网信息传播样态，时长较短、内容精练。其中，"美数课"应用专题型的新闻策展，巧妙地将视频新闻与原有新闻体裁、形式相联结，便于内容的"二次传播"与视频深度的拓展。

二　我国视频类数据新闻叙事模式的主要类型

数据新闻包含"数据"与"叙事"两个维度，"大数据能够揭示数据值之间的数理相关关系，却无法确定事件之间的因果联系"①。在大数据时代来临前，记者、编辑获取新闻信息最常见的形式是现场实地观察采访。而大数据的产生，使新闻生产多了一种新路径，在海量数据背后通过交叉对比分析往往能够将零碎的信息具象化，信息是"点"，而新闻叙述中的"故事"是将点连成线的"黏合剂"，它帮助受众在获取新闻信息的基础上，透过现象看本质，明晰因果，理解现实。近年来，视频类数据新闻都在积极探索"由面及里"的内容叙事，呈现以下叙事模式和叙事特征。

（一）线性叙事模式

"线性模式"是以新闻时间或事件发展顺序为轴线的叙事，通常包括两个及以上参照物，用以反映横向或纵向时间的发展变化。线性叙事模式聚焦单个新闻点，指向明晰，强调简约、直观、易懂。传统新闻报道，多以线性叙事为主，在跨屏传播时代，受众通过触屏快速浏览，这种视觉浏览习惯也推动了以连续性为特征的线性阅览设计的兴起，为受众营造线性阅览体验，清晰的叙事逻辑有助于受众快速掌握新闻核心信息。

相较于图文数据新闻表述，视频类数据新闻在线性叙事模式上能够将事物发展变化通过影像动态呈现，将数据可视化为动态图谱或图形、图像元素，在较为晦涩的新闻内容表达中具有重要作用。

如澎湃新闻发布的《浦东30年｜浦东开发开放30年，不断刷新的天际线》《高楼大厦背后，支撑浦东开发开放30年的有哪些"无形地基"?》，以时间线发展为驱动，将浦东地标建筑用MG动画形式展现，将视觉冲击力"拉满"，同时配合渐进高调的背景音乐展现浦东向上发展的主基调，地标建筑与世界知名建筑的数据对比，从侧面展现浦东发展与世界发展的步伐脉络。

（二）递进式叙事模式

递进式的内容叙事结构，是由多个设问单元有机组合而成的，包含新闻

---

① 王强：《"总体样本"与"个体故事"：数据新闻的叙述策略》，《编辑之友》2015年第9期。

事件详细背景、现状、原因、影响等多个层次，且层级之间由浅入深。在可视化表现形式上，将多种可视化形式叠加，佐证庞大的新闻叙事框架。信息数据转化成视听语言，辅之以史料文献，并通过录音、图片等多种形式呈现，视听效果越发强烈，且使数据与信源渠道交叉印证，提升专题新闻内容的客观性、真实性与多样性。

以"美数课"栏目"洪水之中"专题新闻为例。该新闻专题共分为三项内容，即《洪水之中①｜治水的逻辑：何时启用蓄滞洪区》《洪水之中②｜蓄滞洪区：更大的水，更少的地，可有良策?》《洪水之中③｜垸上小民：离不开地，防不了洪，如何自处?》。该主题新闻叙事有鲜明的时间线索，从抗洪历史发展的角度审视当下，分别聚焦蓄滞洪区的启用功能与条件、蓄滞洪区分洪的原因与启用过后对当地人民生产生活的影响，以及相应的建设性发展建议与瞻望。以"蓄滞洪区"为论述的中心点，广泛收集数据内容，其数据来源主要包括中华人民共和国水利部、咸宁市水利和湖泊局、《长江流域蓄滞洪区图集》、《长江流域防洪规划》、《荆江分洪工程志》、《牌洲镇志》。将数据信息以柱状图、文字动画、MG 动画、3D 地理地图形式呈现，融合在讲述的内容框架之中。报道从具体事件出发，发散至新闻事件所带来的经济、社会等层面的影响。将数据通过纪录片递进式叙述模式呈现内容，浅入深出，直观具体（见表 2）。

表 2　"美数课"专题新闻报道"洪水之中"的结构、可视化分析

标题	叙事结构	可视化具体形式
洪水之中①｜治水的逻辑:何时启用蓄滞洪区	介绍防汛历史由来——聚焦长江流域洪灾与防洪基础设施建设概况——长江流域防洪规划——启用蓄滞洪区的条件——1998 年长江流域特大洪水中蓄滞洪区的启用	史料图片、MG 动画、时间轴、3D 地理地图、航拍
洪水之中②｜蓄滞洪区:更大的水,更少的地,可有良策?	防洪标准制定——设问:如果长江重现 1954 年洪水情况会是怎样——回顾当年情况——如今需要分洪的更多原因——目前蓄滞洪区建设不足以应对的原因——以荆江分洪区为例,启用分洪区的后果、影响——蓄洪区资源利用与建设性意见措施	3D 地理地图、政策图片、航拍、MG 动画、清华大学水利系教授周建军录音

标题	叙事结构	可视化具体形式
洪水之中③|垸上小民:离不开地,防不了洪,如何自处?	2020年7月各地水情灾害报道——咸宁市当月水情状况——防汛的难点——簰洲湾在1998年抗洪中起到的作用——东岭村前村支书回忆当年情况——灾后行洪口门的修建及其对当地人民生活的影响——簰洲湾年轻人外出务工无人防汛的现状及未来发展展望	电视新闻报道片断、MG动画、字幕动画、3D地理地图、东岭村前村支书录音

(三)同心圆叙事模式

"同心圆模式"围绕具体议题进行环状叙事,通过多条线索佐证论点。该模式中每一个圆环的"点"既具备叙事"个性",即相互之间较少存在内容的重叠,所述内容皆以大主题下该点议题为边界,进行针对性描述,又在"共性"层面将点状叙事支线内容串联成闭合的"圆环",以数据新闻主旨为叙事"半径"构成"同心圆叙事模式"。

澎湃新闻在"嫦娥揽月"报道中,围绕"嫦娥五号地球着陆场要求",从"万中无一人""万中无一河""万中无一的平""万众无一的视野"四个层面阐述嫦娥五号探测器选择内蒙古四子王旗着陆场的原因。其中引用地理、人口等数据印证居于"圆心"内核心观点。澎湃新闻"美数课"围绕"嫦娥揽月"共策划五期专题数据新闻,分别从探月历史、探月过程来讲述,制作视频切片,将"探月"全过程可视化报道,给受众留下直观经验性印象。

上述三种视频类数据新闻叙事模式并非完全割裂,在特定议题下可能存在交叉内容,形成"复合型"内容叙事。

三 视频类数据新闻以"故事"为内核的叙事特征

新闻叙事学中的"故事"指的是"被叙述的内容,即所指,是以某种方式对于新闻素材的描述，它由一个或多个相关联的事件组合而成"①。而故事的实质内涵主要包括事件、行为者、场景。叙述研究对象主要包括"叙述者""叙事角度""叙述方式"。法国学者热拉尔·热奈特是运用结构主义观点建构叙事学的代表人物，他把叙事学研究分为叙事时间、语式和语态三个层面。叙事时间是指叙述者对时间的把控，具体分为时序、时长和频率；语式强调叙述者与被述信息的距离与角度问题；语态是叙述行为本身。基于热奈特叙事话语理论，本报告将其与视频类数据新闻叙事相结合，分析视频类数字新闻"故事型"建构的主要路径与特点。

（一）以时间数据倒错完善叙事链条

热奈特强调"叙述时长"指的是叙述时间（TR）与故事时间（TH）之间长度的比较，包括"停顿"（TR = n）、"场面"（TR = TH）、"概要"（TR < TH）、"省略"（TR = 0，TH = n）。依据热奈特叙事理论，应当将视频类数据新闻的叙述时长归为"场面"或称"场景"，即记者叙述时间与故事时间基本一致。热奈特认为"时间倒错"是故事时间与叙事时间顺序之间一切不协调的形式，主要包括倒序（或称"闪回"）与预序（或称"闪前"）两种形式。在数据新闻故事性表述过程中，"时间倒错"起到补充交代或预测发展趋势的画面表现作用。

相较图文数据新闻而言，视频类数据新闻能够有效调动视频、音频、动画等多种媒介形态创作，不遵循线性规律，能够伴随新闻故事发展由叙述者随意动态地切换场景，打破时空限制。"时间倒错"主要体现在"回忆性"或"回顾性"内容上，在图文编辑中也可以称作"插叙"写作手法，尤其在"事件型"新闻当中，起到补充故事背景或预测未来发展趋势的作用。

在央视《数说命运共同体：远方的包裹》的开头，一名电商采购员在曼谷郊区工厂，在一批发送至中国的货物中安装 GPS 定位系统，应用九颗卫星实时监控，在世界版图上通过粒子光线描绘出该货物的跨国旅途。按照

---

① 〔荷〕米克·巴尔：《叙述学：叙事理论导论》，谭君强译，中国社会科学出版社，1995。

"包裹"发送的物理空间时序进行叙事，叙事由主持人欧阳夏丹的同期声与画外音交错填充。泰国胶农的生活在过去的十二年里与中国消费者的关系做了"闪回"描述，呈现"一带一路"倡议对沿线国家经济发展的建设性作用，同时，从六百多年的航海技术"闪前"到现今社会先进的海陆"丝绸之路"，突出"一带一路"沿线贸易的增长与技术的发展。最后，用数据地图"闪前"展现"亚欧非贸易物流大通道"，并对未来的发展潜力做出有望突破十万亿美元的预判。

同样，在澎湃新闻"美数课"中，《动画｜美国少数族裔的平权之路还要走多久？》先是按线性时间简述"弗洛伊德之死"而引发的游行示威活动，而后"闪回"美国少数族裔的平权运动发展历史及美国人口构成数据，最后又回到原新闻事件，为原新闻补充了知识性数据背景材料，表现出新闻内容的多元化。

（二）"零聚焦"串联数据突出叙事要点

热奈特在"叙述者"与"聚焦点"问题上，着重透视"谁看""谁说"的问题，具体可以划分为"零聚焦"（全知叙事）、"内聚焦叙事"（限知叙事）以及"外聚焦"（客观叙事）。视频类数据新闻主要基于画外音或记者出镜同期声串联，从属"零聚焦"全知视角，强调记者位于叙事空间顶点，能够突破时空限制进行阐述。该叙事视角使数据新闻"故事"时空延展性得到极致提升，新闻视野无限开阔，受众能够全方位了解新闻事件发生的全貌。同时，新闻记者充当了"故事讲述人"的角色，将零碎的数据用具体的事件串联起来，增强故事感染力，使受众阅读更加轻松自如，报道立意更加鲜明突出、有重点。

在央视《数说命运共同体：远方的包裹》中，主持人欧阳夏丹作为"公开叙事者"直接介入新闻活动当中"零聚焦叙事"，主持人是新闻事件主要参与者与观察者。她以现场记者身份来到杭州下沙保税区接收"来自远方的包裹"，使人物认知与感知直接表露出来，凸显真实性。该"零聚焦叙事"是一种不定式聚焦，随着人物身份的变化而相应变化。数据新闻中包含欧阳夏丹与节目画外音两个叙述视角，两者分别从"零聚焦"与"内聚焦"视角进行内容叙事，既提供大量丰富的内容信息，也基于特定人物临摹出所思所感所想，拉近与观众的心理距离。

（三）视听数据符号赋予新闻叙事立体化

"视听叙事就是视听创作活动通过技术手段实现文本意义的过程。"[1] 视听符号创作过程也是对文本意义"再创造"的过程，数据新闻的可视化从平面到立体是媒介形态发展的趋势，也从视听领域佐证了数据的真实、多元。

在澎湃新闻"美数课""洪水之中"系列报道中，论述与 1954 年等同洪量条件下洪水有更多外溢可能的具体原因时，视频可视化应用 MG 动画与3D 地理地图效果，将该地域的情况用动态图示方法立体演绎，通过颜色对比变化来表明"更大的水"形成原因，从视觉观感上打破了文字、图片静态的呈现，具有立体性特征。利用三峡水坝"削峰效应"剖面演示动画来呈现其数字间的关系，"调洪库容约 221.5 亿立方米""正常蓄水位 175 米"等，这些数据的位置关系摆置，透过视觉语言告诉受众，大的洪灾似乎已经离现实生活相对遥远，政府单位放松了对洪水的警惕。而后通过谷歌地图展示该地区 2000～2020 年蓄滞洪区的变化，更加佐证了"原先规划的蓄滞洪区已被规划为建设用地"这一观点，也为后文假设论证"如若抗洪需要征用土地则需临时转移安置 40 万人"内容论述做了铺垫。

数据新闻在向视频化发展的过程中，能够规避图文中晦涩繁杂的叙述词汇和抽象数据，转而引用可视化立体动画视频来呈现，提升传播容错率。

三 视频类数据新闻存在的问题与思考

（一）避免视频可视化叙事与新闻性失焦的矛盾

数据新闻以数据信息作为首要内驱力，国内数据新闻向视频化探索过程

---

① 祝虹：《视听叙事学刍议》，《当代电影》2014 年第 10 期。

中，内容可视化叙事与客观数据呈现矛盾关系。一方面，视频新闻需要建构一个完整、生动的内容故事框架才能有效抓住观众一段时间内的持续注意力；另一方面，大数据存储量庞大且种类来源多，其价值密度相对较低，需要挖掘广泛的数据信息、分析数据背后的现实意义。简而言之，视频类数据新闻可视化叙事的主题单一性与多元复杂数据背景之间的问题突出，为达到或印证叙事目的，叙述者在串联新闻事实的过程中可能存在主观判断或在主题中填充倾向性数据作为支撑，观众或读者过度沉浸于叙事情节而忽略了新闻核心议题，进而使新闻内容流于形式、技术，导致其与新闻客观性属性错位。

数据新闻"更近似于社会调查报告，它可能有一些叙事成分，但其主旨并非讲述故事而在于推导出事实性结论，是一种新闻论证"[①]。视频作为一种可视化内容表达形式，在为受众创造阅读新方式的同时，应将客观性、真实性始终作为新闻的"第一性"。在数据来源上，尽可能从多个渠道获取官方、权威信息，同时，平衡数据侧重点、谨防话语偏激倾向性，提高新闻的准确性，为新闻立论、推论创造条件。在视频类数据新闻起步阶段，应将已有的媒介运营经验内容转换、高效利用，使"视频叙事"成为数据新闻可视化客观呈现的有效载体。在两者关系问题上，深耕数据发掘，从海量的数据中剖析，进而形塑特定内容主题，由数据决定叙事主题，而非主观的将主题嵌套数据。

（二）提高数据新闻视频利用率，增强互动性

视频相较于图文形式在数据新闻呈现中的优势明显。首先，沉浸感突出，视听媒体从听觉与视觉两个层面增强了受众的在场感，尤其在回溯类、总结类新闻塑造过程中搭建了叙事的空间场域，依托地理地图与时间轴让观众置身于宏观视角，以此对新闻来龙去脉以及复杂的新闻环境背景有立体化

---

① 曾庆香、陆佳怡、吴晓虹：《数据新闻：一种社会科学研究的新闻论证》，《新闻与传播研究》2017 年第 12 期。

的认识。其次，在新技术的采用上，现实增强技术与裸眼 3D 技术的发展，使可视化真实可触。

国内媒体在可视化形式利用上更多关注图文内容，本报告所讨论的"视频类数据新闻"是对图文内容进阶加工，现阶段内容视频转化的数量、质量仍旧较低，信息图动态视频仍是媒体尝试的主要方向，信息交互呈扁平化，缺少立体互动性。在视频可视化叙事上，数据新闻可以尝试应用增强现实技术来使新闻内容在视听基础上达到深化可触，实现高度交互。这种交互性类似于"游戏类互动新闻"，将数据新闻内容放置在特定媒介环境之中，用户选择其中的选项来生成后续发展过程，产生差异化的内容结果。上述内容在许多数据新闻 H5 中开始涉及，受技术要求的限制，这既需要媒体平台打造独立软、硬件端口，也需要数据新闻编辑拥有更加灵活的创作思维，以此提升视频媒介在数据新闻中的利用率。

同一个故事转向内容的"量体裁衣"，视频类数据新闻需沟通与用户间的元数据。现有的数据新闻通常依赖国家职能部门、论文、社会公开报告等提供的数据，较少涉及对用户原生结构化信息的搜集与挖掘，换言之，缺少对于信息内容的定制。在新闻跨媒介叙事过程中，用户生成内容是专业化内容生产的重要素材来源，视频类数据新闻应充分考虑将"视频可视化"与"用户关注点、接近性"之间建立有机联系，在视听声画传播场域中，着力提高用户的参与感，满足用户对信息定制的个性化要求，在建构新闻内容与受众关系的同时充实信源，使受众明确自身在海量信息活动中的定位。

B.8
国内数据新闻议题分布与变化趋势研究（2019~2020）

芦何秋　陈诺*

摘　要： 本报告以财新网"数字说"、人民网"图解新闻"、澎湃新闻"美数课"和《新京报》数据新闻等国内4个数据新闻平台中的数据新闻报道为研究对象，对2019~2020年这些平台发布的数据新闻作品进行统计和分析，探索国内数据新闻的议题分布规律，总结在此期间发布的与新冠肺炎疫情有关的数据新闻报道的特征。同时，对未来数据新闻的发展策略进行研讨。

关键词： 数据新闻　新闻议题　议题分布

2010年以来，计算机的普及和信息技术的发展使我国数据新闻的实践有了很大的进步。考虑到我国数据新闻实践的代表性和数据的可获得性，本报告选取了财新网"数字说"、人民网"图解新闻"、澎湃新闻"美数课"和《新京报》数据新闻等国内4个数据新闻平台的数据新闻报道作为研究对象，以此分析我国数据新闻的发展状况。

---

* 芦何秋，新闻学博士，湖北大学新闻传播学院智媒体研究院院长，副教授，主要研究方向为网络传播；陈诺，湖北大学新闻传播学院2019级研究生，主要研究方向为网络传播。

一 文献研究综述

通过梳理 2019~2020 年国内外文献发现，国内外关于数据新闻的研究主要包含以下内容。

（一）国外文献研究

关于国外文献的研究内容主要包含数据新闻制作过程的研究、数据新闻地方性实践研究以及数据新闻发展困境及趋势研究。

第一，关于数据新闻制作过程的研究。首先是数据来源的研究。学者们认为数据新闻中数据的来源主要有行政机关①、媒体单位②、机构网站自行调查的数据③、社交媒体搜集的数据和个人搜集的数据④等。不同数据源的使用显示不同媒体平台数据新闻的特点。其次，有关数据新闻数据分析的研究，有学者认为每个数据工具有自己的特点和优势。除了用于数据分析的工具，选择要分析数据的特定特征以及统计模型（如回归分析或相关分析）也可能对生成数据分析结果产生影响。⑤ 最后，有关数据新闻可视化的研究，有学者研究可视化的呈现方式，研究中认为信息图表是最适合传播全球新冠肺炎疫情的复杂信息。⑥ 第二，数据新闻地方性实践的研究。有学者研究了德国

---

① Guiomar Salvat Martinrey, "Content Analysis of the Spanish Press about the Use of the Resource of Infographics to Report Information Regarding the Global Health Crisis Originated by COVID - 19," *Revista de Comunicación y Salud* 2 (2020).

② Duygu, "Data Journalism in the COVID - 19 Period: A Descriptive Review of Coronavirus News," *The Turkish Online Journal of Design*, *Art and Communication* 1 (2021).

③ María, "The Institutional and Media Transparency of the Coronavirus. An Analysis of Data Portals and Digital Media in Ibero - America," *Revista Latina de Comunicación Social* 78 (2020).

④ Jue Hou, "All Forest, No Trees? Data Journalism and the Construction of Abstract Categories," *Journalism* 1 (2021).

⑤ Jingrong Tong, Landong Zuo, "The Inapplicability of Objectivity: Understanding the Work of Data Journalism," *Journalism Practice* 2 (2020).

⑥ Guiomar Salvat Martinrey, "Content Analysis of the Spanish Press about the Use of the Resource of Infographics to Report Information Regarding the Global Health Crisis Originated by COVID - 19," *Revista de Comunicación y Salud* 2 (2020).

数据新闻的整体格局,[①] 也有学者通过对韩国和美国电视网数据新闻进行对比,发现它们在新闻主题、来源模式、数据新闻要素和新闻形式等方面存在相同点和不同点。[②] 第三,数据新闻发展困境研究。学者们认为数据新闻发展存在以下困境,首先是数据新闻严重依赖随时可用的数据来源,缺少自行调查数据;[③] 其次是数据新闻工作者缺乏相应培训课程和精准新闻规范理念;[④] 最后是法规本身对信息公开豁免的规定含混不清导致数据可用性不够高。[⑤]

(二)国内文献研究

国内关于数据新闻的研究主要集中在 4 个方面:关于数据新闻具体实践的研究、关于数据新闻可视化呈现的研究、关于数据新闻叙事的研究和关于数据新闻人才培养的研究。

1. 关于数据新闻具体实践的研究

一类是研究国内数据新闻实践的特征、困境及发展趋势和策略。有学者通过对 2013~2018 年发布在新华网、凤凰网、人民网等 5 家平台上共 373 篇"两会"数据新闻作品进行分析,发现关于"两会"的数据新闻报道显现可视化呈现形式单一、数据的挖掘较浅和发布平台固化等问题。[⑥] 学者张帆等对我国省级电视台数据新闻进行探索,发现省级电视台在数据新闻生产实践中面临着选题趋同、解读浅显和形式单一等发展瓶颈,并据此提出寻求外部合作、

① Wiebke Loosen, "Data-driven Reporting: An On-going (r) Evolution? An Analysis of Projects Nominated for the Data Journalism Awards 2013－2016," *Journalism* 9 (2020).

② Jeongsub Lim, "Representation of Data Journalism Practices in the South Korean and US Television News," *the International Communication Gazette* 1 (2019).

③ Wiebke Loosen, "Data-driven Reporting: An On-going (r) Evolution? An Analysis of Projects Nominated for the Data Journalism Awards 2013－2016," *Journalism* 9 (2020).

④ Sadia Jamil, "Increasing Accountability Using Data Journalism: Challenges for the Pakistani Journalists," *Journalism Practice*, 15 (2021).

⑤ Shuling Zhang, Jieyun Feng, "A Step Forward?: Exploring the Diffusion of Data Journalism as Journalistic Innovations in China," *Journalism Studies* 9 (2020).

⑥ 江宇、解晴晴:《国内"两会"数据新闻报道研究——基于 2013－2018 年 5 家媒体"两会"数据新闻报道的分析》,《传媒》2019 年第 1 期。

充分发挥视听叙事优势的发展对策。[①] 有学者以新华网数据新闻栏目为研究对象，分析新华网数据新闻栏目在数据获取、数据处理和数据可视化呈现3个方面的特征。[②] 有学者结合国内数据新闻实践过程中的4个主要生产环节，即从新闻主题选择分布、数据获取方式、数据描述有效性评价和交互与可视化呈现上，探究国内数据新闻的现存问题与成因。[③] 吴小坤等学者在国内2011～2018年共47家数据新闻栏目发布情况的统计基础上，选取了最具代表性的7家媒体数据新闻栏目进行调研，发现媒体数据新闻的业务领域正在从用数据讲故事的新闻样式，拓展到数据咨询服务、数据可视化服务、数据有偿提供、线下数据活动以及多种样式的数据服务范畴，并对数据新闻现实困境、突破路径与发展态势进行了分析。[④]

另一类是研究国际数据新闻实践，包含国外数据新闻实践和全球数据新闻奖作品的特征探析及发展路径研究。有学者从数据科学视角分析了2013～2018年获奖作品的数据采集、数据体量、数据类型、数据分析方法和数据处理专业性，发现数据新闻在数据科学专业性上还有很大提升空间，数据新闻的发展具有从去专业化到再专业化的特点。在大数据和人工智能技术的驱动下，自建数据库提供个性化服务，利用非结构化数据表现更广阔的社会现实，借力机器学习提升大数据处理与洞察能力是未来数据新闻的新趋势。[⑤] 有学者对2018年13件"数据新闻奖"获奖作品进行分析，并认为人工智能技术增强了数据新闻报道效果，数据集定制实现了数据新闻快速报道，利用移动社交媒体则实现了数据的双向互动，展现数据新闻国际前

①　张帆、徐梦一：《省级电视台数据新闻生产实践问题与对策》，《中国广播电视学刊》2019年第8期。
②　赵贺、付玉：《新华网数据新闻栏目报道的特征分析》，《出版广角》2019年第17期。
③　郭嘉良：《数据新闻产业化发展的现实困境与未来危机——基于国内三家数据新闻媒体栏目的分析》，《现代传播》2020年第7期。
④　吴小坤、全凌辉：《数据新闻现实困境、突破路径与发展态势——基于国内7家数据新闻栏目负责人的访谈》，《中国出版》2019年第20期。
⑤　张超、闪雪萌、刘娟：《从去专业化到再专业化：数据新闻对数据科学的应用与趋势》，《中国出版》2019年第9期。

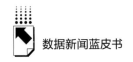

沿动态。① 也有学者对 2018 年"数据新闻奖"的数据新闻作品所使用的新技术进行总结，其中包含数字地图、无人机新闻、机器学习、增强现实技术、新闻游戏等，这可能代表未来数据新闻发展的新趋势。②

2. 关于数据新闻可视化呈现的研究

数据新闻可视化呈现的研究主要包含数据新闻可视化实践特征研究、数据新闻可视化效果研究 2 个方面。有学者通过对 2020 年 1 月 20 日至 4 月 4 日的 20 篇数据可视化作品进行内容分析，发现国内外可视化报道在可视化页面布局、可视化呈现形式和对数据的应用方面存在较大差异。研究认为数据可视化报道在此次新冠肺炎疫情的报道中，不再是冷冰冰和理性的数据分析，而是在传递数据信息的同时传递人文关怀。③ 有学者通过梳理体育数据新闻可视化的发展历程，归纳其具有立体化、娱乐化、互动化、叙事化等特点，并从技术和传播 2 个角度深入探究融媒体时代体育数据新闻的可视化方式。④ 还有学者对数据新闻可视化传播策略进行探讨，主要包含 3 个方式：轻阅读、动态化以及多维度。⑤ 有学者为探究数据可视化形式的效果，以数据新闻为阅读情境、信息图表为实验材料，使用眼动与行为实验和质性访谈方法，研究读者对信息图表的阅读效果，探究读者的认知和视觉反应。⑥ 有学者探究数据可视化呈现对受众理解的影响，这种影响有正面也有负面。⑦ 也有学者通过对国内外疫情可视化报道分析，发现可视化报道通过对数据和信息进行可视化处理，使受众对病毒的特点、传播路径等能够有更直观高效

① 刘莹莹、卢长春：《数据新闻发展趋势探讨——基于对 2018 年数据新闻奖获奖作品的分析》，《电视研究》2019 年第 9 期。

② 许鹏：《新技术在数据新闻领域的运用——以 2018 年"数据新闻奖"为例》，《青年记者》2019 年第 8 期。

③ 王怡溪、许向东：《数据新闻的人文关怀与数据透明——对新冠肺炎疫情报道中数据可视化报道的实践与思考》2020 年第 12 期。

④ 丛红艳、李红萌、宋欣怡：《融媒体时代下体育数据新闻可视化研究》，《西安体育学院学报》2020 年第 37 期。

⑤ 刘苗苗：《数据新闻可视化的传播策略》，《青年记者》2019 年第 5 期。

⑥ 方浩、尚媛媛、张锐：《数据新闻中信息图表的阅读效果：来自眼动的证据》，《图书情报工作》2019 年第 63 期。

⑦ 陈淑娟、冯婷婷、杨茜：《数据可视化呈现对受众理解的影响》，《青年记者》2020 年第 8 期。

的了解，有利于疫情相关信息的传播。①

3. 关于数据新闻叙事的研究

国内关于数据新闻的叙事研究主要集中在叙事方式、叙事主体以及叙事模式这 3 个研究方向上。关于数据新闻叙事方式，学者丁青云重点分析了关于财经数据新闻可视化的叙事逻辑，包含数据新闻的数据来源与结论的逻辑关系。② 也有学者认为数据新闻可视化这种叙事方式突破了传统的新闻叙事模式，形成了线型、组合型和交互型叙事模式，这三种叙事模式不是独立、单一存在的，更多时候是交错融合在一起。新闻可视化作为一种叙事，它同样像文字叙事那样拥有反映自身特质的内在逻辑，以及具有相关性、对比性和演变性的叙事逻辑。③ 关于数据新闻叙事主体的研究，有学者通过对"数读"微信公众号的内容实证研究发现，数据新闻微信公众号新闻叙事的主体角色变迁体现为"民生困境的诊疗所""社会热点的追踪器""人本主义心理治疗师""青少年命运的观察家""感知统合的艺术家"。④ 而关于数据新闻叙事模式方面，学者陆朦朦通过对 2014~2018 年全球数据新闻奖获奖作品进行内容分析，最终得出全球范围内数据新闻具有主线索引导模式、间断性过渡模式和多线程触发模式 3 种数据新闻互动叙事模式，同时指出互动叙事模式为读者参与数据新闻的制作过程提供了可能性。⑤

4. 关于数据新闻人才培养的研究

有关数据新闻人才培养的研究涉及 3 个方面，首先是数据新闻人才所需技能的研究，有学者在分析数据新闻人才培养现状的基础上，运用胜任力理论和模型，通过问卷调查和实证研究法，对数据新闻人才应具备的素质特征

① 王怡溪、许向东：《数据新闻的人文关怀与数据透明—对新冠肺炎疫情报道中数据可视化报道的实践与思考》，2020 年第 12 期。

② 丁青云：《数据新闻的叙事方式衍变与局限——以 21 数据新闻实验室为例》，《青年记者》2020 年第 10 期。

③ 许向东：《转向、解构与重构：数据新闻可视化叙事研究》，《国际新闻界》2019 年第 11 期。

④ 翟红蕾、陈一凡：《数据新闻微信公众号叙事角色变迁与数据传播创新——基于"数读"微信公众号的内容分析比较研究》，《新闻与传播评论》2019 年第 72 期。

⑤ 陆朦朦：《数据新闻互动叙事策略研究——基于 2014~2018 年全球数据新闻奖获奖作品的分析》，《出版科学》2019 年第 27 期。

和特征量进行了分析研究，从而构建了数据新闻人才胜任力的量化等级模型。其认为数据新闻人才需要具备以下专业知识：计算机基础知识和新闻学知识；掌握数据挖掘、处理、分析以及整合的技术；拥有思辨性、主动性以及创造性的个人特质。[①] 其次是探究我国数据人才培养模式的弊端，有学者认为我国数据新闻学科建设不完善，与市场需求脱节；实践教学效果较差，教学方式受限；师资队伍发展滞后于新闻市场数据化创新。基于此，高校新闻传播教育体系应充分发挥人才培养集中地的优势，从人才培养理念、学科体系建设、教学模式、师资队伍、与企业合作、线上平台创建等维度进行人才培养的创新，以期向新闻行业输出适应性人才。[②] 最后是对我国数据新闻人才培养路径进行探索，有学者认为应从丰富人才培养主体机构，创新人才培养方式，加强融合、完善数据新闻教育内容体系 3 个方面入手培养数据新闻人才。[③]

二 研究设计

（一）样本选取范围

本研究的主要目的是呈现国内数据新闻议题分布及变化趋势，经观察现有人民网、《新京报》、澎湃新闻、财新网这 4 个平台中发布的数据新闻在平台的传播力和样本可获得性上更能代表国内数据新闻发展状况。因此，本研究将这 4 个平台的数据新闻作为此次研究对象。样本统计的时间范围为 2019～2020 年，时间跨度为 2 年，共统计数据新闻有 1158 篇。同时，增加 2016～2018 年的相关统计数据 2461 篇，共计 3619 篇作为数据新闻平台议题总的观察梯度。

2016～2020 年，数据新闻发布总量呈现逐年下降趋势，2016 年为数据新闻发布篇数最多的一年，为 994 篇。2020 年 4 个平台发布的数据新闻篇

[①] 郑旭军：《数据新闻人才胜任力量化等级模型构建》，《中国出版》2020 年第 4 期。
[②] 唐丹：《数据新闻人才培养模式探析》，《中国广播电视学刊》2019 年第 12 期。
[③] 赵红香：《我国数据新闻人才培养的路径探索》，《传媒》2019 年第 5 期。

数降至 554 篇（见表 1）。究其原因在于数据新闻报道在分析内容和视角上向专业调查性新闻迈进。数据新闻不仅呈现数据，同时也注重分析事件的原因及结果，这使数据新闻呈现制作周期延长、难度加大、数量减少以及内容质量整体上升的趋势特征。其中，新京报是发布数据新闻数量最多的平台，其数据新闻栏目在原来"图个明白"基础上新增了"有理数"，"有理数"中呈现的数据新闻在整体上更有深度。

表 1　2016～2020 年 4 个平台发布数据新闻的篇数统计

单位：篇

年份	财新网"数字说"	人民网"图解新闻"	澎湃新闻"美数课"	《新京报》数据新闻	合计
2016	326	172	226	270	994
2017	218	145	169	292	824
2018	146	138	142	217	643
2019	153	42	149	260	604
2020	92	89	173	200	544

（二）类目构建原则

1. 新闻议题分类

通过对样本内容的分析，本报告现将新闻议题分为以下 8 类。

社会民生类：数据新闻以服务公众利益为目的，社会民生类是数据新闻中最常见的议题，主要包含公民收入、公民社会保障、住房、就业、医疗发展、经济发展、婚恋状况以及社会人口变化等。例如澎湃新闻"美数课"中发布的《何处安放的退休生活：左边是家庭，右边是自我》，关注老年群众，通过静态图表的形式将老年人的多样心理诉求和现实生活困境之间的矛盾关系呈现出来。

经济生活类：经济生活类议题主要包含突发性的经济新闻、经济现象观察、投资理财知识以及消费行为分析等。如财新网"数字说"发布的《深市上市公司净利润跳水　商誉减值逾千亿飙升 400%》，以图表的方式呈现深市上市公司的利润收益。

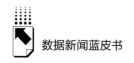

体育娱乐类：体育娱乐类议题主要包含两大类，一类是体育领域议题，涉及体育赛事、体育精神以及体育名人动态；另一类是娱乐领域，涉及娱乐圈名人动态、娱乐事件以及娱乐业发展状况。以澎湃新闻"美数课"发布的《数说｜"乘风破浪"一次，能让中年女明星们逆风翻盘吗？》为例，通过静态图表分析了娱乐圈女明星参加综艺、电视剧的表现和成绩等。

气候环境类：气候环境类议题主要包含气候变化、自然环境状况以及自然灾害科普等内容。如新京报在2019年发布的《气候变化影响：82%的西部冰川在退缩》，以动态图加静态图表的方式让受众看到西部冰川面积的变化。

政策法规类：政策法规类议题包含对官方新出规定、新出法案、新出政策以及大会纪要的解释和归纳，同时还包含法律案件的审理过程及回顾等。如2020年《新京报》发布的《打好疫情防控阻击战，一图看懂北京19项措施》，通过图表的形式详细整理了北京在疫情防控常态化时期为控制疫情出台的政策措施。

时事政治类：时事政治类议题包含对当前时间段国内国际发生的重大事件、重要政治会议、重要领导人讲话以及涉及国际关系和国家生活的事件概括总结。如人民网"图解新闻"发布的《以改革应变局开新局　2020年六次中央深改委会议习近平强调这些要点》，以图表的形式总结了习近平主席的讲话要点。

科技文教类：科技文教类议题主要包含科技发展事件、文化产业、文化遗迹以及教育现状等内容。如澎湃新闻"美数课"发布的《数说｜"停课不停学"，目前大规模线上教学反响如何？》，分析了在2020年疫情发生以来，线上教育的实施状况和影响效果等。

其他类：其他类主要是指在本研究统计文本中包含的一些数据投票、游戏互动、历史典故、特定知识科普以及对重大公共卫生事件国内外感染数量的预测总结等。如澎湃新闻"美数课"发布的《新冠肺炎病例实时数据：全球确诊病例超1000万》，通过交互式程序实时动态展示了全球新冠肺炎确诊病例变化状况，兼具交互性和实时性。

2. 数据新闻议题的可视化形式分类

通过对样本数据的总结分析，国内数据新闻议题的可视化形式主要表现为以下4种类型。

第一，静态图表。静态图表主要是立足于数据，呈现形式为文字加图表的静态设计。

第二，动态图表。动态图表是在可视化呈现形式中增加动态图，是文本、数据、图表的交叉性可视化形式。

第三，互动。互动可视化呈现形式主要表现为数据新闻中含有可点击的流动图表，或是带有新闻解读和判断的测验，用户不仅可以读取信息，还可以通过提交信息产生新的信息。H5也是一类互动可视化呈现形式。

第四，视频。视频是指将一系列静态影像用动画的方式呈现，以动画视频为主。

3. 互动效果分类

在本研究的统计样本中，互动效果以点赞量和评论量来呈现。人民网"图解新闻"未设置点赞评论区，财新网"数字说"未设置点赞区，新京报数据新闻在2019年只包含点赞区，但在2019年后增加了评论区。

三　研究发现

（一）各平台数据新闻议题分布变化趋势及特点

经统计研究发现，4个平台的数据新闻在议题的分布上都具有不同的特征和规律，以下将分别讨论这4个平台发布的数据新闻议题呈现的特点。

财新网"数字说"在2016~2020年，整体议题分布数量呈现下降趋势。其中数量占比遥遥领先的是经济生活类议题，数量最高的年份是2016年，关于经济生活类议题高达101篇，数量最低的年份是2020年，有关经济生活的议题仅为30篇，但经济生活类议题仍然是2020年财新网"数字说"涉及最多的议题类别（见表2）。究其原因在于财新网"数字说"是依托财新网设立的数据新闻栏目，报道通常以经济类选题为主，在文字间插入静态数据图表，解读最新的股市行情、房价指数、纳税政策等。

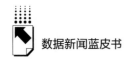

表 2　2016～2020 年财新网"数字说"数据新闻议题分布

单位：篇

议题类型	2016 年	2017 年	2018 年	2019 年	2020 年
社会民生	87	33	22	24	20
经济生活	101	94	64	62	30
体育娱乐	17	9	9	4	3
气候环境	15	8	3	13	2
政策法规	33	6	15	18	11
时事政治	55	35	14	17	13
科技文教	13	30	15	5	2
其他	5	3	4	10	11
总计	326	218	143	153	92

人民网"图解新闻"议题主要集中在时事政治类、政策法规类、社会民生类。其中，时事政治类议题数量遥遥领先于其他议题（见表 3）。这类议题主要包含国家重要政治会议、国家重要领导人谈话等。这体现了人民网作为主流媒体的特点，以报道国家重大事件、宣传主流思想为主。

表 3　2016～2020 年人民网"图解新闻"数据新闻议题分布

单位：篇

议题类型	2016 年	2017 年	2018 年	2019 年	2020 年
社会民生	44	16	27	6	12
经济生活	2	6	4	2	5
体育娱乐	4	1	2	0	0
气候环境	2	2	3	0	3
政策法规	41	17	22	4	12
时事政治	76	79	67	24	50
科技文教	2	24	13	1	1
其他	1	0	0	5	6
总计	172	145	138	42	89

澎湃新闻"美数课"在 2016～2020 年整体发布数据新闻频次呈下降趋势，但在 2018 年、2019 年各类型议题发布的数量差距不大，波动小，总体

持平。澎湃新闻"美数课"各议题分布均匀，但是关于社会民生类议题发布频次相较其他议题发布频次要高（见表4）。

表4　2016～2020年澎湃新闻"美数课"数据新闻议题分布

单位：篇

议题类型	2016 年	2017 年	2018 年	2019 年	2020 年
社会民生	65	35	27	28	45
经济生活	19	31	21	29	17
体育娱乐	38	13	25	17	13
气候环境	19	18	7	9	10
政策法规	5	7	16	16	23
时事政治	38	19	10	12	20
科技文教	36	39	24	16	26
其他	6	7	12	22	19
总计	226	169	142	149	173

《新京报》数据新闻在2016～2020年发布数据新闻的频次呈波动下降趋势。议题发布频次最多的类型是社会民生类、经济生活类和科技文教类。剩下的关于体育娱乐类、气候环境类、政策法规类与时事政治类议题分布较为均匀。值得注意的是，其他类数据新闻议题在2020年显著增加，这主要与2020年突发的疫情公众卫生事件有关（见表5）。

表5　2016～2020年《新京报》数据新闻议题分布

单位：篇

议题类型	2016 年	2017 年	2018 年	2019 年	2020 年
社会民生	92	106	105	86	74
经济生活	36	64	51	42	24
体育娱乐	27	7	13	22	7
气候环境	18	12	8	20	10
政策法规	34	15	12	27	8
时事政治	31	33	7	14	11
科技文教	31	55	20	35	12
其他	1	0	1	14	54
总计	270	292	217	260	200

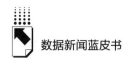

（二）2019~2020年数据新闻议题的分类特点与平台情况

1.社会民生类议题

社会民生类议题是数据新闻最常见议题类型之一，2019年4个平台中关于社会民生类议题占数据新闻总篇数的23.8%，2020年进一步上涨至27.9%，这说明社会民生类议题是各个数据新闻平台的重点议题。在4个平台中，《新京报》数据新闻发布的社会民生类议题占比最高，2019年达到59.7%（见表6）。《新京报》社会民生类议题占比高的原因在于其立足于传统媒体，向来关注社会民生的选题，数据新闻偏向社会民生类议题也是一脉相承。这类议题通常紧跟当时的热点话题或事件，如在2019年五一假期来临之际发布《五一玩不玩不知道，但是一定会吃吃吃丨24城吃货力比较》，通过图表的方式清晰地呈现了全国各大城市餐饮消费排行；2019年考研结束后发布《考研人数又年增50万，三年读研或者工作哪个更值钱?》，汇总历年考研人数，分析考研动机及就业情况。2020年，新京报数据新闻社会民生类议题更关注民众健康及趣味性话题，出现多篇关于民众饮食、疾病以及心理状态的数据新闻，如《在中国，有几千万个孩子需要减肥》、《学生体检要查这个了，这个病你了解多少?》、《14亿中国人，估计一半是近视眼》及趣味性话题《蚊子你到底喜欢我什么啊? 我改还不行吗?》等。

表6　2019~2020年社会民生类议题分布

单位：篇，%

	2019年			2020年		
	篇数	总量占比	纵向占比	篇数	总量占比	纵向占比
财新网"数字说"	24	15.7	16.7	20	21.7	13.2
人民网"图解新闻"	6	14.3	4.2	12	13.5	7.9
澎湃新闻"美数课"	28	18.8	19.4	45	26.0	29.6
《新京报》数据新闻	86	33.1	59.7	75	37.0	49.3
平均值	36	—	—	38	—	—
合计	144	23.8	100.0	152	27.9	100.0

注：总量百分比为此类议题占此年4个平台发布总篇数的比例；纵向百分比为该平台此议题篇数占4个平台此议题总篇数的比例。表7至表13相同，此后不赘。

2. 经济生活类议题

2019年，4个平台经济生活类议题占全年数据新闻发表总篇数的22.3%，而到2020年，议题占比下降至13.7%。在4个平台中，财新网"数字说"是经济生活类议题分布最多的平台，其次是《新京报》数据新闻。在经济生活类议题占比上，财新网"数字说"依然高于新京报数据新闻（见表7），这与财新网的媒体定位有关。财经网经济生活类选题基本上可以分为国际和国内经济生活话题，国内一般涉及股票证券交易、经济现象、地方经济发展、市场变化以及国民收入等。其中，具有代表性的新闻为《深市七家公司暂停上市 还记得那些"退市第一股"吗》《互动京沪下调二手房增值税率 2019年会是楼市拐点吗?》《数字 | 说疫情冲击有多大? 压力在哪里? 广州民企这么说》等。经济生活类议题新闻与财经业密切相关，且这类新闻多数与大量数据挂钩，这使得财新网"数字说"中包含大量的经济生活类议题。同时，此类新闻也与日常的生活息息相关，2019～2020年房价、互联网发展、薪酬等都是大众关注的重点，也使得经济生活类议题在数据新闻中占比较大。

表7 2019～2020年经济生活类议题分布

单位：篇，%

	2019年			2020年		
	篇数	总量占比	纵向占比	篇数	总量占比	纵向占比
财新网"数字说"	62	40.5	45.9	30	32.6	39.5
人民网"图解新闻"	2	4.8	1.5	5	5.7	6.6
澎湃新闻"美数课"	29	19.5	21.5	17	9.8	22.4
《新京报》数据新闻	42	16.1	31.1	24	12.0	31.5
平均值	36	—	—	19	—	—
合计	135	22.3	100.0	76	13.7	100.0

3. 时事政治类议题

从整体来看，2020年时事政治类议题总篇数为94篇，总量大于2019年的67篇。4个数据新闻平台中发布时事政治类议题最多的是人民网"图解新闻"。其平台发布时事政治类议题的数量占发布总量的一半以上，2019年达到57.1%（见表8）。时事政治类议题一般分为国内时政和国际时政，国内时政议题集中在人民网"图解新闻"，2020年人民网"图解新闻"国内时政议题占全平台时政议题数量的80.0%，与各平台相比出现严重的失衡。而国际时政议题在各平台分布较为均匀，总量占比低（见表9）。这说明人民网"图解新闻"更专注于国内时政议题，而其他平台国际议题占比较大。

表8 2019～2020年时事政治类议题分布

单位：篇，%

	2019年			2020年		
	篇数	总量占比	纵向占比	篇数	总量占比	纵向占比
财新网"数字说"	17	11.1	25.4	13	14.0	13.8
人民网"图解新闻"	24	57.1	35.8	50	56.1	43.2
澎湃新闻"美数课"	12	8.1	17.9	20	11.6	21.3
新京报数据新闻	14	5.4	20.9	11	5.5	11.7
平均值	17	——	——	24	——	——
合计	67	11.1	100.0	94	17.0	100.0

表9 2019～2020年国内时政和国际时政议题分布

单位：篇，%

	2019年（国内时政）			2020年（国内时政）		
	篇数	总量占比	纵向占比	篇数	总量占比	纵向占比
财新网"数字说"	6	3.9	16.2	2	2.2	3.4
人民网"图解新闻"	18	42.85	48.6	48	53.9	80.0
澎湃新闻"美数课"	5	3.4	13.6	9	5.2	15.0
新京报数据新闻	8	3.1	21.6	1	0.5	1.6
平均值	9	——	——	15	——	——
合计	37	6.1	100.0	60	11.9	100.0
	2019年（国际时政）			2020年（国际时政）		
	篇数	总量占比	纵向占比	篇数	总量占比	纵向占比
财新网"数字说"	11	7.2	37.9	11	11.9	32.4
人民网"图解新闻"	6	14.2	20.7	2	2.2	5.8
澎湃新闻"美数课"	7	4.6	24.1	11	6.4	32.4
新京报数据新闻	5	1.9	17.3	10	5.0	29.4
平均值	7	——	——	9	——	——
合计	29	4.8	100.0	34	6.1	100.0

人民网"图解新闻"时事政治类议题多以国家领导人出访讲话、两会专题报道、国内国际时政热点等内容为主。同时，它常通过静态图表的可视化方式对同一事件进行连续性报道。例如人民网2020年发布的《微镜头："留在那儿，子孙后代可以用"——总书记与内蒙古代表的生动对话》《微镜头："我在电视上看见你了"——总书记与湖北代表的亲切交谈》《微镜头："我那时饿着肚子问周围的老百姓"——总书记与政协委员的生动对话》3篇微镜头系列报道，记录了习近平总书记与不同地区代表见面时的谈话行程等。而其他平台关于时事政治类议题主要是国外突发事件、国际关系变化以及国家领导人变更状况等。如澎湃新闻"美数课"2019年发布的《特朗普的败选人生该如何安排，这里有一份榜样名单》《一图看懂｜委内瑞拉与美国断交，国家断绝外交意味着什么?》，记录了美国大选情况和委内瑞拉与美国断交事件。

4. 科技文教类议题

科技文教类议题也是数据新闻中常见的议题之一，但是相比较前面内容中涉及的议题，科技文教类议题所占的比重不大，2019～2020年4大数据新闻平台所涉及科技文教类议题数据新闻仅占发布篇数的8.5%。相比之下，人民网"图解新闻"是发布此议题最少的平台，发布最多的平台是澎湃新闻新闻"美数课"（见表10）。科技文教类议题主要包含重大科技成果、教育教学等内容，在澎湃新闻"美数课"中，科技文教类议题常以持续性系列的方式发布，如《嫦娥揽月①｜@玉兔，嫦娥五号月球探测器来挖土啦!》，"嫦娥揽月"系列总共发布6篇，时间跨度1个月，用视频可视化表现形式从各方面对嫦娥五号对接、着陆等问题进行解释分析。

表10　2019～2020年科技文教类议题分布

单位：篇，%

	2019年			2020年		
	篇数	总量占比	纵向占比	篇数	总量占比	纵向占比
财新网"数字说"	5	3.3	8.8	2	2.2	4.9
人民网"图解新闻"	1	2.4	1.8	1	1.1	2.4
澎湃新闻"美数课"	16	10.7	28.0	26	15.0	63.4

续表

	2019 年			2020 年		
	篇数	总量占比	纵向占比	篇数	总量占比	纵向占比
《新京报》数据新闻	35	13.5	61.4	12	6.0	29.3
平均值	14	—		10	—	
合计	57	9.4	100.0	41	7.4	100.0

5. 政策法规类议题

2019～2020 年，4 个平台政策法规类议题篇数仅占数据新闻总篇数的 10.2%，但是 4 个数据新闻平台均有发布此类议题的新闻。此类议题在各个数据平台占比都处于较低水平，总量百分比都在 10% 左右，2019 年纵向百分比最高的是新京报数据新闻，达 41.5%（见表 11）。政策法规类议题主要涉及国家、地方政府出台的政策措施、法律案件、法律科普等内容。如 2019 年《新京报》"有理数"栏目发布的《距离人才之战开始还有 3 秒！请勇士选择降落地点》，通过信息图表的方式呈现各地方政府为人才引进而发布的一些政策措施，还有"图个明白"栏目于 2020 年发布的《一图读懂〈北京市街道办事处条例〉》等关于政策法规类的新闻。

表 11　2019～2020 年政策法规类议题分布

单位：篇数，%

	2019 年			2020 年		
	篇数	总量占比	纵向占比	篇数	总量占比	纵向占比
财新网"数字说"	18	11.8	27.7	11	12.0	20.4
人民网"图解新闻"	4	9.5	6.2	12	13.5	22.2
澎湃新闻"美数课"	16	10.7	24.6	23	13.3	42.6
《新京报》数据新闻	27	10.3	41.5	8	4.0	14.8
平均值	16	—	—	14	—	—
合计	65	10.8	100.0	54	9.7	100.0

6. 气候环境类议题

气候环境类议题在各数据新闻平台分布较为均匀，占比较低，不属于数据新闻议题中常见的议题类型。在 2019 年人民网"图解新闻"中出现了

0%的占比分布，而此类型议题分布最多的是新京报数据新闻平台（见表12）。气候环境类议题的数据新闻常以动态图或静态图表的方式呈现对现如今环境现象原因解析或者是对天气的预警，如《新京报》数据新闻"有理数"栏目发布的《气候变化影响：82%的西部冰川在退缩》，通过动态图呈现冰川变化的过程，并以静态图表的表现方式对冰川变化原因进行总结。

表12 2019～2020 气候环境类议题分布

单位：篇数，%

	2019 年			2020 年		
	篇数	总量占比	纵向占比	篇数	总量占比	纵向占比
财新网"数字说"	13	8.5	31.0	2	2.2	8.0
人民网"图解新闻"	0	0	0	3	3.4	12.0
澎湃新闻"美数课"	9	6.0	21.4	10	5.8	40.0
《新京报》数据新闻	20	7.7	47.6	10	5.0	40.0
平均值	11	—	—	6	—	—
合计	42	6.9	100.0	25	4.5	100.0

7. 体育娱乐类议题

《新京报》数据新闻和澎湃新闻"美数课"分别位于2019年和2020年此类型议题的榜首。2020年体育娱乐类议题所占比例要低于2019年（见表13）。体育娱乐类议题主要呈现体育赛事和总结热门娱乐圈影视产品，如以电视剧、电影、综艺等内容为主，代表性案例有2019年《新京报》数据新闻发布的《网络剧也可以参选白玉兰奖了，网友们吵翻了》，总结了白玉兰奖历年获奖作品，还有《综艺 & 美食：黄磊做了130多道，毛不易陈赫各有心头好》《刘玉玲是好莱坞发展最成功的华人女星吗?》这类综艺节目的新闻报道，总结明星经历逸事等。

表13 2019～2020 年体育娱乐类议题分布

单位：篇数，%

	2019 年			2020 年		
	篇数	总量占比	纵向占比	篇数	总量占比	纵向占比
财新网"数字说"	4	2.6	9.3	3	3.3	13.6
人民网"图解新闻"	0	0	0	0	0	0

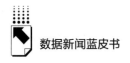

续表

	2019 年			2020 年		
	篇数	总量占比	纵向占比	篇数	总量占比	纵向占比
澎湃新闻"美数课"	17	11.4	39.5	13	7.5	59.1
《新京报》数据新闻	22	8.5	51.2	6	3.5	27.3
平均值	11	—	—	6	—	—
合计	43	7.1	100.0	22	4.0	100.0

8. 其他类议题

其他类议题主要指在文本研究中涉及的关于游戏互动、历史典故、特定知识科普以及对重大公共卫生事件国内外感染数量预测总结的内容。这类议题数量在 2020 年数据新闻总量中占比达到 16.2%（见表 14），主要原因在于随着数据新闻质量的提升，数据新闻议题逐渐趋向多元化、趣味性方向发展。如澎湃新闻"美数课"发布的《数说 ISO︱板蓝根为什么要有国际标准?》《新型肺炎科学隔离指南》等内容。同时，由于 2020 年新冠肺炎疫情在世界范围内造成巨大影响，因此关于疫情当中感染人数实时统计的议题在数据新闻中经常出现，如澎湃新闻"美数课"发布的《速收藏! 新冠肺炎患者同行程查询工具》，能够实时查询新冠肺炎感染人数。

表 14　2019～2020 年其他类议题分布

单位：篇，%

	2019 年			2020 年		
	篇数	总量占比	纵向占比	篇数	总量占比	纵向占比
财新网"数字说"	10	6.5	19.6	11	12.0	12.2
人民网"图解新闻"	5	11.9	9.8	6	6.7	6.7
澎湃新闻"美数课"	22	14.8	43.1	19	11.0	21.1
《新京报》数据新闻	14	5.4	27.5	54	27.0	60.0
平均值	13	—	—	23	—	—
合计	51	8.4	100.0	90	16.2	100.0

（三）数据新闻议题的表现形式

在此样本研究中，数据新闻的可视化表现形式大致可以分为 4 类，分别为静态图表、动态图表、互动、视频。

2019～2020 年，国内 4 大数据新闻平台在可视化表现形式上基本以静态图表为主，极小部分议题内容涉及动态图表、互动、视频等表现形式。

在 4 大数据新闻平台中，以澎湃新闻"美数课"涉及数据新闻表现形式最全，4 种数据表现形式覆盖该平台的每个议题内容，同时，静态图表也是其平台上占比最高的议题表现形式。以《女排豪取 10 连胜世界杯卫冕成功，数说 70 年女排辉煌战绩》为例，以静态数据图表的形式展示了中国女排从 1955～2019 年的成长发展史，呈现新中国成立以来中国女排在各个比赛中取得的成绩，这种静态图表的表现形式更能让受众理解女排成长之路的艰辛，获得了受众的认可。此外，图文交互的表现形式在澎湃新闻"美数课"中占比也较为突出。以《动图丨70 年数据看上海经济社会发展成就》为例，其以多个动态图表呈现了 70 年间上海在经济实力、经济结构、人民生活、环境保护 4 个方面的发展变化趋势。

《新京报》数据新闻是静态图表这一表现形式覆盖议题数量最多的平台。原因之一在于《新京报》数据新闻本身发布议题内容数量多，随之静态图表这种最常见的数据新闻表现形式覆盖议题数量就多。另一原因在于《新京报》2018 年开辟"有理数"数据新闻栏目，自此《新京报》有了"有理数"和"图个明白"2 个常设数据新闻专栏。"图个明白"栏目中最常用的表现形式是静态信息长图，以此对一些热点话题和事件进行全景式解读和总结。以《大学学什么专业好？填志愿前看看这份不同专业就业比较》为例，通过静态长图的形式对毕业后各个专业就业收入、读研专业选择等一系列专业选择问题进行了总结和呈现。"有理数"栏目则是以热点话题为切入点，对数据进行深度分析，通过多方面的对比、展示、分析以及探索事件背后的深层次原因。以《不可降解塑料购物袋被禁了，然而环保袋很多人也没用对》为代表，以降塑政策为缘由，逐步以静态图表的形式分析塑料袋生产、用量，并进一步科普塑料袋的正确使用方式和废塑料的处理方法，将此事件背后的意义完全挖掘出来。

财新网"数字说"和人民网"图解新闻"中数据新闻的表现形式也是

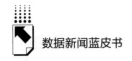

以静态图表为主。由于财新网议题大多属于经济类，此类议题所包含的数据较多，因此也会用动态的图表来显示数据的增长和降低。例如《ofo：盛极而衰转瞬间》，以动态图的形式展现了以 ofo 为代表的共享单车经济的崛起与红利过后该行业的迅速衰退。2019 年，人民网"图解新闻"所有的数据新闻都是以静态信息图的方式发布，且发布时间紧跟时事。这种静态信息图有别于一般静态信息图，较少涉及具体数据汇总，大多数内容为国家领导人讲话或重大政治会议的总结和要点概括，涉及同一政治事件，静态图表采用同一色系呈现。政治时事如两会、阅兵以红色为主色调，惠农下乡事件以绿色为主色调，特点十分鲜明（见表 15、表 16）。

表 15　2019～2020 年数据新闻表现形式占比

单位：%

		静态图表	图文互动	互动	视频
2019 年	财新网"数字说"	94.8	3.2	0.0	2.0
	人民网"图解新闻"	100.0	0.0	0.0	0.0
	澎湃新闻"美数课"	83.2	6.7	8.1	2.0
	《新京报》数据新闻	98.1	1.2	0.0	0.3
2020 年	财新网"数字说"	94.6	2.2	3.2	0.0
	人民网"图解新闻"	98.9	1.1	0.0	0.0
	澎湃新闻"美数课"	64.1	6.9	6.9	22.1
	《新京报》数据新闻	97.5	2.5	0.0	0.0

表 16　2019～2020 年整体表现形式比例

单位：%

	静态图表		图文互动		互动		视频	
	横向	纵向	横向	纵向	横向	纵向	横向	纵向
财新网"数字说"	94.7	22.1	2.9	18.4	1.2	10.7	1.2	6.8
人民网"图解新闻"	99.2	12.4	0.8	2.6	0.0	0.0	0.0	0.0
澎湃新闻"美数课"	73.0	22.3	6.8	57.9	7.5	85.7	12.7	93.2
《新京报》数据新闻	98.1	43.2	1.7	21.1	0.2	3.6	0.0	0.0

（四）数据新闻议题的互动效果

本研究对所有数据新闻样本所获得的评论量及点赞量进行统计分析。

2019～2020年，除人民网"图解新闻"保持一贯风格无点赞评论项，其他3个数据新闻平台均设置互动区域。就整体数据来看，澎湃新闻"美数课"平台的数据新闻互动效果最好，两年间其点赞量和评论量都高于财新网"数字说"和《新京报》数据新闻。受众通过点赞这一形式表达自己在阅读此信息时的态度，通过评论抒发自己的观点和见解，这种互动区域的设置能提高受众参与感，增强数据新闻的互动效果和传播效果（见表17）。

表17　2019～2020年四大平台数据新闻的平均评论量和点赞量

单位：次

		社会民生	经济生活	体育娱乐	气候环境	政策法规	时事政治	科技文教	其他	平均值
2019年	财新网"数字说"（评论）	10	9	52	5	11	5	7	1	13
	人民网"图解新闻"	0	0	0	0	0	0	0	0	0
	澎湃新闻"美数课"（评论/点赞）	168/286	111/256	110/400	668/472	71/318	109/308	99/337	33/352	171/341
	《新京报》数据新闻（评论/点赞）	27/145	13/123	24/285	14/86	32/185	30/161	14/153	19/68	22/150
2020年	财新网"数字说"（评论）	23	12	8	8	7	10	9	36	14
	人民网"图解新闻"	0	0	0	0	0	0	0	0	0
	澎湃新闻"美数课"（评论/点赞）	98/463	57/177	129/191	19/191	173/401	144/386	50/252	110/170	98/279
	《新京报》数据新闻（评论/点赞）	57/456	95/411	27/282	32/252	9/250	19/197	38/337	44/298	40/310

在近两年的数据新闻作品中，数据新闻的评论量与点赞量在通常情况下成正比，也就是说点赞量越高的作品，其评论互动量也就越大。点赞量互动量高的数据新闻作品一方面是因为该数据新闻采用适宜的可视化形式呈现议题，形成视觉震撼，满足了受众的心理期待。如2020年澎湃新闻"美数课"发布的《763例确诊患者的故事，还原新冠病毒向全国扩散的路径》，

通过动态地图和静态图表相结合的形式展示了疫情发生以来，确诊患者的流动路线和分布情况，此条数据新闻是 2020 年澎湃新闻"美数课"数据新闻中点赞量最大的一条数据新闻，点赞量最高达 3604 次。另一方面，数据新闻点赞量高在于所选择议题内容具有较强的公共性，属于热点话题。以《一图看懂 | 湖北等 31 省份启动的一级响应是什么？》为例，该条数据新闻内容简短，以"重大突发公共卫生事件一级响应"政策内容的科普为主。由于此条数据新闻发布于 2020 年 1 月 24 日，全国人民此时聚焦疫情，因此关于此议题的内容属于热点话题，极具讨论性。这条数据新闻也是 2020 年澎湃新闻"美数课"上互动量（点赞量 1135 次，评论量 2100 次）最高的一条数据新闻。

部分数据新闻作品互动量低的原因在于数据新闻的表现形式。以 H5 有声互动图、交互式形式呈现的数据新闻作品为例，如《嫦娥四号 | 月球上的人类痕迹》《H5 | 上海老建筑开放地图》等数据新闻作品，引导用户参与数据新闻的制作过程，虽然点赞量、评论量较低，但具有良好的实时互动效果。另外，平台本身流量的限制也是造成数据新闻低互动量的重要原因。以财新网为例，财新网"数字说"所有的新闻内容需要付费查看，这种模式导致财新网"数字说"栏目虽然内容质量高，但是其受众数量限制于固定的付费人群，流量小，其互动量自然就低。

四 疫情防控常态化时期国内数据新闻呈现的特点及未来发展趋势

（一）疫情防控常态化时期国内数据新闻呈现特点

2020 年发生的新冠肺炎疫情跨度时间长，影响范围广、危害程度大。疫情发生以来大量关于疫情的新闻产生，国内有关数据新闻平台也制作了许多关于疫情的数据新闻，通过分析财新网、人民网、澎湃新闻、《新京报》4 个平台中关于疫情的数据新闻作品发现，其在数据来源、报道议题以及可视化呈现上有以下特点。

第一，数据来源数量多、倾向采纳权威信源。这些数据新闻的数据来源广泛，同一篇数据新闻作品中有来自媒体报道的、有来自政府公开数据的、有来自专家发布的数据信息，还有来自国外网站上的数据等，以澎湃新闻"美数课"发布的《无症状感染者纳入疫情通报，我们对该群体的认知到哪一步了？》为例，这篇报道涉及的数据来源有13个，体现了数据来源数量多的特点。同时，通过对数据新闻来源进行分类发现，这些数据大部分来源于政府，偏权威。以2020年澎湃新闻"美数课"上互动量最高的《763例确诊患者的故事，还原新冠病毒向全国扩散的路径》数据新闻为例，报道中的数据基本上来源于国家卫生健康委员会、各地卫生健康委员会，有明显政府来源的性质，具有权威性。

第二，报道议题范围广，种类多。关于疫情的数据新闻在报道议题的范围上涉及较广。有直接报道疫情信息的疫情感染数据、有报道疫情相关政策的政策法规、有报道受疫情影响的经济生活、有报道疫情防控常态化时期的教育教学，还有报道疫情相关的科普知识。同时，由于疫情在世界范围内传播，感染人数众多，有关疫情的数据新闻还包含国际疫情信息，涉及的议题种类多，范围广。

第三，可视化形式多样，表征丰富。有关疫情的数据新闻有多种可视化形式，如静态图表、动态图、交互式等。疫情数据新闻中的静态图表有多种表现，包括柱状图、折线图、饼状图、曲线图、表格、时间轴、词云、流程图、静态地图等。疫情数据新闻中所含动态图，包括动态地图、动态曲线、动态柱状图等，形式多样，表征丰富。此外，交互式数据新闻还具有能实时查询疫情信息的功能。

（二）数据新闻的发展趋势

1. 定制数据集，建立自有数据库

数据新闻中数据来源的质量在一定程度上能反映数据新闻内容的质量，我国的数据新闻来源多，但大多数都属于政府等同一性质的数据来源，缺少媒体自行调查等数据源。这种情况就会导致数据新闻报道内容的单一化和同

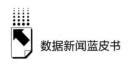

质化。建立和定制自有数据库能够满足不同的数据新闻记者个性化数据的使用，同时能够提高数据新闻的报道速度，满足新闻报道的即时性，这也是新闻的本质要求，是未来数据新闻的发展趋势。

2. 融合新技术，深化报道选题

在数据新闻的制作过程中可能需要使用多种技术，就过程来看包含数据挖掘技术、数据分析技术以及数据可视化技术等。具体而言就是算法、无人机等。算法是人工智能的关键，现已有算法深入到数据新闻的生产过程中，这种机器学习技术能够提高数据新闻的报道时效性。无人机通过对视觉上的实时呈现，能够满足受众的在场感。同时，无人机能抵达人类无法抵达之处，获得更新更全更真实的数据，对数据新闻报道内容的深化大有裨益。

3. 提高数据新闻报道质量，建构文字与数据双重表征

数据可以为复杂的新闻报道"增色"，但冗余且繁杂的数据呈现实际是在浪费公众的注意力、消耗数据新闻的价值。数据新闻可视化在呈现方式上应注意文字和图表的平衡，建构文字与数据的双重表征。数据新闻的可视化不单纯指对数据的呈现、对图表的绘制。数据新闻整体报道的故事性和逻辑性，以及数据新闻价值也是非常重要的方面。根据受众的需求定制呈现，将大量、多样的数据通过分析总结后与精妙的文字叙述相结合，这样的数据新闻可视化才能达到最佳的传播效果。

教育教学篇
Education and Teaching

中国数据新闻教育研究报告
（2020~2021）

石亚辉　魏漫江*

摘　要： 本报告以我国数据新闻教育为研究对象，通过收集网络公开信息和科研机构行业调研资料、问卷调查、书面访谈等方式获得约500所高校在数据新闻教育方面的情况，并以其中开设有数据新闻课程的120所高校为研究样本，梳理了我国高校数据新闻教育在课程开设、课程数量、课程名称等方面的现状，认为我国的数据新闻教育具有发展速度快、区域差异大等特点，同时对教学过程中数据新闻伦理、数据中立性等方面的问题进行了研究，针对研究中发现的问题提供了改进建议。

关键词： 数据新闻教育　新闻传播　人才培养

---

* 石亚辉，华中师范大学新闻传播学院硕士研究生，主要研究方向为数据新闻；魏漫江，博士，镝数研究院院长，主要研究方向为数据新闻。

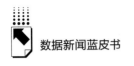
引　言

（一）数据时代的新闻传播教育

根据中国互联网络信息中心（CNNIC）发布的第 48 次《中国互联网络发展状况统计报告》，截至 2021 年 6 月，我国网民规模达 10.11 亿人，互联网普及率达 71.6%。与庞大的用户规模相伴而生的是海量的数据，正如近年在互联网上广泛流传的一个说法：如今驱动世界经济的能源早已不再是石油，而是数据。

互联网和数字经济的发展，催生出与数据相关的新业态、新模式、新产业，对具备数据素养的人才需求缺口越来越大。对于新闻传播领域而言，在数据无处不在的今天，运用数据新闻的方法论，正确解读数据、挖掘数据、表达数据已成为媒体核心舆论引导能力的重要组成部分。与之相呼应，具备专业的数据素养的优秀新闻人才成为媒体行业的刚需。

自中国传媒大学于 2014 年秋季在全国率先开办数据新闻实验报道班以来，[①] 国内数据新闻教育方兴未艾。根据《中国新闻传播教育年鉴（2020）》所发布的数据，截至 2019 年底，全国创办新闻传播类专业的本科高校达 721 所，本科专业达到了 1352 个。[②] 依托庞大的学科教育规模与大数据技术的日趋流行，数据新闻教育会不会成为未来新闻教育的主流？学者余根芳和吴小坤依据问卷调查所得材料判断，市场和社会大众对于数据新闻教育的发展充满信心和期待，未来的数据新闻教育蕴藏着无限的可能。[③]

---

① 余根芳、吴小坤：《数据新闻教育调研报告 2018～2019》，《教育传媒研究》2020 年第 1 期。
② 中国新闻史学会新闻传播教育史研究委员会、《中国新闻传播教育年鉴》编撰委员会编《中国新闻传播教育年鉴（2020）》，武汉大学出版社，2020，第 1 页。
③ 王琼、徐园主编《数据新闻蓝皮书：中国数据新闻发展报告（2018～2019）》，社会科学文献出版社，2019，第 163 页。

预测未来需要先洞察现在，我国的数据新闻教育目前处于什么样的阶段？已有学者就这一问题做过一些研究。黄志敏、王敏、李薇通过访谈等研究方法对我国数据新闻教育的主要模式和课程设置进行了考察，并通过与境外数据新闻教育的相关情况对比后指出，我国数据新闻教育存在"课程定位不明显""课程缺乏系统性"等困境。[①] 与之相类似，许向东通过分析中美数据新闻人才培养模式及特点，从正确认识数据新闻的人才需求、开发网络共享平台、整合教育资源等维度进行了反思并提出应对策略。[②] 方洁、胡文嘉通过梳理全球各地的数据新闻教育资源和已有的数据新闻教育研究成果，总结了全球数据新闻教育在教育主体、教育内容、教育方式上的发展特征与制约因素，并对数据新闻教育未来的走向进行预判。[③] 上述成果时效性有限，正如数据科技的日新月异，数据新闻教育也在不断发展，疫情防控常态化时期的数据新闻教育呈现怎样的总体面貌？本报告从多个维度收集资料，希望能够提供一些参考与思路。

（二）报告依据

2017年底，教育部公布全国第4轮学科评估结果，其中新闻传播学共有56所高校上榜。这56所高校的新闻传播学现状，基本代表了中国新闻传播学专业教育与学科建设的最新进展和发展方向。本报告查询培养方案、课程大纲、教育质量报告等官方公开材料，结合桌面研究以及电话调查等方式，除国防大学政治学院（原南京政治学院）无法查询到相关资料外，获得了其余55所学校的本科生数据新闻教育相关信息。

为了使样本更具代表性，本报告还获得了专业数据研究机构镝数研究院提供的行业调研资料。其调研针对数据新闻课程开设情况而发起，工作人员

---

① 黄志敏、王敏、李薇：《数据新闻教育调查报告》，《新闻与写作》2017年第9期。
② 许向东：《对中美数据新闻人才培养模式的比较与思考》，《国际新闻界》2016年第10期。
③ 方洁、胡文嘉：《全球数据新闻教育：发展特征与未来趋势》，《国际新闻界》2017年第9期。

在一年半的时间里，通过电话、面谈等方式对国内不特定的近千家高校进行了采访调查，最后获得了550多所高校的数据新闻课程开设信息，[①] 其中既包括"985工程""211工程"的重点高校，也包括普通高校。在数量及办学层次等维度上，这些调研资料能更加充分地反映国内的数据新闻教育现状。

此外，通过对目前国内主流慕课平台进行关键词检索，本报告还收集到15门数据新闻在线课程的开设信息。为了获取更加"接近现场"的数据，本报告还对10所高校的数据新闻授课教师进行了问卷调查，获得了其在学科背景、课程考核、问题经验等方面的反馈。

本报告通过对上述资料的收集、整理和分析，探讨我国高校数据新闻教育现状与发展趋势。

一　报告的发现

对于高校的新闻传播教育而言，培养数据新闻人才最主要的方式就是开设数据新闻课程。数据新闻课程是一门涵盖传统新闻学、数据分析处理、可视化、设计和编程的综合课程。[②] 根据本报告所收集的资料，目前国内高校的本科数据新闻教育情况如下。

（一）课程开设

针对第4轮学科评估上榜高校的统计发现，72.7%的高校（55所中的40所）明确提供一门或多门数据新闻相关课程。需要说明的是，考虑到可能有高校在还未公开发布的新版培养方案中增加了数据新闻课程，或者培养方案中没有课程安排但实际教学中有，因此这55所高校实际的数据新闻课程开设比例可能比上述数据更高。此外，部分高校也会将相关教育融入其他

---

① 不包含全国第4轮学科评估结果中新闻传播学一级学科下的上榜高校。
② 李榕、任乐毅、黄秀清：《国内高校数据新闻课程的内容研究和模式分析》，《中国网络传播研究》2019年第1期。

诸如"新媒体技术基础""媒介融合实践""新闻写作"之类的课程当中，如湖南大学并无单设的数据新闻课程，但会在"新闻写作"课程中讲授相关内容。这个结果似乎说明目前国内高校针对本科生所开展的数据新闻教育已相当普遍，但通过对包含更多高校的资料进行统计分析，结果却迥然不同。

根据镝数研究院所收集的调研资料，在去掉少数与学科评估上榜高校重合的样本后，只有 80 所高校开设了数据新闻课程，比例约为 14.5%。[1]这与学科评估上榜高校 72.7% 的开设比例悬殊。进一步分析发现，第 4 轮学科评估上榜高校几乎都是"985 工程"或"211 工程"高校，而镝数研究院调研高校中占据更大比例的是普通本科、民办高校等非重点高校。这一巨大差异实际上反映了我国目前的数据新闻教育存在发展不平衡的特点。

这种不平衡不仅体现在高校的办学层次上，也体现在地域分布上。我国在第七个五年计划时期按经济技术发展水平和地理位置相结合的原则，将全国划分为三大经济地带（不含现在的港澳台地区），即东部沿海地带（辽宁、北京、天津、上海、河北、山东、江苏、浙江、福建、广东、广西、海南）、中部地带（黑龙江、吉林、山西、内蒙古、安徽、河南、湖北、湖南、江西）、西部地带（重庆、四川、云南、贵州、西藏、陕西、甘肃、青海、宁夏、新疆）。将本报告所收集到的 120 所开设有数据新闻课程的高校进行分区统计后发现，东部沿海地带有 56 所，中部地带有 43 所，而西部地带只有 21 所，其地区分布数量呈现了明显的东部多、西部少的局面（见图 1）。

这一局面的形成与高校教育经费的差异有着密切的关系。每年发布的中央部署及部分省属高校教育预算经费排行榜总能吸引人们的关注，学科评估上榜高校大多位列其中，其动辄几十甚至上百亿元的预算经费是普通办学层次的高校所无法望其项背的。而在地区差异上，东部沿海省份的高校预算经费大幅领先于西部，以青海省为例，其 3 年来的教育经费预算收入均值仅约

---

① 指 80 所高校占 550 所总样本高校的比例。

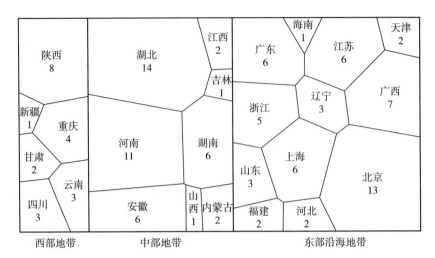

图1　数据新闻开课高校地区分布

资料来源：高校官网、镝数研究院。

为江苏省的1%。[1]办学经费的不充裕除了对普通高校教学设施采购产生限制，还不利于人才的引进，最终造成二者的分化。

总而言之，学科评估上榜高校代表我国新闻传播学发展的主流水平，其较高的开课比例体现了数据新闻这一新兴新闻报道方式已被纳入了主流的新闻教育范式，预示着未来的学科发展方向。但办学层次及地区分布等方面的差异，也在一定程度上提示我们要关注政策、经济等因素对数据新闻教育均衡发展的潜在影响。

（二）课程数量

通过对学科评估上榜高校的人才培养方案和专业介绍等资料的收集整理，在明确开设有数据新闻的40所高校中，本报告一共发现91门课程。

40所高校中，有13所高校提供1门数据新闻课程（见表1），有14所高校提供2门数据新闻课程（见表2）。

---

① 任瑞娟等：《青海仅为江苏1%：高校预算中的东西部差距》，《中国科学报》2020年7月28日。

表1　提供1门数据新闻课程的高校及课程名称

高校	课程名称
清华大学	数据新闻
北京大学	数据新闻
浙江大学	数据挖掘与可视化
河北大学	数据新闻
安徽大学	新媒体数据分析和应用
兰州大学	数据新闻学
北京师范大学	数据新闻与网络数据挖掘
天津师范大学	数据新闻与新闻可视化
西安交通大学	数据新闻
北京工商大学	数据分析与新闻报道
南开大学	新媒体数据分析与应用
上海师范大学	数据新闻理论与实务
新疆大学	数据新闻

表2　提供2门数据新闻课程的高校及课程名称

高校	课程名称
中国人民大学	数据新闻基础、数据新闻可视化
武汉大学	数据新闻、网络数据分析
南京大学	数据新闻、新闻可视化
南京师范大学	数据新闻与信息可视化、数据挖掘技术基础
厦门大学	数据新闻、信息可视化传播
郑州大学	数据新闻、数据统计与分析
南昌大学	数据新闻、数据新闻实验
河南大学	数据新闻、数据统计与分析
辽宁大学	数据新闻、可视化与交互艺术
西北大学	数据新闻、数据新闻与可视化
中国政法大学	数据新闻报道、社会统计学与SPSS应用
汕头大学	数据新闻、信息图表设计
安徽师范大学	数据新闻、信息可视化
华中师范大学	数据新闻、计算机应用与数据处理

　　提供3门及以上数据新闻课程的高校有13所，占总体样本的比例高达32.5%（见表3）。

表3　提供3门及以上数据新闻课程的高校及课程名称

高校	课程名称
中国传媒大学	数据新闻报道概论、网页抓取与数据处理技术、可视化软件工具与应用、数据新闻叙事
复旦大学	数据分析与信息可视化、数据与财经新闻、数据新闻叙事、精确新闻报道
华中科技大学	数据新闻报道、数据挖掘、人工智能与数据科学、Python语言、传播统计学
上海大学	数据新闻入门、数据可视化、数据挖掘与分析
湖南师范大学	网络媒介数据分析与应用、数据库原理与技术、数据可视化技能训练
中山大学	大数据传播研究、数据新闻与信息可视化、大数据传播实践
深圳大学	数据新闻与可视化、数据处理与SPSS应用、数据抓取与清洗、数据可视化
上海外国语大学	数据新闻、新媒体数据分析与应用、统计学基础、数据分析编程
华南理工大学	数据库技术及应用、数据分析基础、数据素养、数据新闻理论与实践、数据挖掘理论与技术
重庆大学	数据新闻与可视化、SPSS数据分析、程序统计技术（基于Python）
上海理工大学	统计学、数据新闻原理与应用、数据库基础、社会统计与数据分析、数据库管理系统
广西大学	可视化传播、数据新闻原理与制作、统计与数据分析、信息可视化
云南大学	数据可视化技术、大数据分析及应用、Python语言设计实践

综合来看，67.5%的学校（40所中的27所）提供1门以上的数据新闻相关课程。考虑到2014年中国高校的数据新闻教育才在中国传媒大学起步，上述数据见证了7年来我国高校的数据新闻教育的迅猛发展。

（三）课程名称与开课形式

在课程命名方面，直接以"数据新闻"（包含"数据新闻学"）命名的有18门，另外还有17门名称中含有"数据新闻"，如"数据新闻可视化""数据新闻基础""数据新闻报道概论"等，二者合计占总体样本的38.5%。这类课程相对更偏理论化，多提供关于数据新闻的概览性知识。

而以其他名称命名的课程一共有56门，在对这56门课程的名称分词并进行词频统计后（去除"数据"和"新闻"两个高频词），结果显示"可视化""数据分析""应用"等词语出现最为频繁，表明这类课程整体上更偏向实践，在数据新闻生产流程方面也更具有针对性（见图2、表4）。如华南理工大学开设的"数据挖掘理论与技术"、郑州大学开设的"数据统计与分析"、湖南师范大学开设的"数据可视化技能训练"，分别对应不同的生产环节。

图 2　课程名称词云图

表 4　课程名称词频分布

单位：次

词频	单词
20	可视化
13	数据分析
12	应用
7	技术、信息
6	数据挖掘
5	新闻报道、基础、传播、统计学
4	原理、数据库、统计
3	媒体、数据、处理、理论、实践、分析、SPSS、Python
2	网络、语言、社会、抓取、制作、设计
1	素养、网络媒介、概论、艺术、程序设计、财经新闻、科学、管理系统、实务、图表、网页、技能、编程、交互、清洗、叙事、训练、实验、研究、人工智能、计算机、软件工具、新闻学、精确、基于、入门

而对于高校以何种性质来定位数据新闻课程，在获得相关数据的74门课程中，55.4%（41门）为选修，39.2%（29门）为必修，剩余4门针对不同专业要求不同。这与学者余根芳及吴小坤所做问卷调查的数据结果大体相同。[①] 总体而言，目前高校开设的数据新闻课程还是以选修为主。

（四）补充教学形式

除了通过课堂教学进行人才培养，目前在数据新闻教育领域也存在多种其他形式的育人方式。

1. 在线数据新闻课程

通过网络进行授课早已不是新鲜事，但具体到数据新闻教育，目前在线教育资源还相对稀少。本报告收集了一些主流慕课平台的数据，具体情况见表5。

表5　部分主流慕课平台的在线数据新闻课程

单位：次，人

平台	开设主体	课程名称	开课次数	选课人数	涉及工具
中国大学MOOC	南京传媒学院	数据新闻实务	2	442	Tableau
	江西财经大学	数据新闻可视化	4	942	Highcharts
	武汉学院	数据新闻实务	4	206	百度图说、文图
	暨南大学	融合新闻：通往未来新闻之路	4	5843	—
	中国传媒大学	数据可视化	4	1356	D3、JavaScript、Python + Flask + MySQL
	浙江大学	可视化导论	2	5873	—
	南京大学	做新闻	2	1317	—
	中国传媒大学	媒体大数据挖掘与案例实战	2	10272	Excel、Echart、Tableau
	南京大学	Python 数据爬取与可视化	1	2123	Python

[①] 王琼、徐园主编《数据新闻蓝皮书：中国数据新闻发展报告（2018～2019）》，社会科学文献出版社，2019，第145页。

续表

平台	开设主体	课程名称	开课次数	选课人数	涉及工具
学堂在线	浙江理工大学	数据新闻与可视化	3	2387	Excel、SPSS
	智谱·AI	新冠疫情中新闻学术数据的获取及分析应用	1	134	—
	中国传媒大学	媒体大数据挖掘与案例实战	4	8260	Excel、Echart、Tableau
	智谱·AI	从入门到大神:疫情知识智能服务核心技术实践	—	742	—
网易云课堂	武汉学院	零编程制作数据新闻	—	264	火车头采集器、Excel、PowerPoint、Google Earth
智慧树	华南理工大学	数据新闻	5	1371	OpenRefine、Excel、Tableau

注：数据截至 2021 年 7 月 23 日。

除表 5 显示的机构在线课程以外，本报告也注意到有一些在线数据新闻课程是由个人开设的。这也表明在线数据新闻课程的开设主体相对多元，既包括高校，也包括其他机构和个人。此外类似于镝次元这样的商业数据平台也提供付费的在线数据新闻课程。内容方面，在线数据新闻课程以软件教学为主，注重培养学员的实操技能。

2. 数据新闻比赛

对于在学校未能获得足够实训机会的学生来说，数据新闻比赛其实在一定程度上弥补了相关不足。国内有影响力的数据新闻比赛并不多，根据本报告调查统计，在全国范围内开展过且有一定影响力的比赛只有 3 个。由西安交通大学发起的"中国数据新闻大赛"是国内创办较早且影响力较大的数据新闻比赛，自 2015 年创办以来共举办过 6 届赛事，参赛对象和作品主体均不做限制。"中国数据内容大赛"（China Data Content Competition）由中国新闻史学会网络传播史研究委员会提供学术指导，浙江大学传媒与国际文化学院、数可视教育公益基金联合主办，该赛事创办于 2019 年，征稿对象

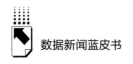

包括高校学生、研究机构研究人员、媒体及相关行业从业者等，不限行业和领域，迄今共举办过 3 届。由武汉大学新闻与传播学院、武汉大学媒体发展研究中心、财新网和中美教育基金联合主办，镝次元数据新闻研究中心承办的"第 3 届数据新闻比赛"在 2017 年引起了较大关注。区别于上述两个比赛，该赛事主要面向高校学生开展，要求每支参赛队伍必须至少有 1 名全脱产在校本科生或研究生。

尽管要求不一，但从最后提交作品的参赛队伍来看，3 个比赛的参赛选手还是以在校学生为主。从办赛主体来看，3 个比赛均有以高校为代表的学术机构和以媒体为代表的商业机构参与，这不仅能加强学界与业界的沟通交流，也能为学生提供了解行业最新情况的机会。部分商业机构还会对参赛选手免费开放自己的数据库、可视化工具等资源，增加其获取优质数据的途径，降低内容生产的成本。此外，这类比赛还会安排学术讲座或提供培训工作坊，这对来自没有开设数据新闻课程的高校的学生来说，无疑是十分宝贵的学习资源。

3. 数据新闻社群

2020 年新冠肺炎疫情肆虐，一篇名为《2286 篇肺炎报道观察：谁在新闻里发声》的数据新闻作品在朋友圈被广泛转发，点击量突破 10 万人次。[1] 10 天后，另一篇名为《1183 位求助者的数据画像：不是弱者，而是你我》的数据新闻作品再次引发关注。这两篇获得各界广泛好评的数据新闻作品均由中国人民大学新闻学院的"RUC 新闻坊"发布，其主创人员主要为该院在校学生。

"RUC 新闻坊"公众号创立于 2015 年 6 月，其官方定位是"中国人民大学新闻学院新闻系运营的新闻采写编评及摄影业务教学与实践的平台"。[2] 本报告对其创始人方洁进行了书面采访，"RUC 新闻坊"团队 45 人左右，参与的学生主要来自新闻与传播相关专业。"RUC 新闻坊"日常运作过程中

---

① 《点击进入数据新闻聊天室丨踩踩不跑堂》，"RUC 新闻坊"微信公众号，2020 年 3 月 6 日，https：//mp. weixin. qq. com/s/E4Wvo57 – lwh0rP8lXok3yg。

② 参见"RUC 新闻坊"微信公众号（ID：rendaxinwenxi）主页。

并不会对成员进行技能培训，成员技能方面的不足主要通过自我学习得以弥补，工作坊的作用更多在于为成员提供实践的机会和志同道合的伙伴。方洁认为："（对于）参加公号的学生而言，这种实践能让他们提前感受到新闻报道的现场感，能使之从更动态和全面的情境去理解新闻，这种体验又与他们的投入程度息息相关，越认真投入的编辑感触越深，收获越大。"[①]

从产出的数据新闻作品及其影响力来看，这一模式在高校的数据新闻人才培养中是非常值得借鉴的，学生将所学知识应用于实际操作，项目制的方式也有利于团队协作，有助于学生发现擅长的领域并予以发展。

二 数据新闻教学：理论与实践

（一）以理论教学为主

数据新闻教育是应该更注重通过理论教学来培养学生的批判性思维，还是更注重通过实践来培养学生的业务操作能力？这个话题在业内一直存在争议。[②]

从源头来看，数据新闻教育的兴起基于对现实需求的回应，其目的是培养具有数据新闻生产或研究能力的人才，最终的教育效果需要通过学生在业界或学界的工作成果来加以验证。这种鲜明的现实需求导向属性明示了其在开展过程中需要注重对实践能力的培养，除了通过理论讲授让学生获得关于数据新闻的理念认知，还需要教授一定的生产技能。

从这一逻辑出发，有学者认为目前我国的数据新闻教育存在更偏重实务的现象，[③] 批判数据新闻教学过于强调技术技能而弱化了专业意识。[④] 但通

① 中国人民大学新闻学院副教授方洁采访实录，访谈日期：2021 年 7 月 28 日。
② Hewett, J., "Learning to Teach Data Journalism: Innovation, Influence and Constraints," *Journalism: Theory, Practice & Criticism* 1（2016）.
③ 方洁、胡文嘉：《全球数据新闻教育：发展特征与未来趋势》，《国际新闻界》2017 年第 9 期。
④ 徐向东：《数据新闻：新闻报道新模式》，中国人民大学出版社，2017，第 271 页。

过对学科评估上榜高校的人才培养方案进行分析后发现，在31门标注了理论与实践二者占比情况的课程中，有9门课程明确标识没有实践部分，1门课程因专业而异。剩余21门课程均给出了实践在整门课程中的学分/学时占比情况，其中8门课程实践部分占比低于1/2，4门课程理论与实践占比相同，9门课程实践占比过半。

整体来看，实践占比过半的学校仅为31所中的9所，尽管数据量相对有限且培养方案中的课程设置未必与真实授课情况相同，但这在一定程度上仍然反映了高校在进行数据新闻课程设计时较为注重对学生理论素养的培养。对10位一线教师的采访也证实了这一点，其中3所高校的实践占比过半，且10位教师在回答"您觉得数据新闻教育是应该更注重数据叙事，还是技能教学？"这一问题时，6位选择"数据叙事"，3位选择"技能教学"，1位认为同样重要。

实际上，国内新闻教学领域一直注重专业理论的讲授，这一点在数字传播环境下也并未改变。如上海大学的培养方案中，就将"新闻与传播的基本理论与知识"这一毕业要求指标点详细解读为："能够运用新闻学、传播学、数据新闻的专业理论，正确认知数字环境中新闻学的专业特色和传播特色，并掌握新闻实践和新闻研究的理论基础。"[1] 学者陈昌凤指出："在新技术潮流中新闻教育要培养学生哪些方面的专长？简言之，包括以下几个方面：基本的人文与科学素养、专业责任与担当、专业技术能力、产业知识与商业智慧（了解业态、用户）。前两者在传统新闻教育中一直是加以强调的（其中科学素养未引起足够重视），而后两方面则是我们一直缺乏重视的。"[2]

成因方面，根据镝数研究院所提供的调研资料，课程定位与师资力量是实践的主要影响因素。课程定位方面，数据新闻作为带有前瞻性的学科发展方向，部分高校仅将其作为学科建设改革与创新的试点课程，主要目标是使学生对数据新闻这一理念与操作流程有基本认知，而非重在技能培养。这一

---

[1] 参见《上海大学新闻学专业2019级培养方案》，https：//sjc. shu. edu. cn/info/1033/1433. htm。
[2] 陈昌凤：《技术创新与专业坚守：新闻传播教育何去何从？》，《全球传媒学刊》2017年第4期。

情况以仅开设 1 门数据新闻课程的高校为主。师资力量也是实践教育的重要影响因素，目前高校新闻传播院系的师资构成主要还是文科背景，缺乏具有技术背景的人才。学者卞清和戴管悦榕专门针对中国高校的数据新闻教师做过调查，其结果显示具有理工科和计算机学科背景的老师仅占总调查样本的31%（29 人中的 9 人），而具有新闻传播学背景的占比高达93%（29 人中的 27 人）。[①] 在本报告调查的 10 位一线教师中，只有 2 位拥有理工科背景，其中 1 位为计算机科学专业，1 位为物理学专业，因此即便想要增加实践占比，也存在没有老师能够教授的困难。

（二）实践：技能教学的3个层次

数据新闻教育方式相较于其他新闻教育领域更为灵活多样，学者方洁和胡文嘉曾从不同维度进行统计并得出 10 余种具体类型。[②] 但单就高校而言，课堂讲授仍为最主要的途径，其中实践部分主要通过上机操作展开，教授数据新闻生产技能是实践教学的主要目标。

通过对所获取资料中有关数据新闻课程的介绍以及课时设置等信息的考察，我们发现基于教育理念及培养目标、学生学习能力、学院师资及财力等方面的差异，目前国内在数据新闻实践教学方面主要存在 3 个不同的技能教学层次。

1. 入门技能层次

在回答"数据新闻教学过程主要有哪些困难?"这一问题时，本报告调查的 10 位一线教师中，有超过一半的教师提到了学生在技术学习方面的困难。由于新闻传播专业的学生以文科生为主，对以软件编程为代表的计算机软件底层技术缺乏了解，再加上技术型师资问题，部分高校的数据新闻实践教育仅提供入门级的技能教学。

[①] 王琼、苏宏元主编《数据新闻蓝皮书：中国数据新闻发展报告（2016~2017）》，社会科学文献出版社，2018，第227页。

[②] 方洁、胡文嘉：《全球数据新闻教育：发展特征与未来趋势》，《国际新闻界》2017 年第9 期。

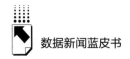

这一层次主要培养的是基础的数据新闻动手能力。如利用八爪鱼等爬虫软件进行简单的数据爬取，利用 Excel 进行基本的数据处理和图表制作等。基本不涉及专业性较强的技术工具或软件，也不要求学生进行统计学或计算机编程技术的学习。如武汉学院慕课"数据新闻实务"所教授的百度文图，其宣传语是"零编程玩转图表"。这一层次的教学主要面向文科背景的学生，学习难度相对较小，但也存在灵活性弱、数据处理能力低、适用范围小等局限。

2. 进阶技能层次

相对入门技能层次的教学，进阶技能教学对授课教师的专业程度和学生的学习能力都有了更高的要求，通常会要求学生掌握一定的统计学和计算机知识。这一层次的典型特征是专业型软件工具的教学与应用，其中较为常见的有 SPSS、Tableau 等。在本报告所搜集到的资料中，针对新闻传播学专业的学生，深圳大学开设有专门的"数据处理与 SPSS 应用"课程，中国政法大学提供"社会统计学与 SPSS 应用"课程，南京传媒学院则教授学生通过 OpenRefine 清理数据和使用 Tableau 可视化数据。

除了软件的专业性之外，这一层次的教学所针对的数据新闻生产环节也更加聚焦。通常而言，完整的数据新闻生产主要包括确定选题、数据挖掘与采集、数据清洗和整理、可视化呈现以及传播等几个流程。[①] 对于进阶技能层次的教学，除了提供全流程介绍的"概论"型课程，不少学校还针对某一具体环节提供更为聚焦和细化的课程。在数据采集环节，南京师范大学开设"数据挖掘技术基础"课程；在数据清洗环节，深圳大学开设"数据抓取与清洗"课程；在数据可视化环节，广西大学开设"信息可视化"课程。这类课程通常针对的是已经对数据新闻有了基本的理念认知与一定的实操能力的学生，因此注重的不是课程内容的广度，而是更在意培养学生进行数据

---

① 方洁：《数据新闻概论：操作理念与案例解析》，中国人民大学出版社，2019，第 39 ~ 44 页。

处理及呈现的能力。

3. 高阶技能层次

高阶层次的技能教学相较于进阶层次则更为艰深，其突出特征为直接教授计算机编程语言以用于数据挖掘采集、清理分析等方面。

根据本报告所搜集的材料，目前国内专门针对新闻院系的学生开设编程课程的高校并不多。重庆大学为新闻学和广播电视学专业的本科生提供"程序统计技术（基于 Python）"课程，云南大学为数字媒体技术专业的本科生提供"Python 语言设计实践"课程，华中科技大学针对传播学专业的本科生提供多门编程语言等方面的课程，还针对近年来大热的人工智能技术提供"人工智能与数据科学"课程。

虽然不能排除有学校在诸如"计算机技术基础"之类的通识教育课程中讲述编程技术，但这毕竟与数据新闻生产中所需的相关知识有着较大差异。从数据技术的视角来看，利用现有的技术工具来进行数据新闻的生产毕竟是"只知其然"的，但如果真正掌握了相关的计算机编程语言等高阶技能，在"知其所以然"的基础上充分挖掘到最全面、准确的数据，其价值将最大化。此外，掌握底层技术有利于实现更具有表现力和交互性的可视化呈现。可以预见的是，未来的数据新闻教育将是多学科融合发展的局面。

三 问题与应对

发轫于 2014 年的中国数据新闻教育至今已走过 7 个年头，其间积累了宝贵的经验，向各媒体机构输送了大批专业人才。但也有不少问题需要重视，不少短板需要补齐，以满足日趋多变的传播环境对高质量新闻人才的需求。

（一）师资匮乏

师资不足一直都是高校数据新闻教育的突出问题。具体体现为专业师资

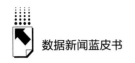

结构不合理，特别是工科和理科教育背景的教师严重缺乏。另外，业内有丰富从业经验的教师太少，高校课堂缺乏对行业前沿动态的及时把握。① 尽管媒体融合上升到国家战略为高校新闻院系增资扩容提供了契机，但稍显缓慢的人才引进总体上依然无法满足快速扩张的教学需求。

数据新闻教育实践型师资短缺是新兴事物发展过程中不可避免的阵痛，但这一问题的严重性本可由学界—业界双向流动机制来削弱，然而目前中国新闻领域业界与学界之间的流通并不顺畅。一是业界精英向学界流动存在制度性的障碍，很多一线的媒体人有着丰富的数据新闻实践经历，其专业能力也通过大量优秀的数据新闻作品获得了认可，但由于没有相应的学历和学术成果，因而无法获得高校教职。二是业界和学界缺乏交流，没有对彼此的认同感，导致媒体精英在离职时较少考虑去高校任教。②

对此，《中国青年报》首席评论员曹林认为："当下传统媒体面临新媒体冲击，作为'内容生产故乡'的传统媒体风光不再，大批业界精英辞职，这应该是新闻学界吸纳业界精英的一个机会。"③

（二）数据新闻伦理教育有待加强

新闻伦理是业内适应新闻活动特点而形成的要求自己"应当如何"的自律规范，以及公众认为该业在新闻活动中"应当如何"的观念和舆论约束。④ 一般而言，新闻伦理的形成建立在对新闻实践活动中所暴露出来的问题的反思之上。尽管数据新闻相对传统新闻报道而言还是新生事物，但其已经产生了相应的伦理问题。

学者王海滨和葛方度指出数据新闻存在算法风险、隐私风险和应用风

① 孙晓彦：《新媒体条件下新闻专业教育反思》，《中国成人教育》2015 年第 11 期。
② 曹林：《从媒体精英辞职去向看新闻业界学界流动障碍》，《新闻与传播研究》2018 年第 6 期。
③ 曹林：《从媒体精英辞职去向看新闻业界学界流动障碍》，《新闻与传播研究》2018 年第 6 期。
④ 丁柏铨、陈月飞：《对新闻伦理问题的几点探究》，《新闻传播》2008 年第 10 期。

险等伦理风险。① 学者巨高飞基于澎湃新闻"美数课"等三家数据新闻栏目的实证分析探讨了数据新闻的伦理边界，并认为应在明确新闻责任和新闻价值的基础上构建新闻内核。② 而通过对培养方案和教学大纲的考察，我们发现目前的数据新闻课程主要包括产生背景、理念阐述、业界实践、生产流程、软件学习等几个部分，而鲜少涉及对数据新闻伦理的介绍。

数据新闻伦理应被纳入数据新闻课程体系之中，尤其是在人工智能、算法等前沿科技与数据新闻实践关系日趋紧密之际，除了探讨真实性、客观性等传统伦理，还应引导学生思考日渐突出的技术伦理。

（三）谨防"数据崇拜"陷阱

数据新闻以数据驱动为核心，但不应陷入"数据崇拜"的陷阱。学者方洁所著的《数据新闻概论：操作理念与案例解析》讲述过一个经典案例。2014 年 9 月，《华盛顿邮报》在一篇名为《你觉得自己喝酒很多？看看这张表》的数据新闻报道中，给出了一些明显不符合常识的判断。记者引用的数据来源是一本斯坦福大学教授的学术专著，而问题也正是来源于此，原来教授对该书的调查数据做过不恰当的修正，导致结论与实际情况大相径庭。虽然记者声称自己在写作过程中曾联系教授进行核实，但对于明显不符合日常经验的数据其选择不加质疑地全盘相信，而非从生活经验等多方面进行核查，最终导致一篇失实报道的产生，损害了报纸的公信力。③

《华盛顿邮报》这一案例实际上指出了一个常见的思维定式，即过分相信数据，而忘了数据是被人搜集的，其真实性与可靠性有待核验。发现数据

---

① 王海滨、葛方度：《数据新闻伦理风险及规范发展研究》，《国际传播》2020 年第 5 期。
② 巨高飞：《技术滥觞与新闻价值：媒体融合背景下数据新闻的伦理边界及内核建构——基于三家数据新闻栏目的实证分析》，《东南传播》2021 年第 4 期。
③ 方洁：《数据新闻概论：操作理念与案例解析》，中国人民大学出版社，2019，第 135~136 页。

中的问题，有赖于对批判性思维的培养。学者查尔斯·贝雷特（Charles Berret）和谢丽尔·菲利普斯（Cheryl Phillips）通过分析全美113个新闻学教学项目和63份教学大纲发现，课程大纲中提及的数据新闻相关概念中，最为常见的就是新闻/批判性思维（Journalistic/Critical Thinking）。[1] 美国新闻学界与业界的互融互通较国内更为顺畅，[2] 因此业界问题传导到学界进行学术层面的思考也较为迅捷。而通过对国内数据新闻课程的考察，在培养方案或教学大纲中较为常见的是"认识""运用"等指向实用性的表述，而较少提到"思考""质疑"等指向批判性思维的用词。

目前国内已有华中科技大学等高校针对新闻院系的学生开设"批判性思维"等课程，[3] 当然对批判性思维的培养不一定要开设一门单独的课程，也可以将其融入数据新闻的理念阐释、实际操作等环节。注重引导学生独立思考，不仅能避免产生僵化思维，也有利于帮助学生从大量的数据中发现有价值的新闻。

四　趋势与前景

随着业界的数据新闻实践不断发展，教育领域对数据新闻人才的培养也在不断深化。通过本报告所搜集到的资料，我国的数据新闻教育已然显现出几个趋势与前景。

（一）总体规模越来越大

2014年国内开设数据新闻课程的只有中国传媒大学，而根据本报告的不完全统计，截至2021年，国内开设数据新闻课程的高校已经超过120所，

---

[1] Charles, B., Cheryl, P., *Teaching Data and Computational Journalism*（New York：Rosemont Press in Deer Park，2016），p. 35.

[2] 蔡雯：《如何加强学界与业界的联系与合作——对美国新闻教育改革的调查及思考》，《中国记者》2005年第8期。

[3] 参见《华中科技大学2019年新闻与信息传播学院本科专业培养计划》，http：//sjic. hust. edu. cn/bkisjy/bkszypyfa. htm。

其中40所学科评估上榜高校的课程总数达91门，其规模急剧扩大。

随着越来越多的学者开始加入这一研究领域，相应的师资短缺等矛盾将得到缓解，叠加媒体融合教育在政策上的扶持，开展数据新闻教育的高校还将增加，所覆盖的学生人数也将更多，总体规模将继续扩大。

（二）人才培养更加细化

本报告通过对学科评估上榜高校的数据新闻课程的统计发现，在标明学分的60多门课程中，有近七成为2个学分，超两成为3个学分，其余为1个或4个学分。值得一提的是，部分学校存在同一门课程针对不同专业设置不同学分的情况，例如湖南师范大学所开设的"数据库原理与技术"课程，对新闻学专业的学生是选修课程，学分为3分，但对网络与新媒体专业的学生则是必修课程，学分为4分。这与课程性质依专业而定一样，反映了高校在设置数据新闻课程时考虑更加细化、针对性更强、目标更为明确。

反映这一趋势的还有对课程内容的整合。尽管数据新闻代表着新闻业的转型方向之一，但并非所有的媒体机构都需要通晓每个生产环节的"专才"，部分岗位只要求学生具备一定的数据素养即可，而更关注内容产制与管理的能力。如前文所提到的湖南大学，越来越多的高校开始进行这种尝试，其背后体现的是对数据新闻人才进行更符合实际需求的精细化培养趋势。

（三）人才复合程度越来越高

正如查尔斯·贝雷特和谢丽尔·菲利普斯所指出的，随着学生逐渐形成利用计算机解决问题的能力，其中一些人随后可能会学习如何编程。但是，即使是那些不采用代码方法的人，也应当去理解像这样的解决方案如何成为新闻工作的一部分。[1]

---

[1] Charles, B., Cheryl, P., *Teaching Data and Computational Journalism* (New York: Rosemont Press in Deer Park, 2016), p. 35.

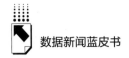

在本报告所搜集到的培养方案中，华中科技大学新闻与信息传播学院为新闻学专业的本科生提供"数据新闻报道"和"数据挖掘"两门涉及数据新闻的专业方向选修课程，为传播学专业的本科生提供"人工智能与数据科学""数据挖掘""数据新闻报道""Python语言"等课程，其中"人工智能与数据科学"为必修课程。

这些开设在新闻院系的课程显然已经超出常规意义上我们对新闻教育的理解，但它正在成为未来新闻人才培养的一个总体趋势——培养更具复合型的新闻人才，以应对不断变化的技术环境与传播生态。

结　语

正如有学者指出：新媒体技术条件下，新闻内容的生产和传播发生了巨大的改变，要求新闻从业者具有复合型素养，既具有新闻专业主义理念，又能懂新媒体传播技术。数据新闻教育体现着新闻业求变求新的积极态度。①

在不到10年的时间里，我国的数据新闻教育已发展到一定的规模，也为业界输送了大量的新闻人才，对推动社会发展起了积极作用。但与此同时我们也应注意到，不少固有的问题依然没有得到解决，数据新闻人才培养依然面临诸多挑战。

新闻教育应在切实关注现实需求的基础上，做到专业理念与传播技术并重，加强对数据新闻人才的培养，以创作既具有技术美感又具有人文风范的新闻作品，对内推动构建更加紧密的行业共同体，对外促进新闻业与社会的良性互动和发展。

---

① 孙晓彦：《新媒体条件下新闻专业教育反思》，《中国成人教育》2015年第11期。

数据新闻教育的三种模式：
全球现状与个案研究

徐　笛　郑曼琳　谢欣怡*

摘　要： 本报告探究了学位教育范畴内的数据新闻教育模式。报告首
先对全球数据新闻教育研究进行了综述，随后考察了7个国家
31所新闻传播院校的数据新闻教育情况，从培养层次、内容
设置、师资配备、资源供给4个维度解析数据新闻教育现状。
其次聚焦本土典型案例，介绍了复旦大学新闻学院数据课程
建设情况。最后总结出数据新闻主要的3种教育模式——"学
界—业界"强链接模式、"新闻—计算"跨学科模式和"数
据—数字化"多媒体模式，并对数据新闻教育的未来发展趋
势进行了展望。

关键词： 数据新闻　教育模式　学科融合　新闻教育

引　言

在这场尚未终结的新冠肺炎疫情中，数据新闻得到了前所未有的历练。
从病例数量到人口流动路径，从物资储备到全球流通，持续充盈的数据为数
据新闻提供了生产资料。数据背后是一个个鲜活的个体和纷繁复杂的传播机

---

* 徐笛，博士，复旦大学新闻学院副教授，主要研究方向为新闻生产、新闻创新；郑曼琳，复
旦大学新闻学院硕士研究生；谢欣怡，复旦大学新闻学院硕士研究生。

制，数据新闻不再止步于数字呈现，故事性、解释性数据新闻不断涌现。从关注病例到看到社交隔离措施的成效，公众也在无形中接受了一次数据素养培训，这为数据新闻培育了更广泛的受众。疫情席卷全球，病毒隔离分国界，而信息流通无国界，跨组织、跨群体、跨地域甚至跨国界的协作生产与日俱增。与此同时，新闻生产日益社会化，职业新闻机构无法再垄断新闻生产与发布，个人、自媒体等也成为疫情信息生产的重要主体。公众对疫情的关切在倒逼数据开放，经历了疫情后，数据新闻也完成了一次升级，数据新闻的未来存在更多可能。

数据新闻生产已日趋常态化，但骤变的生产环境和升级的生产方式对数据新闻教育提出了更高要求。首先，面对更为开放、协作化和社会化的新闻生产传播环境，数据新闻教育应培养更具广阔视野、能够跨领域生产的人才；其次，更为丰富多样的数据要求升级技能培训；最后，疫情发生后的高等教育模式面临诸多挑战，线上教育应提供更为个性化的培养方案，数据新闻教育还需更多探索。毋庸讳言，当下新闻专业教育面临诸多挑战，数据新闻曾被视作新闻教育改革的一个支点，在传播环境发生整体生态变革①的当下，作为新闻教育一环的数据新闻教育也应有整体变革的前瞻规划。

本报告聚焦学位教育范畴内的数据新闻教育模式，在考察全球数据新闻教育现状基础上，与本土案例展开对话。为了解全球现状，我们考察了7个国家31所新闻传播院校的数据新闻教育情况，总结出3种主要模式。随后，本报告对复旦大学新闻学院的数据新闻教育进行个案剖析，为本土数据新闻教育发展提供参考。首先本报告对数据新闻教育的现有研究进行概述。

一　数据新闻教育的研究现状

数据新闻教育尚处于"浅入浅出"的基础设施建设层面，② 现有研究关

---

① 黄旦：《整体转型：关于当前中国新闻传播学科建设的一点想法》，《新闻大学》2014 年第 6 期。

② Berret，C.，Phillips，C.，"Teaching Data and Computational Journalism," *Columbia School of Journalism* 12（2016）.

注了教育的实施主体、课程内容、师资配比等议题。

第一，实施主体上，方洁和胡文嘉①提出学术机构（综合性大学）、高职教育机构、新闻机构与新闻行业组织、其他市民个体或组织是开展数据新闻教育的四大主体。不同主体在数据新闻教育组织方式上有所不同，课程、工作坊、竞赛等多种方式并存。

第二，课程内容上，Splendore 等人②对欧洲六国数据新闻教育的比较研究证实不同国家间的数据新闻课程内容选择较为一致，主要围绕"收集数据（研究和建构数据库）、分析数据（统计分析）和呈现数据（可视化）"3 个部分展开。内容上仍以基础性知识居多，即便在数据新闻教育起步较早的美国，课程内容也主要是如何使用各类图表、理解描述性统计、清理杂乱的数据集等。③ 不过近年来美国新闻传播院系中，计算机编程和计算机科学技能相关课程数量有所增加。④ 另外，针对澳大利亚 25 所高校新闻传播院系数据新闻教学情况的调查也发现，开设编程相关课程的学校仅有 3 所，且有 13 所学校未以任何方式教授编程。⑤ 全球范围内，在数据新闻课程中讲授编程内容的高校数量较少，真正能够带领学生厘清数据本质、掌握计算机技能的更是屈指可数。而从学生对于数据新闻教育内容的反馈来看，对于数学统计知识的恐惧⑥、对计算机科学相关学科内容的排斥⑦在一定程度上影

① 方洁、胡文嘉：《全球数据新闻教育：发展特征与未来趋势》，《国际新闻界》2017 年第 9 期。

② Splendore, S. et al., "Educational Strategies in Data Journalism: A Comparative Study of Six European Countries," *Journalism: Theory, Practice & Criticism* 1（2016）.

③ Berret, C., Phillips, C., "Teaching Data and Computational Journalism," *Columbia School of Journalism* 12（2016）.

④ 章于炎：《媒体融合时代新闻传播教育的变革与创新：密苏里大学新闻学院和中国新闻传播类学院的合作》，《世界教育信息》2018 年第 16 期。

⑤ Davies, K., Cullen, T., "Data Journalism Classes in Australian Universities: Educators Describe Progress to Date," *Asia Pacific Media Educator* 2（2016）.

⑥ Weiss, A. S., Retis, J., "'I Don't Like Maths, That's Why I Am in Journalism': Journalism Student Perceptions and Myths about Data Journalism," *Asia Pacific Media Educator* 1（2018）.

⑦ Plaue, C., Cook, L. R., "Data Journalism: Lessons Learned while Designing an Interdisciplinary Service Course," in Proceedings of the 46th ACM Technical Symposium on Computer Science Education, February 2015.

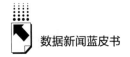

响了数据新闻教学的内容设置。

第三，师资配比上，数据新闻专业师资的缺乏是全球范围内的普遍问题，课程设计陷入师资不足的困境。数据新闻对授课教师的知识更新能力、学科复合思维能力要求较高，有研究者通过对澳大利亚 25 所高校数据新闻教育的研究发现，"寻找时间学习新技能"（find the time to learn new skills）是教师教授数据新闻学的障碍。[1] 在国内，能够通过知识转型和补充学习进入数据新闻领域或是具备跨学科专业背景、接受过系统的数据新闻训练的老师寥寥无几，[2] 寻求业界导师是当前解决数据新闻师资人才短缺问题的药方。

现有研究较多关注西方发达国家的数据新闻教育开展情况，对本土数据新闻教育的研究十分匮乏。实际上，数据新闻即滥觞于英美主流媒体的新闻实践。此外，中国的新闻教育从诞生之初即是仿照美国密苏里大学的新闻教育模式，[3] "主张学新闻的最佳的方式是实践，强调动手做和职业取向"。[4] 因循这条路径，无论是新闻学研究、教育还是新闻实践都遵从了职业范式，即新闻学研究关注新闻实践，新闻教育为新闻实践培养人才。然而现今社会化传播环境下，职业范式的合法性堪忧，学者们呼吁新闻学科从职业性向社会性转变。[5] 这种转变也必将影响数据新闻教育的模式，本报告首先概览全球数据新闻的教育模式，随后以复旦大学新闻学院的数据新闻教育模式为例，探讨社会型模式下数据新闻教育的发展路径。

---

[1] Davies, K., Cullen, T., "Data Journalism Classes in Australian Universities: Educators Describe Progress to Date," *Asia Pacific Media Educator* 2（2016）.

[2] 黄志敏、王敏、李薇：《数据新闻教育调查报告》，《新闻与写作》2017 年第 9 期。

[3] 黄旦：《整体转型：关于当前中国新闻传播学科建设的一点想法》，《新闻大学》2014 年第 6 期。

[4] 张咏、李金铨：《密苏里新闻教育在现代中国的移植：兼论帝国使命、美国实用主义与中国现代化》，李金铨主编《文人论政：知识分子与报刊》，广西师范大学出版社，2008，第 281~309 页。

[5] 黄旦：《整体转型：关于当前中国新闻传播学科建设的一点想法》，《新闻大学》2014 年第 6 期；杨保军、李泓江：《新闻学的范式转换：从职业性到社会性》，《新闻与传播研究》2020 年第 8 期。

二　研究方法

为尽可能有效地描画全球数据新闻教育的现状，本着广泛性和代表性并重的原则，同时考虑到研究资料获取的难易程度，本报告采用了目的性抽样的方法选取研究对象。首先确定考察范围为欧洲、北美洲、亚洲、大洋洲 4 个大洲，其次在 4 个大洲中抽取美国、英国、德国、荷兰、澳大利亚、新加坡和中国 7 个国家，最后选择各国有代表性的新闻教育学术单位共 31 所（详见附表）。研究者查找了这 31 所机构官方网站公布的专业分类、培养方案、课程大纲，并参考美国新闻和大众传播教育认证委员会（ACEJMC）公布的认证报告等官方资料，对全球数据新闻教育现状展开分析。

其中，研究者选取的 14 所美国新闻传播院校均在美国新闻和大众传播教育认证委员会公布的官方认证列表之中，既包括传统的老牌新闻学院如密苏里大学新闻学院、哥伦比亚大学新闻学院、宾夕法尼亚大学安纳伯格传播学院等，也包括在数据新闻教育方面表现突出的雪城大学纽豪斯公共传播学院、西北大学梅迪尔新闻学院等，斯坦福大学计算新闻实验室（Computational Journalism Lab）因其在交叉领域的卓越成就也被纳入了研究范围。在欧洲范围内，对英国、德国、荷兰 3 个国家 6 所代表性的新闻院校加以考量，其中包括阿姆斯特丹大学、伦敦政治经济学院等欧洲传媒教育重镇。大洋洲挑选澳大利亚墨尔本大学作为主要研究对象。新加坡和中国作为亚洲的代表性国家被选入样本范围，在中国的新闻传播院校选择上综合考虑了内地（大陆）与港澳台地区的比例。

基于上述经验性材料，本报告从培养层次、内容设置、师资配备以及资源供给 4 个维度解析数据新闻教育的发展现状。

三　数据新闻教育的全球发展

（一）培养层次：本硕差异培养

数据新闻教育究竟应该是基础教育还是专业教育？这受到不同地区数据

新闻实践的影响，也与高校教学传统、资源能力等因素直接相关。通过本科与硕士、必修与选修的培养层次区别，首先能够区分不同阶段的基础性与专业性教学目标。

在所选取的分析样本中，只有少数院校将数据新闻作为本科专业方向，如中国传媒大学于 2015 年在新闻学专业下增设独立的数据新闻报道方向，2018 年上海财经大学在新闻系新增数据新闻方向。大多数院校将数据新闻课程作为本科阶段的选修课程，讲授内容较为基础，对实践技能的要求也受限于课时、师资等因素。复旦大学新闻学院可谓一则特例。

硕士阶段的数据新闻教育集中于专业硕士学位项目，强调实践导向。如哥伦比亚大学不仅开设了新闻理学硕士数据新闻方向的项目（Master of Science in Data Journalism Program），还开设了新闻与计算机科学双硕士学位项目（Computer Science/Journalism Dual Degree Program），以及独具特色的莱德项目（The Lede Program）。

美国的数据新闻教育相对完善，数据新闻被视为掌握专业技能的方式，目标是培养面向业界更具竞争力的专业人才。以美国佛罗里达大学新闻与传播学院为例，其专业硕士项目设有数字叙事（Digital Storytelling）、数据可视化（Data Visualization）两门必修课，教学大纲对数据分析、数据可视化技能提出了明确要求；而在其学术硕士项目中，则并未涉及数据新闻的相关课程。反观其本科阶段的课程设置，新闻学专业开设了数据新闻课程，侧重数据新闻中的数据部分，与另一学期的数据可视化与制图（Dataviz and Mapping）课程相对应。数据新闻课程对于学生在数据库相关软件上的经验不做要求，且无须掌握自主编程知识，课程内容相对基础。

（二）内容设置：四个关键模块

综观全球，数据新闻课程的内容设置主要围绕"数据收集、数据分析、数据可视化"三大核心技能展开，具体教学模块可分为四个：数据报道、数据可视化与交互、新兴新闻技术和计算新闻。

数据报道（Data Reporting）部分主要讲授如何通过获取、清洗和分析数据来生产数据故事。

数据可视化与交互（Data Visualization and Interactives）以视觉设计思维和工具掌握为主，涉及的工具包括 Tableau、D3、Echarts 等数据可视化工具，QGIS、CartoDB、Esri、TileMill、GeoDjango 等常用的地图应用工具和 HTML、CSS、JavaScript 等进一步帮助呈现数据交互形式的工具等。

数据报道和数据可视化与交互是当下全球数据新闻教育中的主要内容，且在教学时多作为连续的模块，帮助学生生产出数据新闻作品。

新兴新闻技术（Emerging Journalistic Technologies）主要指基于数据和技术应用发展出的新的新闻形态，比如无人机新闻（Drone Journalism）、传感器新闻（Sensor Journalism）、虚拟和增强现实新闻（Virtual and Augmented Reality Journalism）等。之所以将其作为数据新闻教育中的一大关键领域，是因为在这类的新兴技术实践中，数据的来源、形态、处理方式各不相同，例如无人机是借由机器和人类感官的计算，使得时空数据转化为具体的新闻作品。在这类实践中，学生能够进一步因时、因地制宜地思考，如何获取数据、要获取什么样的数据、如何利用数据进行新闻生产等。本报告所考察的样本中，密苏里大学媒体融合系开设了无人机新闻、传感器新闻等前沿课程，斯坦福大学传播系在 2016 年冬季学期开设了 VR 课程，作为新闻学硕士课程的一部分，复旦大学新闻学院也开设了无人机新闻课程。

计算新闻（Computational Journalism）与数据报道、新兴新闻技术课程的内容相互勾连，但其目标不局限于数据挖掘，而是借由算法、机器学习或其他计算科学的方法来实现新闻传播，要求学生能够主动利用计算方法和数据思维解决相关问题。如在复旦大学新闻学院为新媒体专业硕士开设的计算传播学课程中，学生们被要求通过使用谷歌搜索数据预测美国南大西洋地区的流感 ILI 数值。

（三）师资配备：警惕过度外包

全球数据新闻教育一直受到师资缺口的影响。随着数据新闻教育中融入

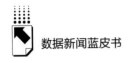

计算科学教学内容，师资问题更加凸显。跨院系合作、跨校师资借调、业界导师讲座或短期工作坊等形式逐渐融入数据新闻的教育体系之中。比如复旦大学新媒体专业硕士的计算传播学课程邀请了南京大学王成军老师讲授；清华大学、复旦大学、财新传媒等学界、业界机构也都举办过数据新闻工作坊。

数据新闻教育为跨学科发展提供了一个切口，不同学科的思维、教学方式如何能更好地相互融合？若将数据新闻中的跨学科难题单纯地理解为"数据＋新闻"，很有可能带来教学内容上的割裂。有研究者对美国113所新闻院校调查①后指出，新闻学院在设计数据新闻课程时应当警惕"过度外包"。"过度外包"不仅指教学内容上由外部"引进来"的比例过高，更在于对数据新闻教育核心的把握。

2009年，15名来自社会科学、计算机科学和物理学的重要科学家联名在 Science 上发表文章"Computer Social Science"，宣告计算社会科学的诞生。在计算社会科学诞生伊始，关于培养"具有计算知识的社会科学家"还是"具有社会科学知识的计算机科学家"的争议便是该篇论文在结尾处打下的问号。清华大学科学技术与社会研究所教授李正风与其博士研究生韩军徽在2017年对美国多位计算社会科学领域的重要学者进行了访谈。东北大学政治学、计算机与信息科学杰出教授 David Lazer，也是2009年提出计算社会科学概念的带头人之一，对交叉学科教育提出了如下建议："我们应当思考为社会科学家设置一整套编程课程，因为作为一个社会科学家所需要做的和作为一个计算机科学家所需要做的并不相同。"复旦大学新闻学院数据新闻课程的开展正是基于这种理念，本报告将在后文详述。

（四）资源供给：资金与智力支持

教育资源的供给对于新兴教育领域的发展至关重要，尤其是数据新闻这

---

① Berret, C., Phillips, C., "Teaching Data and Computational Journalism," *Columbia School of Journalism* 12 (2016): 9.

样面临着师资、设备等基础设施重组的跨学科教学领域，其发展需要产学联合，这都离不开资源的供给。

在美国，各类基金会及公司赞助是许多新闻学院的前沿方向或项目的主要资金来源。卡耐基－奈特基金会资助了哥伦比亚大学、密苏里大学等多家美国大学新闻学院，资金用于建立新闻实验室和开展新闻技能培训。

随着数据新闻在全球范围内的快速发展，各类数据新闻大赛成为数据新闻生产机构及数据新闻生产者相互学习、交流的重要平台，也为数据新闻教育提供了智力支持和文化资源。全球数据新闻奖（Global Data Journalism Awards）、可视分析竞赛（IEEE VAST Challenge）、中国数据新闻大赛、ChinaVis数据可视分析挑战赛、中国数据内容大赛等竞赛，促进了数据新闻教育的发展。高校师生通过课程打磨作品，向比赛投递作品，进而在平台上相互切磋交流，不断提升数据新闻实践能力。

四　数据新闻教育的本土案例——复旦模式

顺应大数据时代传播环境的变化需求，复旦大学新闻学院在全国新闻传播院校中率先开设了数据新闻类课程。2014年秋季，复旦大学首先在新媒体专业硕士项目中开设了数据新闻与可视化课程，课程为选修课，学分2分。随后在2017年秋季，复旦大学新闻学院设立全院平台必修课——数据挖掘与信息可视化，全院本科生无论何种专业都必须修读本课程。起初课程学分为2分，2020年调整为3分。为配合教学的展开，课程在澎湃新闻、上观新闻和腾讯新闻等主要新闻媒体设立了实训平台"复数实验室"，刊登优秀学生作品。

目前数据新闻课程每学期开设，课程团队稳定，课程建设初具成效，也获得了一些认可，课程先后获评上海市一流课程、上海市重点课程、复旦大学重点课程、复旦大学课程思政金课，以及复旦大学本科教学成果特等奖等。

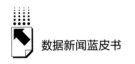

复旦大学新闻学院的数据新闻课程在课程建设上有 4 个着力点。首先，在课程定位上，确立跨学科的复合建设目标；其次，在内容架构上，强调多学科的交叉融合；再次，在教学策略上，注重思维培养与实践训练并重；最后，在团队建设上，力求教学团队成员稳定、背景多元，并积极开展学界业界合作。

（一）课程定位：跨学科复合建设目标

2014 年，复旦大学新闻学院率先在全国新闻传播院校中设立了新媒体专业硕士项目，该项目中设立了选修课——数据新闻与可视化，课程具有较强的实践导向，实施小班教学。几年下来，课程建设经验为后续推出面向全院本科生的数据类课程提供了有效借鉴。

2018 年，复旦大学新闻学院主动出击，大幅改革原有课程体系，陆续推出一系列面向新媒体时代的崭新课程，数据挖掘与信息可视化即是其中之一，它也是复旦大学卓越新闻人才培养体系改革创新的代表性核心课程。

课程设立的初衷既是顺应技术冲击下的传播环境变化，也是探索人才培养的新方向，面向未来培养具备跨学科知识基础的复合型人才，为此，课程定位为文理跨学科的新文科前沿课程。

（二）内容架构：多学科交叉融合

基于跨学科和复合培养的目标定位，复旦大学新闻学院的数据类课程在内容架构上凸显多学科交叉融合特征。融合包含两个层面，一方面是不同学科思维方式和知识概念的融合，即新闻传播学科、数据学科、计算机学科和视觉设计学科的融合；另一方面是跨学科技能的融合，即新闻采访调查技能、编程技能与设计技能的融合。

课程在内容架构上分为四个模块：数据基础与研究设计、数据采集与处理、数据统计分析和信息可视化（见表 1）。第一个模块为整体课程搭建概念和理论基础，主要讲授数据的概念、数据的分类、不同类型数据的特征以及数据的生成过程。在搭建了理解基础后，第二个模块进入数据新闻生产流程中的第一步——数据获取，讲授通过数据库、数据公开申请获得数据，也会教授学生们用软件和编程的方法爬取数据。目前国内大多数据新闻课程并不涉及编程内容，主要是受到师资能力的影响，复旦大学新闻学院通过开门办学、为教师提供培训等方式，使授课教师掌握了编程基础，为技能教育的升级提供了保障。数据获取中编程部分围绕 Python 语言讲授，首先介绍 Python 语言的语法规则，让学生理解编程语言的运作规律，随后带领学生使用 Python 语言进行抓取实战。第二个模块也会带领学生使用 Python 语言或 OpenRefine 软件清洗数据。第三个模块进入数据统计分析阶段，这个模块融合了技能操作与统计学基础知识，在技能部分涉及 R 语言的操作，理论和知识部分会讲授描述统计、统计推论、回归分析等内容。为应对技术环境下新闻传播新需求，这个模块还讲授中文分词、情感分析等内容。第四个模块聚焦可视化，首先从可视化的原则和方法讲起，接着进入静态图表可视化制作和动态图表可视化制作的内容，这一部分涉及的工具包括 Tableau Desktop、Echarts 和 Adobe Illustrator 等。

表1　复旦大学新闻学院数据类课程架构

内容模块	主要内容	所用工具	重点与难点
第一模块	数据基础与研究设计	无	理论概念与前沿趋势
第二模块	数据采集与处理	数据库、八爪鱼采集器、后羿采集器、Python、OpenRefine	新闻思维与编程技能
第三模块	数据统计分析	R 语言、Gephi、Jieba 分词	概念理解与编程技能
第四模块	信息可视化	Tableau Desktop、Echarts、Adobe Illustrator、Mapbox	概念理解与软件使用和编程技能

表1 列出了数据类课程的架构，课程主要涉及两种编程语言——Python 和 R 语言，这也是目前国内外两种主流的数据处理和可视化编程语言，课

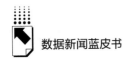

程中所使用的工具有 10 多种，如何让学生在理解概念的基础上，在有限的时间内掌握这些技能，这就对老师的教学方法提出了更高要求。

（三）教学策略：思维培养与实战训练并重

数据新闻课程教学注重思维培养与实战训练的结合，实际上，这一理念贯穿课程建设始终，在课堂组织、课程考核、资源建设等环节无不体现出思维培养与实战训练并重的理念。

首先，课程内容架构已经体现出并重的设计，具体到课堂组织，任课教师在每一个环节都会提供具体演示案例，在演示操作后，会要求学生上机，复盘全部操作，并进行随堂练习，现场解惑。通过这种老师带着学生操作并现场解决问题的方式，文科学生得以建立自信，破除了对编程的畏惧心理。课程考核采取项目制考核方式，学生在做中学，组成项目小组，期末提交数据内容作品，其间授课教师提供大量一对一辅导，这种方式可以考查学生对数据内容产品全部生产流程的掌握情况，也培养了学生的团队合作能力。

其次，课程对实战的具体标准也提出了要求，鼓励学生以专业行业标准生产内容。课程团队打造了"复数实验室"课程实训平台。这个平台隶属于澎湃新闻湃客频道，专门用于发布课程优秀学生作品，截至 2021 年，已累计刊登学生作品 30 多篇，总阅读量超过 5000 万人次。课程作品获得各类全国性数据新闻比赛大奖，包括第 4 届中国数据新闻大赛一等奖，第 5 届中国数据新闻大赛一等奖，中国可视化创作大赛"最佳数据新闻奖"银奖、铜奖、社会责任奖，人民网奖学金优秀融媒体作品奖，新概念融媒体作品大赛优秀奖等，课程作品发布平台"复数实验室"也获颁澎湃新闻"2019 最佳数据创作校园媒体"奖。

这种思维培养与实战训练并重的教学策略，使得学生具备较为扎实的理论基础，同时掌握了多种技能，具备与其他学科和其他工种从业者对话的能力，课程实训平台的建设提升了学生的专业认可度并增强了他们的成就感，也让优质的新闻内容走向了更广阔的公众。

（四）团队建设：成员稳定、背景多元

课程建设的根基与核心是课程团队的建设，复旦大学新闻学院的数据类课程有着稳定和背景多元的团队成员。面向本科生的数据挖掘与信息可视化课程由周葆华、徐笛、崔迪共同讲授，三位老师分别来自传播系、新闻系和广告系，根据自身研究方向和特长承担不同模块的教学任务，相互之间优势互补。同时，三位老师从教学需求出发组建了复旦大学人文社科"双一流"建设融合创新团队"数据挖掘与计算传播"，通过学术研究的开展反哺课程教学。

在团队建设上，课程贯彻了并重的方针，实施"开门办学"。课程邀请了国内数据领域的两位专家——澎湃新闻"美数课"栏目主编吕妍、上观新闻数据总监尤莼洁，组成业界导师阵容，深入参与课程。两位业界导师不但以讲座的形式为学生带来业界前沿探索，也加入学生作品指导和点评工作，为提升学生作品质量提供了有力帮助。

五 数据新闻教育的三种模式

通过对全球数据新闻教育的描摹以及对复旦大学新闻学院数据类课程的个案剖析，本报告总结出全球数据新闻教育的三种主要模式。

（一）"学界—业界"强链接模式

"学界—业界"强链接模式强调学界与业界相互对接的实践导向，在这种模式下，数据新闻课程内容围绕三大技能展开，一些教育机构将数据新闻从业者直接引入课堂，学生通过该课程的学习具备数据新闻实战能力。中国传媒大学是国内首个设立数据新闻专业的高校，在培养要求中明确提及要"培养具有较高新闻职业素养、厚实新闻理论基础、扎实新闻业务能力，同时具备较强数据挖掘与处理分析能力、数据可视化呈现能力、掌握数据能

力、驾驭数据能力和驱动数据能力的高级新闻传播复合型人才"，这一培养目标完全契合数据新闻教育的三大核心技能。中国传媒大学通过与中青网合作成立数据新闻合作实习基地、与艾迪普融媒体研究院合作等方式，搭建学生进入业界锻炼的平台。

（二）"新闻—计算"跨学科模式

"新闻—计算"跨学科模式多由计算机学院和新闻传播学院共同开设，相较于将数据新闻视为实践技能的产学合作模式，跨学科模式对学生的技能要求更高。在该模式的培养下，学生能够达成"为新闻设计和构建平台、算法和应用程序，甚至是从事与新闻传播议题相关的计算机科学的研究和开发工作"的目标。

"新闻—计算"跨学科模式集中于硕士项目，通过跨院合作、跨校合作等联合培养的方式达成跨学科的目标。比如清华大学新闻与传播学院和维特比工程学院等共同设立了"数据传播"跨专业联合培养硕士项目，第一批学生已于 2020 年 9 月入学。

哥伦比亚大学的新闻与计算机科学双硕士学位项目（该项目课程架构见表 2）设立于 2011 年，它已成为全球数据新闻教育的一大标杆。该项目由哥伦比亚大学新闻学院、工程与应用科学学院共同设立，项目培养期为两年。第一学期，课程设置偏向传统的新闻教育，包括报道写作、城市新闻室（City Newsroom）等，并辅修一门计算机科学课程；第二学期包含四门计算机科学类核心课程与一门音视频制作课程，从数据挖掘（Data Mining）到数据库系统设计（Database System Design）、高级软件工程（Advanced Software Engineering）、用户界面设计（User Interface Design）、计算机图形（Computer Graphics）等，夯实学生的跨学科基础。

在第二年，学生将参加专为双学位课程设计的计算新闻学前沿研讨会。研讨会的议题涵盖信息推荐系统和过滤气泡、统计分析的原理和生成数据的人工过程、网络分析及其在调查新闻中的作用等。

表2　哥伦比亚大学新闻与计算机科学双硕士学位项目课程架构

	第一学年秋季学期	第一学年春季学期	第二学年秋季学期	第二学年春季学期
课程内容	报道	四节计算机科学课程	计算新闻学前沿	研讨会及制作课程
	新闻要义	图像、声音或调查技能模块	硕士项目	硕士项目
	写作模块	—	图像、声音或调查技能模块	两节计算机科学课程
	一节计算机科学课程	—	两节计算机科学课程	—

资料来源：哥伦比亚大学新闻学院，https://journalism.columbia.edu/journalism - computer - science。

斯坦福大学则依靠其地理位置优势（地处硅谷）以及强大的计算机师资背景，打造计算新闻实验室，数据新闻项目的课程包含新闻编程、调查报道、计算新闻学、公共事务数据新闻等。

（三）"数据—数字化"多媒体模式

有研究者调查发现，一些院校不仅将数据新闻定义为一种围绕数据获取、清洗和分析等流程寻找新闻点并通过可视化的方式传达信息的新闻报道样式，还将更广泛的数字化新闻实践纳入教育体系，与狭义的数据新闻相互补充，意在提供融合传播环境下的数据新闻教育。[1] 作为欧洲首个新闻与传播学院，英国卡迪夫大学在课程设置上强调与全球媒体发展蓝图趋势的吻合（our courses reflect current global media landscapes and trends），开设了包括计算与数据新闻（Computational and Data Journalism）、数字纪录片（Digital Documentaries）、数字媒体与社会（Digital Media and Society）在内的融合课程。

不止于此，南加州大学的谷歌眼镜课程、哥伦比亚大学 Tow Center 的传感器新闻暑期课程等，都是学界将数据与数字化融合的具体写照。麻省理工学院的媒体实验室，建立了不同的研究小组，聚集跨学科团队，研究议题包

---

① 徐笛：《数据新闻的兴起：场域视角的解读》，中国传媒大学出版社，2019，第35～37页。

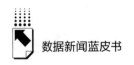

括情感计算（Affective Computing）、社交机器（Social Machines）、人类动力学（Human Dynamics）等。虽然 Media Lab 不归属于传统意义上的数据新闻生产范畴，但其"媒介＋技术"的理念对建设面向未来的数据新闻教育提供了启迪。

六　数据新闻教育的未来

（一）合作办学逐渐加强

当下新闻传播环境的主要特征之一是开放与合作，数据新闻教育也应顺势而为，积极开展合作办学。密苏里大学新闻学院已经做出了表率，2015年密苏里大学新闻学院与上海大学电影学院新闻传播系合作举行数据新闻/数据可视化教学周，同年 9 月又进一步开设数据新闻/数据可视化课程。中国传媒大学国际传媒教育学院与密苏里大学新闻学院于 2017 年 11 月初在北京合作开设无人机新闻艺术与技术课程。其间，密苏里大学新闻学院教授比尔·艾伦与上海大学电影学院新闻传播系和中国传媒大学新闻传播学部电视学院的教授共同举办"教授工作坊"，分享中美双方在新闻传播教学向新技术发展方面的经验。未来，基于数据新闻的开放性和包容性，全球新闻院校的合作或会逐渐加强。

（二）更为融合的内容架构

未来传统的新闻生产教学与数据新闻实践课程体系的融合将有更新举措，有研究表明开展数据新闻教育的目标并不是取代或减少新闻教育中的采写编评等生产实践内容，而是通过数据驱动和计算机技术来增强这些技能。①

---

① Berret, C., Phillips, C., "Teaching Data and Computational Journalism," *Columbia School of Journalism* 12 (2016).

当前高校对数据新闻教育中的跨学科融合问题已有一些探索，如哥伦比亚大学、雪城大学等。复旦大学新闻学院的数据类课程也有些许探索经验，比如将数据新闻作为数据思维与新闻生产有机统一的产物，而非简单的"数据＋新闻"，在课程内容设计上，不是简单割裂思维培养与实战训练，而是通过实战训练拓展思维。

此外，教学内容跨学科的融合不仅是教育实施主体需要考虑的内容，更是一项系统工程，包括课程设置与师资体系。复旦大学新闻学院的数据类课程由三位老师组成教学团队，这对于需要较多技能和学科知识的数据新闻教学来说，是一种有益的教学形式。而仅通过一门数据课程也不可能让学生从容应对当今的新闻信息传播环境，新闻教育需要整体变革。复旦大学新闻学院在数据类课程之外，还开设了媒介融合、新媒体用户分析、计算传播学、新媒体编程、数字营销、无人机新闻等一系列课程，这些课程组成的体系为人才培养提供了有力的支撑。

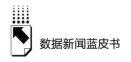

附表：

31 所样本院校

国家	院校名称
美国	密苏里大学新闻学院 Missouri School of Journalism
	哥伦比亚大学新闻学院 Columbia Journalism School
	密歇根州立大学新闻学院 School of Journalism at Michigan State University
	雪城大学纽豪斯公共传播学院 S. I. Newhouse School of Public Communications at Syracuse University
	西北大学梅迪尔新闻学院 Medill School of Journalism
	纽约大学亚瑟·L. 卡特新闻研究所 Arthur L. Carter Journalism Institute at New York University
	斯坦福大学计算新闻实验室 Stanford University Computational Journalism Lab
	加州大学伯克利分校新闻学院 School of Journalism at University of California, Berkeley
	佛罗里达大学新闻与传播学院 College of Journalism and Communications at University of Florida
	南加州大学安纳伯格传媒与新闻学院 Annenberg School for Communication and Journalism at University of Southern California
	威斯康星大学麦迪逊分校新闻与大众传播学院 School of Journalism and Mass Communication at University of Wisconsin – Madison
	得克萨斯大学奥斯汀分校新闻与传媒学院 School of Journalism and Media at University of Texas at Austin
	宾夕法尼亚大学安纳伯格传播学院 Annenberg School for Communication at University of Pennsylvania
	俄亥俄州立大学传播学院 School of Communication at Ohio State University

续表

国家	院校名称
英国	卡迪夫大学新闻、媒体与文化研究学院 Cardiff School of Journalism, Media and Cultural Studies
	伦敦城市大学新闻学院 Department of Journalism at City, University of London
	伦敦政治经济学院媒体与传播学院 Department of Media and Communications at London School of Economics and Political Science
荷兰	阿姆斯特丹大学传播学院 Graduate School of Communication at University of Amsterdam
	莱顿大学人文学院（媒体研究） Humanities at Leiden University（Media Studies）
德国	莱比锡大学传播与媒介研究所 Institut für Kommunikations-und Medienwissenschaft der Universität Leipzig
澳大利亚	墨尔本大学文化与传播学院 School of Culture and Communication at University of Melbourne
新加坡	南洋理工大学黄金辉传播与信息学院 Wee Kim Wee School of Communication and Information at Nanyang Technological University
	新加坡国立大学传播及新媒体学院 Department of Communications and New Media at the National University of Singapore
中国	复旦大学新闻学院
	清华大学新闻与传播学院
	武汉大学新闻与传播学院
	上海财经大学人文学院
	香港大学新闻及传媒研究中心
	香港中文大学新闻与传播学院
	香港城市大学人文社会科学院媒体与传播系
	中国传媒大学新闻学院

媒体案例篇

Media Cases

B.11
数据新闻在财经报道中的运用

——银柿财经数据新闻案例报告

张远帆*

摘　要： 数据新闻的竞争取决于两点：一是如何从海量数据中快速准
确地找到想要的数据；二是如何基于数据的分类、整理、分
析等工作，从中挖掘有价值的新闻。银柿财经在采写数据新
闻时，通常采用"主动策划＋数据挖掘""热点话题＋数据
求证""数据＋智库生成榜单"等方式。从长远看，在脚力、
眼力、脑力、笔力之外，"算力"也将成为媒体的核心能力
之一。

关键词： 数据新闻　财经报道　银柿财经

* 张远帆，《浙商》杂志编委，银柿财经总编辑。

数据是新闻事实之一，在财经报道中，引用数据是常见行为，但这只是数据应用最基础的层面。随着经济社会各领域的数字化程度不断提高，政府部门和企事业单位沉淀了海量数据，对这些数据进行清洗、分类、整理、分析、研究，能够使其成为社会治理的重要参考。海量数据的存在也促使新闻报道产生了一种新的类型——数据新闻。

数据新闻一般是指基于数据的抓取、挖掘、统计、分析和可视化呈现的新型新闻报道方式。数据新闻能够成为一种独立的新闻类型，是因为在引入数据新闻这种形式后，新闻报道能够揭示更多真相，并在此基础上生产出更有深度的内容。

实际应用中，将数据新闻独立成一种新闻类型来操作的媒体还是少数。多数情况下，数据只是财经报道的辅助手段，用以提升报道的真实性和可信度。但从整体趋势看，数据和技术在新闻报道中的作用会越来越大，甚至会起决定性作用，因此，数据新闻是一个值得关注和探讨的领域。

一 数据新闻的现实基础

（一）数据即真相，真相有价值

银柿财经的口号是"真相即价值"。我们认为，对于财经报道而言，数据不仅是真相的一种，更是人类描述、感知、定义世界的一种方式。

在描述现实世界方面，数据有一种独特魅力，即以极度的客观与理性，达成直观感性认知。接收信息并理解其意义，是人类大脑最基本的功能之一。各类信息和知识经过大脑的整理归纳和系统处理后，人们得以形成对周围世界及其联系的丰富而详尽的理解。理论上，数据是纯客观的，但在面对数据时，人类大脑会不自觉地对数据做出"注解"：哪怕眼前只有两个数据，比如5和10，大脑在处理数据时都会加上"大小""多少""好坏""涨跌""翻番"等"解读"，以加深对于数据的理解和记忆。而仅一组涵盖工厂数量、员工数量、产品数量、营收、利润等五六个指标的数据，就可以让人形成对一个企业的基本认知。

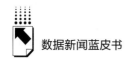

除了概念上的直观，数据新闻还非常适合做可视化呈现，在视觉上起到直观效果。比起用大段文字来描述一组数据，用图表、动画甚至交互式设计，可以更简洁清晰地表现数据及彼此之间的逻辑关系，更适合移动互联网时代手机端的快速阅读和社交传播。

但数据新闻更重要的任务是帮助人们揭示未曾发现的真相，并基于此做出研究、分析与预测，也就是说，由真相产生价值。这也是银柿财经数据新闻报道的宗旨。

（二）数据新闻的数据来源

与其他报道类型相比，财经报道在数据方面具有独特优势。经济金融信息的公开性和可获取性极强，可使用的应用工具也不少，在财报新闻记者日常工作中使用频率极高。财经报道中通常使用的数据有两大特色。

一是数据基本来源于公开信息。2008 年 5 月 1 日，《中华人民共和国政府信息公开条例》（以下简称《条例》）开始实施，2019 年对《条例》进行了修订。《条例》第 20 条和第 21 条规定了应当主动公开的信息类别，包括国民经济和社会发展统计信息，财政预算、决算信息，重大建设项目的批准和实施情况，环境保护、公共卫生、安全生产、食品药品、产品质量的监督检查情况等。

在企业方面，2019 年新修订的《证券法》对上市公司的信披主体、信披标准、信披质量、信披的权利和义务进行了强制性规定，并大幅提高了信披违规的处罚上限，最高可达"募集资金的一倍"。

在非公众公司方面，企业的工商登记信息（包括企业名称、地址、负责人姓名、筹建或者开业日期、经济性质、生产经营范围、生产经营方式、资金总额、职工人数或者从业人数等）及相关变更情况属于信息公开范围，且《中华人民共和国公司登记管理条例》第 57 条规定，"公司应当于每年 1 月 1 日至 6 月 30 日，通过企业信用信息公示系统向公司登记机关报送上一年度年度报告，并向社会公示"。

以上法律法规为从宏观到微观的各类数据的公开提供了依据，且带有一定的强制性，对违规发布虚假信息有相应的处罚措施，在一定程度上保证了相关数据的及时、准确和有效。此外，各级政府部门、行业协会等出于管理和组织的需要，定期进行数据汇总、统计和公布，这类数据也成为数据新闻的主要来源。

二是数据量庞大。以国内提供经济金融信息服务的主流平台 iFinD、Wind、Choice 等为例，经济金融信息的量级都在 2000 亿左右，主要包含以下几大类。

宏观经济数据。全球、中国以及各省区市的经济发展数据（GDP、GNP、CPI、PPI 等），全国经济及人口普查数据，各部门（如农业农村部、工信部、海关总署等）的月度和年度统计数据，行业协会（如乘联会、畜牧业协会等）的数据，产业链数据，等等。主要来源为各级政府、职能部门、行业协会的公开信息。

金融市场数据。全球公开市场的股票、债券、基金、期货、汇率、利率、大宗商品等行情信息和交易数据，上市公司的股价、财报、成交量、研报，等等。主要来源为各交易所。

企业工商数据。公司股权结构、高管信息、诚信档案、法律诉讼情况、知识产权数量、工商变更等。主要由天眼查、企查查等第三方平台提供。

政务大脑数据。主要是一定区域范围内的城市管理数据，如政策法规、项目建设、招商引资、乡村建设等；执法部门的数据（如公检法司、市场监管部门、劳动监察部门、环保监察部门、金融监管机构等有行政处罚权的部门的检查、处罚、审判情况）；等等。

新闻舆情数据。包括各种媒体（含自媒体）发表的新闻报道或文章、公司官方网站或者微信公众号的声明、社交平台上发布的帖子（如劳动关系、内部举报）、热搜事件，等等。

其他专项数据。一定时间内针对特殊行业或者特殊事件公布的统计数据，如新冠肺炎疫情及疫苗相关的数据、大型灾害数据等。

二 银柿财经的数据新闻案例

成立之初，银柿财经就将数据新闻作为与深度报道同等重要的栏目加以

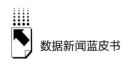

重点打造。成立近一年时间里，银柿财经的采编团队在数据新闻方面做了一些尝试。主要报道类型分为以下几种。

（一）"主动策划 + 数据挖掘"

"主动策划 + 数据挖掘"是最主要的一种报道类型，即通过主动策划产生选题，从数据库中提取所需要的数据，进行梳理、分析和解读。

案例一：《上市公司"扎堆"在中国哪些区县?》。[①]

第一，区域经济一直是银柿财经关注的重点之一。采编团队注意到，对大部分上市公司的统计仅到地级市，而对县一级的上市公司的研究较少，数据方面存在相当多的空白。在东部发达地区，县域经济是一个非常值得关注的领域。因此，采编团队决定以区县[②]为单位，做一篇关于 A 股上市公司的数据新闻。

第二，确定数据类型。要做全国各区县的上市公司的数量统计，需要设立哪些指标? 基于 iFinD 数据库的现有数据情况，采编团队选取了市值、数量、密度等指标，确立了数据新闻的基本架构。

第三，提取数据。这一步所花费的时间相对较长，主要原因在于数据库里对上市公司的注册地标签大多只到地级市，注册地址所属区县的标签缺失很多。采编团队与数据团队一起，在地理位置的核实、地名的重复错漏上做了大量校正工作，重新设置了数据标签，最后提取出了相对准确的数据。

第四，数据的整理与解读。包括设计团队负责图表制作，采编团队负责数据解读、稿件撰写，数据团队在这个过程中对所有即将发布的数据进行再次核对和校验。

第五，稿件编校与发布，以及后续的推广运营。因为与区域经济有关，这篇报道首发在以政府用户为主的浙江新闻客户端上，并在今日头条等平台进行了推送。

报道中涉及的数据详见图 1 至图 3、表 1 至表 4。

---

① 吴美花：《上市公司"扎堆"在中国哪些区县?》，浙江新闻网，2021 年 2 月 9 日，https://
zj. zjol. com. cn/news. html? id = 1616570。
② 此处"区县"实际指的是县级行政区。

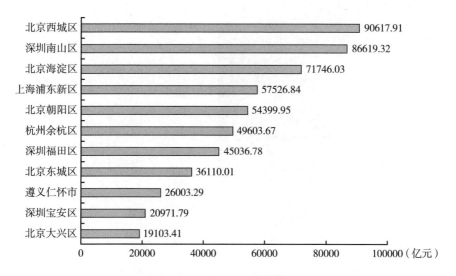

图1　上市公司市值总规模 TOP11 区县

说明：数据截至 2021 年 1 月 21 日，余同。

资料来源：iFinD 数据库。

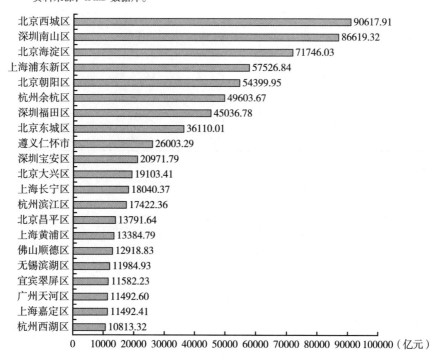

图2　上市公司市值总规模逾万亿元区县

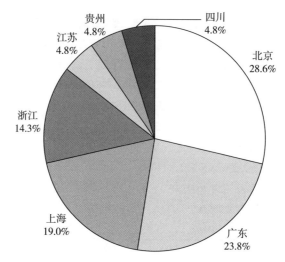

图3 上市公司市值总规模逾万亿元区县分布的省市占比

表1 上市公司数量TOP5区县

单位：家，亿元

排名	区县	公司数量	市值合计	平均市值
1	北京海淀区	205	71746.03	349.98
2	深圳南山区	174	86619.32	497.81
3	上海浦东新区	167	57526.84	344.47
4	北京朝阳区	148	54399.95	367.57
5	深圳福田区	80	45036.78	562.96

表2 上市公司平均市值TOP10区县

单位：亿元，家

排名	区县	平均市值	市值合计	数量	上市公司
1	遵义仁怀市	26003.29	26003.29	1	贵州茅台
2	宁德蕉城区	4572.66	9145.32	2	宁德时代 闽东电力
3	宜宾翠屏区	3860.74	11582.22	3	五粮液 天原股份 浪莎股份
4	保定莲池区	3748.38	3748.38	1	长城汽车

续表

排名	区县	平均市值	市值合计	数量	上市公司
5	吕梁汾阳市	3294.38	3294.38	1	山西汾酒
6	南阳内乡县	3142.05	3142.05	1	牧原股份
7	芜湖镜湖区	2821.88	2821.88	1	海螺水泥
8	龙岩上杭县	2783.89	2783.89	1	紫金矿业
9	西安长安区	2206.76	4413.52	2	隆基股份 铂力特
10	连云港连云区	2022.65	8090.60	4	恒瑞医药 翰森制药 康缘药业 连云港股份

表3 上市公司"密度"TOP10区县

单位：家，平方公里

排名	区县	公司数量	土地面积
1	上海黄浦区	31	20.50
2	北京东城区	45	41.84
3	北京西城区	53	50.70
4	深圳福田区	80	78.66
5	深圳南山区	174	187.47
6	上海徐汇区	38	54.93
7	上海静安区	25	37.37
8	福州鼓楼区	22	35.70
9	广州天河区	55	96.33
10	上海长宁区	21	38.30

表4 上市公司市值总规模TOP50区县

单位：亿元

排名	省区市	区县	市值合计
1	北京	北京西城区	90617.91
2	广东	深圳南山区	86619.32
3	北京	北京海淀区	71746.03
4	上海	上海浦东新区	57526.84

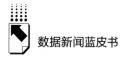
续表

排名	省区市	区县	市值合计
5	北京	北京朝阳区	54399.95
6	浙江	杭州余杭区	49603.67
7	广东	深圳福田区	45036.78
8	北京	北京东城区	36110.01
9	贵州	遵义仁怀市	26003.29
10	广东	深圳宝安区	20971.79
11	北京	北京大兴区	19103.41
12	上海	上海长宁区	18040.37
13	浙江	杭州滨江区	17422.36
14	北京	北京昌平区	13791.64
15	上海	上海黄浦区	13384.79
16	广东	佛山顺德区	12918.83
17	江苏	无锡滨湖区	11984.93
18	四川	宜宾翠屏区	11582.23
19	广东	广州天河区	11492.60
20	上海	上海嘉定区	11492.41
21	浙江	杭州西湖区	10813.32
22	广东	深圳龙岗区	9236.88
23	福建	宁德蕉城区	9145.32
24	广东	广州黄埔区	8948.43
25	江苏	连云港连云区	8090.61
26	广东	深圳罗湖区	7566.03
27	福建	福州鼓楼区	7210.95
28	广东	佛山禅城区	6946.32
29	上海	上海闵行区	6908.91
30	上海	上海徐汇区	6751.70
31	安徽	合肥蜀山区	6639.02
32	江苏	苏州吴中区	6388.09
33	重庆	重庆江北区	5917.05

排名	省区市	区县	市值合计
34	广东	珠海香洲区	5817.93
35	山东	烟台福山区	5787.12
36	天津	天津滨海新区	5643.16
37	浙江	宁波鄞州区	5241.26
38	安徽	芜湖鸠江区	5059.52
39	四川	成都武侯区	5051.10
40	广东	深圳龙华区	5038.07
41	福建	厦门思明区	4916.88
42	广东	广州海珠区	4823.42
43	江苏	南京建邺区	4733.92
44	浙江	杭州萧山区	4601.73
45	上海	上海杨浦区	4482.19
46	广东	惠州惠城区	4422.85
47	陕西	西安长安区	4413.52
48	北京	北京丰台区	4405.18
49	湖南	长沙天心区	4401.09
50	北京	北京顺义区	4372.35

2021年4月杭州行政区划进行调整后，相关报道衍生出了后续产品《杭州行政区划调整，上市公司分布有何变化?》[①]，为新区政府提供了重要的经济参考指标。类似的报道还有《世界前十大经济体，"战疫"能力谁最强?》《2021年，哪家银行的不良率需要重点关注》《发明专利能为上市公司贡献多少利润》等。

（二）"热点话题 + 数据求证"

"热点话题 + 数据求证"类新闻来自某一时期的某个热点话题，但热点话题尤其是网络上的热点往往掺杂着相当多的非理性因素。舆论需要靠事实引导。所以在面对一个热点话题时，合格的新闻工作者首先应当想到的是，这是不是全部的事实，是否还有被忽略的东西，有没有更多的事实佐证，或

---

① 王索妮：《杭州行政区划调整，上市公司分布有何变化?》，浙江新闻网，2021年4月10日，https://zj.zjol.com.cn/news.html? id=1647405。

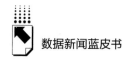

者有没有数据可以证伪。

"新疆棉花事件"就是这样一个事件。在网络群情激愤的时候,银柿财经对涉事的公司 BCI 进行了起底报道。但采编团队认为这一事件中还缺少许多关键数据,用户需要对新疆棉花有更全面、更准确的认知。于是采编团队决定以新疆棉的产销数据为核心,采写一篇数据新闻。

案例二:《进出口数据显示,新疆棉真的不够用,国际品牌还排不上号》。①

采编团队为此调取的数据很多,但由于来源复杂,相当多的数据无法核实或来源可疑,最终采编团队只采用了几项核心数据,本报告内引用的数据主要来自海关总署、农业农村部等权威部门,以及中国棉花协会等行业协会。数据量虽然不大,但已经能够大致揭示出新疆棉花的出口情况。

在后期撰稿过程中,采编人员意识到,想要完整描述新疆棉花的产量和出口情况,单靠数据仍然单薄,于是增加了对行业人士采访的内容比重。从数据新闻的构成上来看,这是一个相对失败的半成品,但从新闻产品的角度而言,它是完整的。

涉及的主要数据见图 4 和表 5。

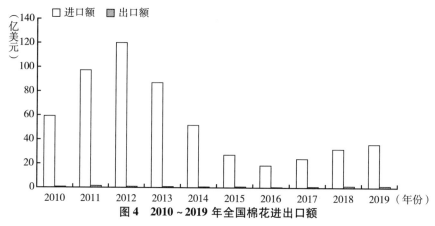

图 4 2010~2019 年全国棉花进出口额

资料来源:海关总署。

---

① 蔡筱梦、黄羽:《进出口数据显示,新疆棉真的不够用,国际品牌还排不上号》,浙江新闻网,2021 年 3 月 25 日,https://zj.zjol.com.cn/news.html?id=1639270。

表5　2020年全国棉花出口额 TOP10 地区

排名	省区市	出口量(吨)	出口额(万美元)	占总出口额比重(%)
1	新疆	79178.51	10950.44	67.25
2	河南	11521.63	1507.79	9.26
3	北京	5231.38	804.27	4.94
4	山东	6643.50	745.80	4.58
5	河北	6430.50	594.03	3.65
6	湖北	2901.17	447.12	2.75
7	上海	2586.51	302.50	1.86
8	天津	1533.90	219.67	1.35
9	安徽	2003.88	198.94	1.22
10	陕西	1319.18	153.72	0.94
	全国	128423.37	16282.89	100

资料来源：海关总署。

还有一部分数据因为受发稿时间等影响未能图表化，这也是这条数据新闻看起来更像半成品的原因——只完成了数据的收集与罗列，但没有进行整理与呈现。类似的报道还有《数据告诉你，"吃肉自由"什么时候到来》《是"惊雷"还是"惊喜"？我们分析了"猪茅"牧原股份的财务数据》等。

（三）"数据＋智库生成榜单"

"数据＋智库生成榜单"类数据新闻是财经报道中常见的数据新闻类型之一，业内知名的财富500强、福布斯富豪榜、胡润百富榜等都属于此类。以资本市场为主要报道领域的银柿财经，也有年度榜单计划。结合资本市场高质量发展的主题，与相关智库机构紧密合作，以市场公开数据为主要依据，以同花顺的人工智能等科技手段，整合专家力量构建了一套上市公司健康质量评价体系，包含9个维度331个定性定量指标，综合分析上市公司的健康状况，并根据行业权重，选取100家上市公司，制作了"2020中国上市公司高质量发展百强榜"，于2021年7月29日在中国上市公司高质量发展杭州峰会上发布。

榜单开启了财经媒体生产数据新闻的另一种模式，即与有数据和研

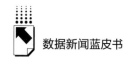

究能力的机构合作，将理论体系、数据库、算法和新闻价值结合起来，各展所长，共同生产有行业影响力的榜单类数据新闻。这一榜单还产生了衍生产品，即"企业健康体检"功能。在银柿财经 App 上，输入企业名称，可以查看企业九大指标的具体得分，从而对企业发展质量形成更全面的认知。

三　短板与问题

海量数据为财经新闻报道提供了丰富素材，也对财经报道者提出了挑战——所有媒体从业者，包括自媒体人，可使用的数据库基本相同，因此竞争取决于以下两点：一是如何从海量数据中快速准确地找到想要的数据；二是如何基于数据的分类、整理、分析等工作，从中挖掘有价值的新闻。

数据新闻将有可能重构整个内容生产的流程，而数据新闻的采编人员需要直接面对数据与技术的挑战，当前存在的问题和短板也是显而易见的。

（一）数据安全

自大数据时代到来后，数据的价值越来越受认可与重视，而数据的权属一直是个存在争议的话题。2021 年 9 月 1 日，《中华人民共和国数据安全法》实施，该法就规范数据处理活动，保障数据安全，促进数据开发利用，保护个人、组织的合法权益，维护国家主权、安全和发展利益等做了规定。数据的收集、存储、使用、加工、传输、提供、公开将依法而行，新闻媒体虽然是出于公益目的使用数据，但仍然需要注意数据使用的合法性与规范性。

（二）技术能力

数据新闻是一门交叉学科，采写编评等技能已无法满足大数据时代下数据新闻的生产需求，采编人员需要具备更多重的技能，包括：基础的计算能力，能够对数据进行初始的提取和加工；使用数据类软件或者编程的能力，对数据进行深度运算和加工；基础的可视化设计能力，能将繁杂的数据简单化，便于受众理解。也就是说，数据新闻对采编人员综合素质的要求相当高，采编人员即便不能掌握以上技能，也必须对相关基础知识有所了解。而云计算、人工智能甚至区块链等技术，在数据新闻的生产中将发挥重要作用，能否理解并用好这些技术，是数据新闻生产必须面对的课题。

（三）团队建设

从实践情况看，数据新闻的生产将改变采编人员单打独斗的内容生产模式，更适合采用项目组形式，团队中需要有新闻采编人员、数据工程师、算法工程师、可视化设计人员、交互设计人员、运营推广人员等角色，如果是经济研究相关的数据产品，更需要经济学家提供理论体系支撑。而这样一个"混搭"团队的管理、协作与运行模式，对于媒体的组织形态而言也是一个极大的挑战。

那么问题来了，媒体是否需要设立一个专门的数据新闻部门？还是在每个内容生产部门里建设数据思维与能力？目前来看，实践中还是前者居多，但后者才是趋势。

四　探索方向

一个通常意义上的传统媒体，要尝试做好数据新闻，是一个巨大的挑战。表面上看，这是内容生产的变化，但在深层次，这涉及组织架构、管理模式甚至组织文化的变革。数据新闻的产能可以从一个侧面反映出媒体在完成采编流程信息化之后，是否拥有数字化能力。

具体来看，做好数据新闻，可以在以下几个方向上做探索。

（一）媒体的"算力"

从数据的分类角度来看，如果把新闻报道所涉内容视为数据，常见的办公文档、文本、图片、各类报表、图像和音频/视频信息等，都属于非结构

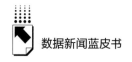

化数据，也就是数据结构不规则或不完整、没有预定义的数据模型、不能直接用数据库二维逻辑表来表现的数据。

非结构化数据格式多样，没有统一标准，是数据加工处理的难题，进而会带来算法和 AI 在"理解"数据时的难题。但非结构化数据的数量又很庞大。IDC（国际数据公司）预测，非结构化数据每年以超过 50% 的速度增长，到 2025 年约占数据总量的 80%。对这类数据的处理，需要新的技术，比如 AI 计算、物联网等。

对非结构化数据的处理水平，或将成为数据能力的主要差异。内容团队是否可以在其间发挥作用？在银柿财经内容团队与技术公司的早期合作中，采编人员在无形中承担了"用户扮演"与"AI 训练"的工作。比如内容团队最常使用的语音转写、图像识别、视频拆条等工具，AI 需要大量的机器学习过程，而采编人员的日常工作需求（如把采访录音快速转化为文字）为 AI 提供了大量"学习"的机会。再比如内容团队为完成选题提出的收集、分类、提取、分析的数据需求，也对数据团队处理非结构化数据的能力提出了要求。

从长远看，内容团队作为"用户"，如果能够与数据和算法团队形成良性互动，将形成媒体自己的"算力"，并且"算力"将有可能成为媒体的核心生产力之一。

（二）协同力

虽然大多数媒体已经意识到技术与数据的作用，但并不是所有媒体都有实力自建数据与技术部门，或者有能力收购一个类似的公司，也有可能会采用与专业技术和数据公司合作的形式来进行。这就涉及许多问题，比如是媒体集团内部成立综合性部门、采用甲乙方模式的外部服务采购还是成立合资公司。如果是成立一个部门，不同岗位的工作如何考核，部门绩效如何界定；如果是合作成立公司，各自的权责关系如何界定，以及数据资产的权属、合作产品或者服务的所有权归属、收益权的分配，都是前所未有的问题。

（三）数据新闻的价值

数据新闻有什么用？除了可以成为一种有传播力的内容外，它还能发挥什么作用？

我们倾向于认为，数据新闻内容应当成为媒体智库的一部分，在服务经济社会发展和推动社会进步方面发挥更大作用，为政府的区域经济规划、产业政策研究、营商环境评估等提供决策参考和建议，提高决策的科学性、前瞻性，或者助力企业的转型战略、品牌战略、人才战略等。总之，数据新闻所揭示的真相与趋势，其价值应当不止于传播，更应当是一种智慧产品，是"新闻＋政务服务商务"的重要手段。

B.12
数据新闻团队的本土化落地与发展
——澎湃新闻数据新闻案例报告

吕　妍*

摘　要：　本报告以澎湃新闻数据新闻团队及其生产实践为考察对象，将澎湃新闻的数据新闻实践划分为新闻包装、数据驱动、价值闭环三个阶段。结合具体选题要素及案例，本报告对澎湃新闻旗下数据新闻栏目"美数课"的选题理念进行了阐释，并以澎湃新闻的数据新闻实践为典型个案，考察我国数据新闻团队的本地化落地与发展。

关键词：　数据新闻　新媒体转型　媒体融合　澎湃新闻

2014 年前后，国内一批原创新闻媒体开始了新媒体转型的探索。其中，"澎湃新闻"客户端于 2014 年 7 月横空出世，数据新闻栏目"美数课"（曾用名"花边数据"）是第一批栏目之一。

一　澎湃新闻数据新闻的迭代

（一）第一阶段　新闻包装（2014~2016年）：整合优势资源

依托于《东方早报》10 余年积累起的视觉生产链优势，最早构建栏

---

*　吕妍，北京大学学士，密苏里大学硕士，澎湃新闻数据新闻主编，负责主打原创数据新闻的"美数课"栏目和第三方创作者共建数据内容的"有数"栏目。

目的人员以设计师为主——涉及新闻图表设计、平面动画设计、3D 动画设计、插画设计等多个工种。彼时的人员构成是：数据编辑 3 名，设计师10 名。

在报纸转型新媒体的核心需求驱动下，澎湃新闻数据新闻团队以跨部门和自循环的新闻包装为特色，推出多款大型融媒体产品。从这一阶段的代表作可以看出，选题以可预判的专题为主，封装形式多为 H5 产品，内容中使用的数据多为半结构化、二手数据。

在澎湃新闻转型的势能下，这一阶段各部门之间合作意愿强，数据新闻团队具有人才复合、视觉专长等优势，牵头或主导创作了《甲午轮回》等口碑作品。

在这一阶段中，澎湃新闻还完成了日常数据新闻生产的大转变。从初期碎片化数字资讯与装饰型设计的组合，到二手数据汇总、一图看懂模式的长图解，再到根据热点新闻应变、在数据中发现和呈现新闻的比较标准的数据新闻作品，这一阶段完成了基础的团队磨合和内容产品定义。

回顾这一阶段的数据新闻团队运作，其主要是作为新闻机构内一支融合生产的带头力量，协助推动澎湃新闻内部资源融合，形成融合新闻生产的气候。并且在数据新闻方面，逐渐提高数据挖掘、可视化的能力，锻炼在面对热点新闻时的反应能力。

但是，由于在人员构成上，数据编辑力量不足且数据挖掘等技术能力仍较弱，在数据新闻生产上更偏向于解释性报道，而数据驱动属性不足。

阶段代表作品为《甲午轮回》（见图 1）。

在甲午战争爆发 120 周年之际，澎湃新闻推出了回顾性融媒体产品。根据大量史料，结合 3D 建模、全景图片、信息图表、图集等方式全景式呈现了甲午战争时的敌我实力、战争过程等。制作时，由设计总监担任产品经理和设计师，联动数据编辑、图片编辑对史料进行研究和梳理，并且与 3D 动画师密切协作，根据史料对中日战舰进行还原，以全景图片和 360 度 3D 模型的形式融入 H5 产品。

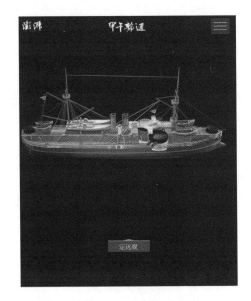

图1　《甲午轮回》

资料来源：https：//h5. thepaper. cn/html/zt/jiawu/。

（二）第二阶段　数据驱动（2017～2018年）：增强核心优势

随着今日头条等新闻分发渠道兴起，以及移动互联网的进一步渗透，H5形式的传播红利逐渐减弱，体量大、内容厚重的融媒体产品在传播上也引起疲倦。彼时的媒体热潮转移到新闻短视频上。

数据新闻团队作为上一阶段的融合生产带头力量，应该转变赛道还是坚守原本专业？在更多团队掌握融媒体产品操作套路的情况下，如何确立数据新闻团队独立存在的必要性和价值？这些都成为不得不思考的问题。

2016年底，在数据新闻的人员构成上，新增了3名数据编辑的编制，使得这一阶段的数据新闻团队人员构成变为数据编辑6名（其中包括1名有开发专长的编辑）、设计师14名（其中包括1名可视化设计师）。

有了更为合理的人员配比，数据新闻团队开始集中在数据驱动类内容上发力，致力于在数据挖掘方法、数据可视化交互方面探索本土化应用。

数据爬取、QGIS分析、Processing生成式设计、scrollytelling等技术手

段，都在这一时期逐渐运用到澎湃新闻数据新闻生产中。在内容形式上，团队更多地侧重于更有利于外部渠道分发的图文和动画视频；对于 H5 的立项，除了继续保持部门间的合作、开发高质量融媒体 H5，团队还探索了一些数据驱动属性的 H5 产品。

另外，在澎湃新闻的顶层设计框架下，2018 年初启动搭建第三方专业创作者平台——湃客号。作为澎湃新闻新媒体转型的特色项目之一，数据新闻与非虚构写作和影像新闻一起，成为湃客号最初的 3 个品类之一。湃客号这一体系，使得澎湃新闻数据新闻团队，除了自产原创内容之外，还有一个完整的框架可以刊发外部数据新闻作品，与近 100 个外部创作者产生连接。

回顾这一阶段的数据新闻团队运作，可以说其积累了高水平数据新闻内容制作的基本经验。在自身实践过程和与外部创作者的互动中，团队逐渐找到了适合本土操作的数据新闻选题规律，并且懂得根据选题属性和分发条件来确定产品封装形式。

除了圈内口碑和行业奖项，澎湃新闻数据新闻团队还开始在更大范围的舆论场框架内思考数据新闻的传播。

阶段代表作品如下。

1. 《69 年台风风雨录》

作品梳理了 1949～2017 年台风的路径及灾害数据，完整呈现其间 2341 个台风的轨迹及强度数据（见图 2）。制作时，数据编辑使用 QGIS 进行地理信息分析，在设计师进行 UI 设计后，项目以 p5. js 为主要开发语言，对内容进行交互呈现。

2. 《汶川记忆地图》

作品是汶川地震 10 周年之际澎湃新闻推出的 UGC 产品。由澎湃新闻数据新闻团队与澎湃人物报道组合制作，以 "10 年前地震发生时你在做什么" 为主题，将撰写、阅读、分享集中于一个统一界面，收获了 2000 余条高质量的网友记忆留言。

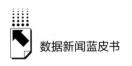

图2 《69年台风风雨录》

资料来源：https://h5.thepaper.cn/html/interactive/2017/typhoon/index.html。

（三）第三阶段 价值闭环（2019年至今）：实现品牌转化

随着澎湃新闻数据新闻团队在专业化内容上的深耕，团队在奖项和影响力方面有了更多积累。在团队人员构成上，进一步扩容和升级：数据编辑8名、动画编导（由原动画设计师转型而来）4名、设计师11名（其中包括2名可视化设计师）。在人员专业能力方面，团队通过人员流动、内部培训等方式，在数据科学、数据可视化开发等方面，继续增强实力。

这一阶段的内容探索，呈现突破性的发展态势。

在疫情报道这个没有硝烟的战场中，除了医院等极少数的第一线，人们对疫情发展的捕捉极度依赖每日更新的官方疫情通报，这使得数据新闻具备了穿透核心事实的有利条件。这一次，数据新闻不再局限于"锦上添花"的第二落点，而是有条件地提供"雪中送炭"的第一落点。

在疫情报道上，澎湃新闻数据新闻不仅原创报道出现许多"出圈"传播，还将第三方创作者平台的效用发挥出来。根据中国人民大学新闻学院副教授方洁团队对湃客号疫情数据报道做的分析研究，2020 年 1 月 1 日至 8 月 31 日，澎湃新闻"湃客·有数"栏目中入驻湃客号共发布 425 篇疫情相关的数据新闻。与同期湃客非虚构栏目"湃客·镜相"和影像栏目"湃客·眼光"相比，数据新闻类作品门槛相对较高，所以发布量相对较低；但在读者访问量和点赞量上，数据新闻体现出一定的竞争优势。[1]

这一阶段，团队除了继续进行内容创新之外，还更多地考虑如何提高内容的转化率，这主要体现在品牌传播力和品牌商业价值等方面。这些都是数据新闻团队在媒体内外可持续发展的重要指标。

2019 年底，澎湃"美数课"开通了微信公众号。之后，又陆续在微博、抖音、快手、哔哩哔哩、西瓜视频、小红书等平台上开通账号。这是为了在澎湃新闻自有平台及大号的分发渠道之外，更直接地与受众互动。这些对不同平台传播调性的探索，让澎湃新闻数据新闻团队能够更好地判断自身长短板，从而进行内容策略调整。

另外，栏目传播力提升以后，也更多地开展商业和内容合作，合作对象包括国家统计局、中纪委、上海统计局等政府机构及天眼查、苏宁易购等企业。

澎湃新闻数据新闻团队还与湃客团队合作，从 2019 年起举办数据创作者大会。第一届大会共吸引近 80 位数据创作者和近 300 位观众，围绕数据内容与可视化展开了 10 场主题演讲和 4 场圆桌论坛。第二届大会则聚焦疫情下的数据表达，深入探讨了疫情数据新闻的"出圈"及启示。会议不仅反哺了数据内容社群，还以赞助商的方式实现了澎湃新闻数据新闻的品牌变现。

阶段代表作品如下。

1.《新冠肺炎病例实时数据》

这一产品从 2020 年 1 月 22 日上线，一直持续更新至今，是比较标准的

---

① 《2020 疫情数据报道分析报告》，澎湃新闻网，2020 年 9 月 17 日，https：//www. thepaper. cn/ newsDetail_ forward_ 9182883。

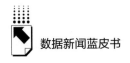

数据应用类产品。数据维度多次扩展,从一开始的省级病例数据,到地市级病例数据,再到治愈数据,最后到全球数据。产品形态也随着各个阶段的焦点变化而进行了十几次迭代。在传播方面,从一开始的独立 H5 分发,到后期在澎湃新闻 App 首页增添关键数据外显和 H5 入口链接,提高了产品的触达率。

2.《全球华人"店铺关门有家难回"? 来看假消息是如何批量生产的》

这一作品的特殊之处在于,以小切口、剥洋葱的方式呈现了疫情防控常态化时期的一个小插曲。针对当时部分公众号批量传播海外疫情假消息的现象,对这些公众号背后的公司进行挖掘,以可视化的形式呈现做号公司—公众号矩阵—批量假消息三层逻辑。报道除了引起广泛传播,还产生了诸多现实影响:微信平台对相关公众号进行封号处理,其他媒体也对背后公司进行了跟进报道,最终炮制假消息的 3 位相关责任人被判处了 15 ~ 20 个月有期徒刑。

二 澎湃新闻"美数课"的数据新闻选题理念

(一)选题三要素

数据新闻可以有多种形态,但是其立身之本和终极使命是挖掘和呈现其他信源和形态所难以表达的内容,可以归结为"内容增量"和"形式增量"两方面。

那么,如何策划和完成这样的数据新闻呢? 在澎湃新闻"美数课"已经发布的 1438 篇稿件背后,是 300 多次选题会的头脑激荡。选题会常常是优秀案例的起点,但也是数据记者和编辑们一周里最焦虑、最头疼的环节。所幸的是,在这些选题会后,澎湃新闻"美数课"的选题理念产生了。

在澎湃新闻"美数课"的实践过程中,确立选题时按照三个方面来展开,也可以称为数据新闻选题的三要素(见表 1)。

表1　数据新闻选题的三要素

要素	判断标准	意义
新闻由头	"读者为什么要现在关心这个话题?"	媒体是一种公共资源,任何报道形式都应力争对最受关注的公共事件进行报道覆盖。从内容传播来讲,可以借助公众的关心来实现更有效的传播。从团队生存来讲,为媒体机构增加关键舆情中的差异化内容,也有利于在媒体机构中获得认可
切入方式	"稿件将解答或解决什么问题?"	数据新闻不是数据报告,面面俱到而泛泛而谈的数据内容不能满足大众传播需求。数据新闻在创作中,需要重塑出叙事逻辑。数据新闻团队在运作中,最好将这个环节提前,在立项的时候就有所设想,而不是抱着好奇心去接近一个题目,否则很有可能出现掌握大量材料而不知如何叙事的困境,影响团队运行效率
数据来源	"所掌握的数据能否解答或解决预设的问题?"	如同非常好的选题却无法找到合适的采访对象一样,好的选题也可能根本找不到可用的数据。如果抛开数据来源去确立选题,讨论的价值可能大打折扣,结果也很可能是空谈一场

在确立数据新闻选题时设置以上三个要素维度,主要是为了帮助数据新闻团队更好地进行资源分配和流程控制,提前进行选题调研,降低选题"流产"的概率,提高数据新闻团队运营的效率。

但是,在实际操作中,也允许存在一些弹性空间。比如,如果从数据中发现了非常确定和独家的结论,很可能脱离新闻由头而发布,甚至可能创造出对应的新闻热点。又比如,如果选题的新闻由头极具重要性,而且数据来源质量极佳,也可能在无法确定切入方式的情况下进行选题立项,展开尝试。

(二)案例分析

1. 商标护城河——一篇典型数据新闻的诞生

早在2017年,《虾米、紫米、还是爆米花? 小米到底注册了多少关于米的商标?》的舆情就引起了"美数课"编辑部的注意。这种有趣的商业防御策略,不只小米公司一家采用;面对各种外围公司的商标擦边注册"攻

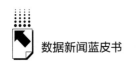

击"，许多大公司不得不注册很多看似山寨的商标来筑起"商标护城河"。在天眼查这样的企业数据库里可以非常容易地查询到各个企业的商标备案。

如果这样做一篇梳理稿件，是可以发表的。但是，小米商标的舆情并没有引起非常大的反响，导致选题的重要性不足；并且，我们当时没能提炼出需要通过数据来解答的问题，简单的梳理与有"内容增量"和"形式增量"的数据新闻都有很大差距。因此，当时的我们并没有把这个线索发展成一篇稿件。这样一个看似典型的数据新闻选题，虽然有着清晰的"数据来源"，但是没有足够强的"新闻由头"，也没有合适的"切入方式"，还不是一个充分的数据新闻选题。

2019 年，拥有 1400 万名粉丝的短视频博主敬汉卿发布视频称自己的名字被其他公司抢注为商标，他以后可能无法在腾讯、哔哩哔哩等平台使用自己的真名做账号名了。而细究发来律师函的商标注册公司，会发现它是一家注册资金只有 20 元，却在 2 年间申请了上百个商标的企业，其中有不少网红的 ID 被其注册成了商标。用了 22 年的真名却可能涉嫌商标侵权，这样匪夷所思的操作引起了广大网友的讨论，更重要的是，引发了对商标维权边界的探讨和对商标注册集团的关注。

于是，"商标护城河"的题目重回视野。如果说，"商标护城河"是现象，那么商标注册集团就可能是造成这种现象的主要原因。这个数据新闻选题有了更热门的"新闻由头"——围绕敬汉卿商标被抢注产生的讨论，有了更丰富的"数据来源"——企业商标备案数据库和年度商标注册量排行榜，还有了更明确的"切入方式"——谁在囤积商标？囤积商标是门好生意吗？以上三个方面构成了清晰的选题思路，这篇数据新闻稿件最终在一个星期的时间内得以完成。

2. 相亲角——一个非典型数据新闻项目的诞生

上文所讲的是在日常新闻循环里敏捷而高效确立数据新闻选题的方法。数据新闻还有许多佳作是面对相对静态的选题产生的。这些题目可能不需要硬性的新闻节点，在软节点发布甚至凭空发布就极具吸引力和传播力；而这类选题常常需要更多的试错成本，因为有来自数据来源、分析方法和产品形态等方面的诸多不确定性。

在这样非典型的数据新闻项目的策划中，我们可以按照前文所讲的"内容增量"和"形式增量"来评估。

（1）内容增量——数据解锁了相亲角话题的新次元

相亲角话题常年登热搜，是个反映当代婚恋问题的常青选题。但是，我们常常看到的相亲角新闻都是以特写文章或者视频的形式出现的，数据领域尚无佳作。

2018 年，《83 年海归女硕士，相亲角给自己相亲》引起了"美数课"编辑部的注意。文中提到，在相亲角，家长喜欢把男人形容成银行卡，而女人就是房子。女人年轻就是地段好，长得漂亮就是房型好。家长都说这位海归女"房型"可以，因为年龄偏大，就像一套郊区的大房子，价值不大。

这样的评价体系令人深思，在相亲角里的个人征婚广告上，也能看出这种评价体系的痕迹。相亲角的征婚广告虽然形式各异，看起来跟数据没有任何关系。但是，这些广告不论是手写还是打印，都遵循着一套通用的维度模板。标准格式的征婚广告分成两个部分：上半部分是相亲者自己的条件，下半部分是所期待的对象的条件。根据我们后面的统计，除了"性别""年龄"这样的必填项，"身高""工作""学历"也有八成以上的提及率，而"户口"和"婚姻状态"有过半的征婚广告写明了。

这些共识性的维度，提供了自建数据库的可能性。于是，我们收集了相亲角的上千份征婚广告，去重处理之后筛选出 874 份有效的征婚广告。然后，对这些广告进行数据编码，形成了一个有 40 多个维度的相亲信息数据库。这个数据来源，虽然不能代表全社会的相亲市场状况，但是可以尽可能完整地还原出一个典型相亲市场里的婚恋规则。

有了这些信息之后，我们开始分析。由于相亲角是一个以代理人为主的相亲场景，我们没有着重分析相亲者的特征，因为我们认为这部分信息不能反映相亲者个人意志，且极具特殊性。我们更为关注的是，相亲者及其代理人是如何理解"门当户对"的，以及他们是如何描述自己和所期待对象的。这些信息背后，有丰富的社会学和性别研究价值——性别带来的焦虑感有何

不同？相亲市场对主客观条件的表达有何不同？我们认为，这样的切入方式，是更加公平和有深度的。

（2）形式增量——一鱼多吃、满足多重需求

这个题目我们花费了大量的时间和精力用于数据收集，在作品封装上，我们选择了各种产品形式输出。

通常来讲，数据新闻项目的呈现可以大致分为解释型和探索型两种。解释型呈现通常有清晰的议程设置和讲述顺序，但是交互性可能受限，图文稿件就是一种典型的解释型呈现方式。而探索型项目通常有很强的交互性，用户未必有统一的观看顺序，项目的议程设置也可能相对模糊，数据库之类的数据交互产品就是典型的探索型呈现逻辑。

在解释型呈现上，我们认为国内读者最青睐的仍然是图文形式，因为这样的形式交互成本低、页面打开快、内容清晰明了。但是，我们也认为所收集的原始数据具备探索型产品的可能性和必要性；相亲角是一个许多人好奇却没能亲自到场的场景，所以我们试图在线上为用户营造出一个虚拟相亲角，让用户可以亲自体验。

在打造线上虚拟相亲角的时候，我们重点考虑了功能和隐私两个问题。

在功能上，我们的定位是一个用户可以输入信息进行测试和匹配的产品。用户可以查询到原始数据库中，自己条件的受欢迎程度，以及其所好奇的对象的抢手程度，充分挖掘选题的相关性。在围绕这样的功能的设计过程中，我们曾经考虑参考主流约会 App 的设计，根据用户输入的条件来匹配出具体对象的详情页。但是，由于我们不会提供给用户这些广告对应的联系方式，那样的逻辑设计缺乏一种最终目标。所以，我们选择了设置一个查询结果概述，同时陈列出符合条件的广告目录，而具体人物的详情页作为第三级页面。

B.13
探索数据智库发展新路径
——以川报全媒体集群 MORE 大数据工作室为例

李 伟 高 敬*

摘 要: 数据成为生产要素已是社会共识,积极推进数据的整合利用是媒体深度融合的重要内容。川报全媒体集群 MORE 大数据工作室成立三年来,在目标定位、团队建设及机制创新等方面做了一定探索,为党媒在数据时代探索智库模式提供了可为空间。

关键词: 团队建设 机制创新 数据智库

截至 2020 年 12 月,我国网民规模达 9.89 亿人,占全球网民总规模的 1/10。互联网正在各领域催生一场前所未有的变革。作为全国重要的电子信息产业基地,四川将推动经济社会数字化发展、建设数字四川摆在重要位置。

为迎接大数据时代带来的历史机遇,四川日报全媒体集群 MORE 大数据工作室(以下简称"MORE 数据")于 2018 年 1 月成立。三年来,MORE 数据以"决策影响 影响决策"为宗旨,随着内外诉求变化,在目标定位、团队建设、机制创新等方面不断调整优化,由为融媒体内容做数据可视化补充的团队,逐步发展成为政策实施提供测评结果、为决策制定提供参考依据的数据智库。

---

* 李伟,四川日报全媒体行管中心(集团总编办、川报总编室)、新媒体孵化中心副主任;高敬,四川日报新媒体孵化中心数据四川事业部总监。

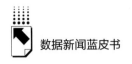
一 目标定位：从散打到聚焦，决策参考价值提升

2018 年，MORE 数据在成立初期，选题以时政社会热点为主。在成都亚洲美食节时，策划了"火锅 vs 串串""奶茶 vs 咖啡"等具有话题性的数据新闻。在 2020 年初发布了《数据告诉你，憋家里这些天，成都网友都下了哪些单》、《爱奇艺、韩剧 tv、小米电视三连崩，"幕后推手"直指同一拨人！》（见图 1）、《宅家这些天，你是晒照的咸鱼，还是真正的健身控？》（见图 2）、《宅在家里也得学呀！为这"小神兽"们和钉钉杠上啦》等贴近网友生活的系列数据新闻。

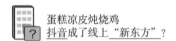

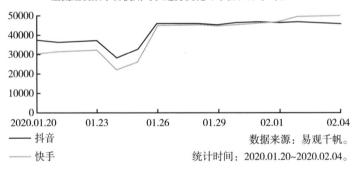

图 1 《爱奇艺、韩剧 tv、小米电视三连崩，"幕后推手"
直指同一拨人！》作品截图

针对全国"两会"、四川省"两会"及其他重大会议活动等每年必不可少的推广节点，MORE 数据有一定策划。据不完全统计，MORE 数据前后参与 2019~2020 年全国"两会"策划、2018~2020 年四川省"两会"策划，围绕四川省委十一届三次全会、四次全会、五次全会、六次全会、七次全会、八次全会、九次全会的核心内容进行选题策划，制作近百篇内容。其中，关于"成渝地区双城经济圈""数字经济""城乡基层治理创新"等维度的策划较为集中。

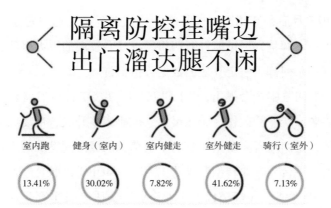

图2　《宅家这些天，你是晒照的咸鱼，还是真正的健身控?》作品截图

2020年初，围绕成渝地区双城经济圈的人流、物流、现金流走向的数据新闻获得一致好评（见图3）。林毅夫与付才辉发布的《成渝地区双城经济圈建设的新结构经济学分析建议报告》引用相关数据说明"成渝百姓对中央关于成渝地区双城经济圈的定位已有共识"。

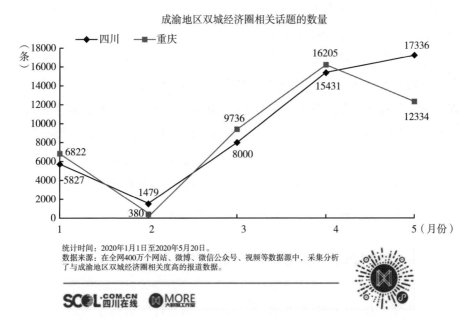

图3　《8万余条数据解密：成渝双城经济圈如何"C位出道"?》作品截图

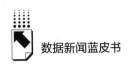

2020 年 7 月后，MORE 数据明确了"数据智库"这一定位，在选题内容方面做出一定调整，尽可能针对四川经济社会发展的重大事项、重大决策部署，策划一系列基于一定算法的数据分析报告。

党的十九届五中全会提出，"十四五"时期经济社会发展要以推动高质量发展为主题。产业园区作为企业聚集、产业调整升级、带动区域经济发展的重要载体，是四川省高质量发展的主引擎、区域协同发展的主阵地、全面开放合作的主平台、产业转型升级的主力军。MORE 数据通过采集园区内企业数量、"四上企业"（规模以上工业企业、资质等级建筑业企业、限额以上批零住餐企业、国家重点服务业企业）占比、创新投入、要素成本、区位交通等多维度数据，对四川省 128 个重点产业园区进行指数测算。

《成渝地区双城经济圈建设的新结构经济学分析建议报告》既对"老牌"优质园区做了多维度量化分析，也通过数据挖掘发现了名不见经传的产业园区"新秀"，为产业园区经营方、选择方提供了决策参考。报告在一定程度上公开了被网友戏称"捂得比较严"的政务数据，且公开了园区竞争力指数的算法，为产业园区研究机构提供参考。报告一经发布，便得到四川、重庆的多家政府机构的重视。

四川省委十一届九次全会明确了深入推进创新驱动引领高质量发展的方向路径和主要目标，并要求经过"十四五"时期的努力，进一步提升四川省区域综合创新能力，保持每万人口高价值发明专利拥有量增速高于全国平均水平。MORE 数据通过专利申请量、每万人口高价值发明专利拥有量、发明专利增速、高新技术企业数量变化、发明专利拥有量、融资企业数量等维度数据，为四川省科创现状画像，发布"科创四川"系列报道。系列稿件一经发布，便得到科技发展主管部门的重视，其第一时间请求阅览底层数据。

二　团队建设：从转型到团队协作，整体实力得到提升

2018 年 1 月，MORE 数据成立，成员分别来自四川在线采编中心、党政数据中心及技术中心，共 8 人。团队通过"引进来""走出去"的方式进

行转型。为尽快"上路",工作室邀请镝数据、财新数据等国内知名团队到川报讲课,并前往上海等地交流学习。除了线下学习,报名网课、购买图书也是团队快速转型的主要方式。

为适应数据新闻快速发展的要求,自 2019 年 3 月起,MORE 数据团队开始招聘新员工,新员工在已经制定好的标准化流程指导下快速适应岗位要求,从事数据新闻、数据报告的制作。

MORE 数据除了不断提升团队成员能力外,还一直将扩大"朋友圈"、搭建"外脑"团队作为提升团队战斗力的主要方式。

2019 年,MORE 数据团队成立"爱码士小组",该小组以开放的姿态,在各界挖掘爬虫爱好者,通过爱好者联合参赛、讨论前沿技术等方式,形成相对松散的兴趣小组。

2020 年 12 月,四川日报社与四川警察学院联合成立"平安数据研究院",围绕大平安建设背景下的警察和学警数据素养培训、警务数据应用、数据推进社会治理现代化建设、群众满意度测评等方面开展相关工作,为平安四川建设提供"测评表""预警器"等数据智库服务。

2021 年 5 月,川报全媒体在组建专门数据团队并进行持续深耕的基础上,以"智能 + 智慧 + 智库"的智媒体建设为依托,联合数据行业采、管、用各个链条上的优秀机构,以 PGC(专业内容生产)方式共同打造、运营川观数据号。中国家庭金融调查与研究中心、天眼查等 11 家业内科研单位、企业成为首批入驻机构。

在充分整合资源的基础上,MORE 数据逐渐营造数据智库生态圈,作品的生产开发也从"单打独斗"发展到"团队协作"。如联动天眼查、映潮科技等数据机构,以及西南财经大学中国西部经济研究中心等科研机构,一起发布《2020·川茶竞争力榜单》(见图 4)。针对四川 183 个县(区、市)在茶叶产业方面呈现的不平衡与特色化、差异化的特征,准确把握茶叶产业发展特点,构建县域茶叶产业发展指标评价体系,测算川茶竞争力综合指数,既有效呈现四川各县(区、市)茶叶发展现状和成效,又进行区域比较分析,为科学把握茶叶产业的差异性和发展走势、分化特征,形成"规

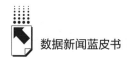
划先行、突出重点、分类施策、典型引路"的茶叶产业发展顶层设计提供重要的参考和依据。

图4 《2020·川茶竞争力榜单》作品截图

三 机制创新：从虚拟到孵化，有效激发各阶段活力

MORE 数据先后经历过三个阶段：虚拟团队、实体团队以及孵化中心中的事业部。

2017 年 10 月 18 日，习近平总书记在党的十九大报告中进一步提出"建设科技强国、质量强国、航天强国、网络强国、交通强国、数字中国、智慧社会"，① 明确了建设数字中国的宏大构想。

2018 年初，川报以虚拟工作室的方式成立 MORE 数据，因为沟通成本低、对环境适应性强，MORE 数据可以在最短的时间内进行全员转型、生产学习。这一阶段，需要解决一个数据团队从无到有的问题，该机制可能是最优之选。

这一阶段，团队制作的《大数据告诉你：隔壁张孃孃常说的这 7 句话到底有没有道理》获得四川省新闻奖一等奖、中国数据新闻大赛一等奖（见图 5）。

图 5　《大数据告诉你：隔壁张孃孃常说的这 7 句话到底有没有道理》作品截图

随着全社会对数据认识的不断提升，MORE 数据的数据可视化业务逐渐被市场认可。成立实体团队，成为数据业务发展绕不开的前提条件。MORE 数据在

---

① 《习近平作十九大报告　八次提到互联网》，人民网，2017 年 10 月 18 日，http：//media. people. com. cn/GB/n1/2017/1018/c120837 - 29594814. html。

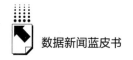

成立一年后，进行新员工招聘，并按照对实体团队的要求进行考核管理。至此，一支"游击队"正式成为"建制军"。稳定的生产人员、稳定的生产流程，极大地促进了 MORE 数据的业务拓展。这一阶段，积极探索新的产品形态，成为团队的日常工作。2019 年，MORE 数据凭借《以数据新闻为抓手，促进媒体深度融合》，被中国报业协会评选为"中国报业融合发展优秀案例"。

2020 年 7 月，随着媒体融合进入深水区，川报全媒体成立了新媒体孵化中心，MORE 数据成为孵化中心的一个事业部。作为一个全新的机构，新媒体孵化中心主要整合全媒体资源，为数据的开发利用提供支撑和保障。这样，MORE 数据便可站在全媒体乃至集团的角度来思考发展问题，也可在策划选题、市场化运营时调动更多资源加持。这为 MORE 数据的进一步发展提供了广阔空间，在获取数据、调动大脑型记者、联动专家资源等方面具有一定优势，发布数据智库类的报告逐渐成为主营业务。

值得一提的是，在融媒机制促进下，MORE 数据一直"吃百家饭"成长。经济部、时政部、评论部等相关全媒体部门的记者编辑，一方面作为采编人员与 MORE 数据合作在重大宣传节点策划数据新闻，另一方面作为研究员参与 MORE 数据团队在相关专业领域的数据智库产品制作。这样一来 MORE 数据团队获得双效益的可能性极大提升。

MORE 数据上线时间，便是选在与其他部门合作"川港交流"的节点。2018 年 5 月 9 日，四川省政府外事侨务（港澳）办召开媒体吹风会发布消息，在"5·12"汶川特大地震 10 周年到来之际，香港特区政府代表团将来川参加纪念活动。近些年，川港合作一直热络，川报全媒体集群推出大数据产品《川港携手　共创未来》，画像"川港交流"全景。5 月 10 日，川报全媒体集群蓄势已久的"MORE 数据新闻"频道，在"四川在线""川报观察"客户端同步上线，这是四川省内首个专注于大数据产品生产的媒体平台。该频道以大数据新闻与可视化为切入点，打造媒体融合转型发展的"试验田"。

随着媒体融合不断深入，MORE 数据将依托川报全媒体的独特资源，努力建构"新闻＋政务服务商务"的运营模式，依托党政数据服务，丰富数据智库产品，真正成为经济社会发展的"思想库"和"助推器"。

小　结

MORE 数据通过整合政务数据、商业平台数据及自采数据，以成渝地区双城经济圈建设为战略引领，深入推进"一干多支、五区协同"区域发展新格局，发布成渝地区双城经济圈人流、物流、现金流等数据分析，以及经济圈区域中心城市、毗邻城市数据画像。针对四川省工业"5＋1"、服务业"4＋6"、农业"10＋3"现代产业体系，发布川茶、川酒、川果、川粮、川油等招牌产业数据分析报告，发布独角兽、瞪羚、小巨人企业培育及发展现状数据分析报告，发布四川省产业园区竞争力指数，通过数据解读服务业、制造业的发展规划等。对政策的落地情况进行数据测评，为政策的制定提供参考数据，成为媒体发展数据智库的共同目标。

通过多种渠道进行人才培育，对合作机制进行创新，MORE 数据的一些探索也仅仅是建立在自身发展基础之上。相信未来会有更为优秀的数据智库进入大家的视野，期待媒体智库建设全面开花结果。

B.14
媒体数据生产与服务的进阶路径
——南都数据发展案例报告

邹　莹[*]

摘　要：　《南方都市报》与数据结缘是2012年。起步于报纸版面的数
据新闻，"用数据挖掘新闻真相，用数据讲述人的故事"，
聚焦用新鲜的视角和清晰的可视化为新闻报道带来不一样的
思维与呈现。一转眼，10年后"做中国一流智库媒体"已经
成为南都新的愿景，数据的角色也随之被扩延。南都致力于
在量化、评测、监督和服务等方面发挥作用，通过构建"数
据新闻、数据产品、数据应用以及数据产业"的矩阵，诠释
其新的生产与服务能力，尤其是在"中国之治"的时代主题
下，强化媒体协同共治功能。

关键词：　数据新闻　数据产品　数据产业　《南方都市报》

一　数据试水

2012年，两本书对南都采编部门影响较大。一本是中国大数据领域第
一本专著——涂子沛所著的《大数据》；另一本是国外媒体记者联合编写的
免费开源参考书《数据新闻手册》。"数据神经"就此被触动。最初的数据

---

* 邹莹，南都大数据研究院副院长、数据研发部总监、财经新闻部主任，主要研究方向为数据
新闻、数据产品、数据应用等。

试水，是编发在报纸版面上的数据新闻，从地方版到要闻版，追求存在于数据中的那些逻辑、意义、真相和美学。新的新闻视角、报道方式和呈现形态，迅速被认可与扩散。2013 年，南都的年度新闻奖颁出第一个数据新闻报道金奖。2014 年设立专门的数据新闻工作室，由"主持人"牵头各板块共同参与数据新闻生产工作。

南都数据新闻工作室的初衷，在于构建更科学、更长远的数据新闻立体框架，包括"热点事件的数据延展""特殊新闻的数据积累""南都数据库的搭建"等。比如，为了分析广州市内重点主干道的交通状况，南都曾连续 365 天采集官网实时更新的交通信息，最终收录到 400 多万条数据，从空间和时间两大维度，通过拥堵等级、平均时速数据等，客观呈现并解读了广州的交通态势。这个结果，一方面可以与第三方地图平台的数据结论进行可靠性比照，另一方面也为报社积累了丰富且可多次利用的数据资源。随着媒体的融合发展，数据新闻呈现渠道也扩充到了移动端，生产出更具交互性、传播性，更有"手感"的作品。

与此同时，数据新闻工作室被赋予引导采编思维整体转变的功能，由此驱动采编工作技巧的升级——作为数据记者，首先得熟悉数据的藏身地，其次得感受它代表的意义，最后得精通如何去表达。一套拳法打下来，南都内部逐渐孕育出数据土壤。2014 年南都新闻奖，主题恰是数据世界的"二进制"。

二 南都指数

数据还能做什么？当各行各业的决策加速向"数据驱动"转变时，一个新命题很快摆在眼前。建立在媒体独有公信力基础上的"南都指数"品牌，于 2016 年应运而生，即通过数据聚合、系统构建，实现综合评价、方案提供。数据的"量化、评测、监督和服务"功能被正式提出，同时，"全方位建立起评价体系和评价标准"，南都开始打造强化媒体话语权的新式路径。

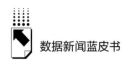

"南都指数"首先面向的是区域治理水平,其中最具代表性的为《广州城市治理榜》。自 2014 年第一次针对广州政府单位在公共治理方面展开观察和评价,如今这个榜单已连续发布 7 年,定位是"用数据点亮城市,用测评推动共建",不仅获得政府认可,也荣获首届"中国城市治理创新奖"。2019 年的治理榜主要是围绕 12 个子榜单,如高质量发展、数字政府服务力、人类发展指数等展开,紧密贴合治理热点,并用数据"点破"机遇。

从一开始,"南都指数"就强调南都并非独自"作战",第三方数据平台、各领域专家智囊,都是合作依托的资源。因此,南都开始搭建平台,"南都指数联盟"顺势成立,与政府、企业、院校等一起,通过"互连大数据、共建话语权",做"标准制定师、媒介合伙人"。同时在连接各界行动者的过程中,在高效一体化的合作中,弥补数据资源之间的鸿沟。"数据连接一切"的思维越发清晰。

三 数据智库

升级再造,来得如此迫切。2017 年,党的十九大报告明确提出"高度重视传播手段建设和创新,提高新闻舆论传播力、引导力、影响力、公信力""打造共建共治共享的社会治理格局""加强中国特色新型智库建设"。在 2019 年 9 月召开的党的十九届四中全会上,习近平总书记提出"构建人人有责、人人尽责、人人享有的社会治理共同体",[1] 对推进国家治理体系和治理能力现代化做出了重大部署。

媒体的协同共治功能,在"中国之治"的时代背景下,理应得到进一步强化。随着大数据、人工智能等前沿技术的应用,万物互联、智慧生活的场景触手可及,在加速触动与支持媒体的内容革新。

---

① 《建设人人有责、人人尽责、人人享有的社会治理共同体》,"新华网客户端"百家号,2019 年 12 月 6 日,https://baijiahao.baidu.com/s?id=1652135854227565986&wfr=spider&for=pc。

为顺应中央要求、行业大势，按照南方报业传媒集团部署，结合自身实际，2018 年 2 月，《南方都市报》成立南都大数据研究院，开启了从传统新闻信息生产机构向数据智库机构的转型之路。

南都大数据研究院的基本目标和定位是：坚持正确舆论导向，不断提升南都新闻竞争力，围绕中心、服务大局，以数据生产为核心，以智能技术为驱动，以行业标准制定为抓手，主动将自身纳入国家治理体系和治理能力现代化建设，致力于成为区域和行业公共治理链条上的一环，将自身打造成为中国最具传播力、引导力、影响力、公信力、研究力、服务力，且充分实现市场价值的智库型媒体。

2018 年初，南都大数据研究院首次实施课题公开遴选，最终选出首批围绕城市治理、新经济新业态、新生活等五大领域的数十个课题，进行垂直开拓。如城市治理领域的项目课题包括营商环境评价、数字政府研究、法治与基层治理研究等；新经济新业态领域的项目课题包括个人信息保护研究、反垄断研究、网络内容生态治理研究等；新生活领域的项目课题包括广东省全民阅读指数、在线教育和校外培训治理研究等。

所有项目课题都是借助数据，为市场要素的多样发展、为政府治理的深入更新、为公众隐忧的缓和消除、为个人价值的创造实现等提供途径。《南方都市报》因此从单一的新闻生产角色向研究、服务、参与的多维角色转型；在立足于媒体核心能力与核心资源的同时，依托数据、技术，来增强创新的服务能力。时任南方报业传媒集团党委书记的刘红兵，将这种新的服务能力概括为思想挖掘、战略研判、方案供给以及价值传递。

以数据为驱动，打造"中国一流智库媒体"的征途就此开启。

2018 年底，第一届南都智库产品发布周举办，在北京、广州、深圳 3 城，共举办 9 场活动，发布 8 份报告；2019 年 11 月底，第二届南都智库产品发布周的活动地点扩容至佛山、东莞、珠海，共在 6 城举办 16 场线下研讨论坛，发布 18 份智库报告；2020 年底的第三届南都智库产品发布周在北京、广州、深圳等 9 座城市亮相，聚焦"新闻 + 政务服务商务"，发布 30 份智库报告和智库产品，强化了南都测评者和共建者的新身份。

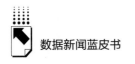

四　技术加持

现任广东省委宣传部副部长、广东省新闻办公室主任，以及《南方都市报》原党委书记、总裁梅志清曾说，"南都要做富有科学气质的机构媒体"。与数据打交道，需保持敏锐、审慎，同时"数商"在线，知道如何通过智媒产品"数尽其用"与"数以致用"。技术能力，尤为重要。

2020年，南都迎来新一轮技术升级，其中将重点打造"三台"——数据中台、内容运营平台和用户运营平台。以数据中台为例，其主要由数据采集、数据分析、数据存储、数据治理、数据服务五大功能组成，通过数据标准化采集和标准化存储，最终实现标准化应用，促进数据协同共享。"最懂媒体的技术团队"，是南都技术人员的标签，而南都追求的技术重在赋能与应用，希望通过技术推动智媒转型。

同样是在数据、技术理念深化以及智库转型驱动之下，南都采编也迎来全员向数据生产、智慧服务的转型。

南都大数据研究院在构建团队的时候并没有另起炉灶，而是推动成熟的采编团队向课题研究就地转型，鼓励发挥采编团队在垂直领域积累的优势，形成"一套人马，两种职能"的组织结构。

与此同时，南都重新划分了岗位序列，打破原来记者编辑的单一岗位设置，创新设立采编、研究、产品、技术、设计五大岗位序列。其中，采编序列主要工作内容为新闻生产，研究序列主要工作内容为智库研究生产，产品序列更强调产品设计、运营推广能力，技术序列主要工作内容为新媒体技术和数据技术的开发与维护，设计序列主要工作内容为平面设计、动画制作等。此外，还在每个序列设置7个能力层级，每一个层级都有与之对应的能力描述和薪酬区间。其中，研究岗的能力侧重于研究生产力、资源链接力，主要职责包括围绕课题报告、项目产品进行数据分析、调查研究、撰写报告等，也设置研究员岗、高级研究员岗、首席研究员岗等，它们各自对应不同的待遇标准。

可以说，"数据＋人才"的模式正在被南都积极实践。梅志清曾说："我们有怎样的人才储备水平，我们为人才准备怎样的舞台和机制，将是南都推动深度融合能走多稳走多远的最关键因素。"

五　数据产品

从数据被作为一种新型生产要素首次正式出现在中央文件中，到《广东省数据要素市场化配置改革行动方案》《广东省数字经济促进条例》的出炉与实施等，当下的数据土壤在不断滋生。释放公共数据资源价值、激发社会数据资源活力、加强数据资源汇聚融合与创新应用、促进数据交易流通、强化数据安全保护等，为数据发展指明方向，更为其带来机遇。

2020年9月印发的《关于加快推进媒体深度融合发展的意见》，明确提出积极支持主流媒体参与电子政务、智慧城市等领域信息化项目建设，开发社会治理大数据，共同促进国家治理体系和治理能力现代化。这对南都而言，无疑是极大的鼓励。

目前，南都已逐步构建起四大业务矩阵，分别是数据新闻、数据产品、数据应用以及数据产业，并且建立起智库产品标准体系，标识了新时期市场化媒体智媒转型的内容特色。

对于数据新闻，强调追逐热点、顺应节点，用数据挖掘新闻真相，用数据讲述人的故事；对于数据产品，坚持以用户为中心，让数据发挥量化和服务的作用；对于数据应用，坚持技术和创意驱动，通过各种研发形态，让数据"平台工具化"；对于数据产业，通过产品发布、论坛峰会召开、人才培训，以及市场商用等，打通上下游产业链。

其中，数据智库产品是当前的"拳头"所在。2021年，南都遴选了最新一批34个数据智库课题项目，分属城市治理、新经济新业态、美好生活、文化传播等领域，其中既有过往品牌课题的延续，也有顺应发展的新课题，如智能汽车产业生态研究、数字金融合规研究等。榜单评价、民意调查、咨询研究、鉴定评测等则是数据产品生产的主要手段。

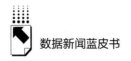

研究成果大多能精准抵达决策层和相应行业群体，在业内引发广泛关注和积极评价，这得益于课题的垂直性和前瞻性，同时进一步促进各项课题研究和社会需求的匹配对接。

在南方报业传媒集团编委会委员，《南方都市报》党委书记、总裁、总编辑戎明昌看来，目前南都有三大核心能力，分别是优质原创、创意传播、智媒服务。"办中国最好的报纸"与"做中国一流智库媒体"，这两句标语被并排印在南都的报纸封面上，强调着新闻生产与智库生产的关系——双轮驱动，相向而行。

2016年南都推出调查报道《700元买到开房记录》，引发全网热议，从此让大数据时代个人隐私保护的问题直面公众。随后，南都成立个人信息保护研究中心，力求促进大数据产业发展与个人隐私保护间的平衡。具体做法是，在追踪个人信息安全相关热点的同时，展开对网站与App的隐私政策合规度的系列测评，并不定期举办个人信息安全论坛进行业内交流，或是组织举办线下公益活动，增强公众隐私保护意识等。新闻报道与智库报告"交相呼应"，如《南方都市报》党委委员、副总编辑王海军所说，"手中没有好产品就不是好记者、好编辑、好研究员"。

同样，不能"数以致用"的产品，也不是好产品。

在"中国之治"成为时代主题的当下，媒体的协同共治功能得以强化。以"网络内容生态治理研究"课题为例，该课题诞生于2019年。同年9月，《网络信息内容生态治理规定》开始征求意见，协同治理体系做出顶层设计。顺应时代需求与新规方向，南都就此成立"网络内容生态治理研究中心"，并坚持与监管部门深度协同，助力内容生态管理标准的建设，促进行业健康有序前行，营造向上向善的社会文化环境。

从国家网信办组织视频直播平台陆续上线"青少年防沉迷系统"开始，南都就进入持续性的测评报道工作中，并进行全网的舆论反馈分析和互联网平台调研，形成多份深度观察报告，辅助有关部门决策。同时，以个案监督调查为方向，也陆续对部分平台的不合规问题进行曝光，每一篇都是百万级甚至千万级的传播量，频频登上热搜。不论是企业平台被约谈整改，还是相关主播被处理封禁，最终目的都是促进企业的健康发展。2020 年，南都获得全国扫黄打非办先进集体称号，是唯一获得此称号的地方媒体。企业平台对南都的认可则表现在智库服务的需求上：为它们展开针对性、定制化的测评，协助它们发现潜在风险和管理盲区，以用于内部工作。继而，监督报道与智库报告拓展为研讨共建。2020 年 12 月初，南都在北京举办了"音视频直播绿色内容生态共建峰会"，现场发布了《网络音频社交"软色情"侵害风险研究报告》及《音视频直播平台内容痛点及治理创新报告》，并针对网络内容生态多元共治、青少年网络保护等议题，从法治、制度、技术等方面进行研讨。归根到底，就是希望能在"安全与发展，效率与智能"之间找到一些好的办法，反馈于整个行业。

在参与网络内容生态治理的过程中，对于新闻与研究、监督与共建这两组关系，课题组一直在努力将其处理得更好。新闻是研究的基础，研究又反哺新闻；监督是为了打破违规掩体，消除监管死角，共建是希望完善标准机制，助力行业发展。"追击热点、议题前置、监管联动"，它们都是有机而且统一的。当然，南都大数据研究院也尝试在领域中做一些产业化的探索，比如输入审核服务等。

南都的数据智库产品可分为两大类，一是品牌影响类，二是委托定制类。无论是个人信息保护研究还是网络内容生态治理研究，都以品牌产品塑造为方向，诠释媒体的社会责任。而委托定制类来自明确的市场需求，为政府或者企业提供解决方案。

受广东省委宣传部委托，南都连续多年编制《广东省全民阅读指数报告》，通过对广东各市阅读设施、阅读资源、阅读活动、阅读环境、居民阅读行为等的调研和数据分析，比较广东省 21 市全民阅读发展水平，挖掘广东省全民阅读特征、趋势。连续的数据报告不仅对各地全民阅读工作的开展起到辅助决策作用，也为《广东省全民阅读促进条例》的制定实施提供了有效参考。"区域营商环境问效"，也是南都特色的智库数据产品。受地方政府连续委托，南都创建区域营商环境水平调研以及市直部门服务问效体系，分月度、季度、年度进行报告编制，结果一般会纳入当地绩效考核，协助推动政府的"放管服"改革、数字政府建设等工作，同时量身定制营商环境优化提升方案，为相关部门提出目标和落实措施提供参考。课题组对2020年6月的一幕一直记忆犹新，那已是晚上10点了，课题组仍在与相关部门负责人进行网络视频会议，讨论指标体系的第6轮优化。视频中，该负责人边吃晚饭边开会，这已是他们当晚的第3个会议。课题组说："为了营商改革，真的感觉我们与政府部门是一路并肩工作的战友。"而对方也言之恳切："不是噱头，就是希望南都立足本地现状，为营商环境把脉找碴，以便我们有针对性地工作，实现以评促建、以评促优。"就这样，连续几年下来，课题组已对超5000家企业进行了不同形式的调研，构建了5亿量级的营商环境相关数据池。

六　数据产业

可以发现，在数据产品生产过程中，相关数据被转化为资产，数据应用也就自然而然了，其目的在于激活资源、深耕服务。如利用营商环境课题积累的数据，课题组形成了"广东互联网＋政务服务效能监测数据库"，可对21市的"互联网＋政务服务"的标准性、实用性以及有效性进行实时监测排名，评估城市线上服务能力优劣，为各地相关工作水平提升提供数据参考。

再如"新经济企业声誉监测研究"课题组打造了"企业声誉监测数据库"，平均每日滚动入库的数据量达数十万条，通过多维度模型，借助微信小程序平台，该数据库为企业提供量化后的实时声誉比照查询、负面舆情及时捕捉、网民情绪管理提示、公众诉求集纳分析等服务。通过应用工具在向目标群体提供服务的同时，课题组也希望撬动数据背后的新闻现象、用户意见，挖掘并预警企业声誉发展过程中的隐患，为监管部门提供工作参考。于是，企业声誉日常监测报道、声誉关联测评调查顺势而生，阶段性的《新经济企业声誉监测报告》等产品也持续发布。当前"企业声誉监测数据库"数据量已达数十亿条，而类似的数据工具南都目前已开发建立了30多个。

数据产业是一个相当大的范畴，南都在该领域也刚刚起步，目前主要在产品发布、活动组织、人才培训等方面实践，同时尝试参与数字政府及智慧城市建设。2020 年，南都协助政府"操盘"了首届广州白云数据创新应用大赛，其中更大的动力就是深入政府业务机理中，搭建起政企沟通的桥梁，同时融入区域数字经济、数据治理的大格局。

这场数据创新应用大赛的举行，时值广州白云区智慧城市建设进入快车道，但同时数据治理饱受数据孤岛的困扰。因此大赛以"数治白云，众创众享"为主题，希望进一步启发数据思维，更新城市治理理念；进一步促进数据共享开放，聚集创新应用案例和场景；进一步吸引人才，融入数字产业生态。在这场大赛里，从业务部门数据资源梳理、信息化需求清单提炼，到赛事技术平台的搭建、社会力量的发动参与，再到数据应用场景的落地、高价值区域治理方案的促成等，南都全体人员经历着工作角色和工作内涵的明显升级，甚至有些"未来城市系统谋划者"的体验。

大赛期间，政府数据开放的决心巨大，白云区构建了一个拥有近 1200 个数据集的数据池，参赛者可以直接下载或申请获取。而广州市政务服务数据管理局也通过市政府数据统一开放平台增加 1500 余个开放数据集，开通绿色申请通道，供参赛团队使用。大赛评定出 50 个入围项目，其中优秀项目获得创投支持，助推其落地应用。南都在政府数据社会化应用过程中起到催化作用，同时聚合资源，参与培育区域数据生态。

七　数据初心

数据智库产品、应用已成为南都转型利器，也有业内同行发出疑问，最基本的"数据新闻"还能兼顾吗？必须！这是出发点，是主业。我们的首要身份是新闻记者，对热点保持敏感，为事件及时发声，对数据深度挖掘，对可视化有更高追求，这些都不可丢。南都的新闻质量与影响力保持高位运行，数据新闻始终是其中重要一环。

在 2020 年抗疫中，大数据继续被作为重要手段，通过热点分析、测评研究等方式，回应公众关切焦点与需求，服务政府防控策略实施与宣传，并获得广泛传播。首先是原创数据分析报道，以平均每天 2 条的频次，关注疫情发展、救治、防控等。其中，受部门委托，南都成为全国唯一对 2000 多名广东援鄂医疗队员进行全数据分析，包括性别、年龄、职务、职称、专业领域、抽调单位、支援地区等的单位。同时，为每一家参与驰援的广东医院制作数据 H5，一方面用数据让公众感知医院担当，另一方面用数据展示精锐力量在湖北的工作状态，给予湖北信心。再如对 104 天里的 247 场国家级新闻发布会的多维度数据分析，还原疫情发展及防控趋势，以及我国信息公开机制等，获得各方的高度关注与评价。其次是通过数据分析为防疫工作建言献策，也是南都智媒转型的本职。南都大数据研究院以"疫情通报信息质效"观测为方向，设立 13 项指标对全国各省份疫情通报进行文本分析比照，记录信息公开及数据开放工作中的优化进程；关注寻找疫情通报信息质效先行及创新样本，观察趋势，总结经验；专访相关领域专家，为政府进一步工作提供思路。如《连续 13 天 400 次疫情通报，这些省份信息质效在 5 方面悄然改变》《400 余城市超七成披露新冠肺炎病患轨迹，来看谁含糊谁精准》等报道均落地有声。

为了让数据新闻及产品更加移动化、智能化，南都也提出了"轻应用"的概念，包括互动 H5、悬念条漫、动图动画，以及音视频等形态。而近年来，数据创意产品在南都越来越多，传播效果相对更好。如 2021 年 5 月广州疫情防控常态化时期，从社交网络上采集广州市民抗疫日常小片段，用 9 张宣传海报，传递广州市民勇敢担当、共守家园的信念；以"一枚端午粽子的自我修养"为概念，通过手绘插画的方式，呼吁市民不出游，做好防护。再如 2021 年上半年参与"大湾区　大未来"主题报道期间，从"不同视角的粤港澳大湾区"出发，通过粤港澳大湾区多面数据来表现特色优势——包括宇宙、夜空、大海、航线、天际线、5G、吃货、好莱坞、外媒等 9 种视角的粤港澳大湾区，表达地理、建筑、航运、新基建、人文、美食等多元内涵，塑造粤港澳大湾区立体形象。此外，用粤港澳大湾区地图轮廓，形成波动线条，寓意粤港澳大湾区心跳，伴随关键数据和不同人物配音，来告诉大家"粤港澳大湾区什么样"等。以数据为基石，可视化加持创意，是数据报道的一个方向。

南都的数据之旅，是步步探新、层层进阶。数据新闻，是对传统角色的坚守；榜单、研报等数据产品，是智慧转型、协同治理的一条路径；数据应用，是服务形态的创新；数据产业，是打通场景、融入生态的探索。达于数，明于理，则是南都一生所愿。

B.15

在大数据中寻找新闻的细流

——《每日经济新闻》"A股绿色报告"项目的探索

岳琦　宋可嘉[*]

摘　要：　在大数据中寻找新闻的细流已经成为一种可能和趋势。关乎
公共利益的环境风险数据往往过度分散、内容复杂而专业，
因此很少被大众关注或被媒体报道。《每日经济新闻》与非
政府组织公众环境研究中心合作，持续挖掘中国庞杂的环境
风险数据。随之产生的"A股绿色报告"项目，基于持续更
新的政府公开大数据，从公司环境责任和信息披露视角出
发，借力智能写作技术，持续性批量化产出具有监督色彩的
各类新闻报道。该项目探索了在动态大数据中持续性挖掘新
闻细流的模式，项目运行已近一年，过程中遇到的挑战和总
结的经验可供业界学界探讨。

关键词：　大数据　数据新闻　环境保护　智能写作　上市公司

前　言：《ofo 迷途》的启发

2019 年，《每日经济新闻》多部门合作主创的作品《ofo 迷途》报道获

---

* 岳琦，《每日经济新闻》公司频道副主编，主要研究方向为中国北方上市公司、公共事件、
媒体技术与数据内容创新；宋可嘉，香港中文大学新闻学硕士，《每日经济新闻》公司频道
记者，主要研究方向为上市公司环境数据、信息可视化等。

得第二十九届中国新闻奖的媒体融合奖融合创新类一等奖。作为主导策划者，笔者在欣喜的同时也感到疑惑，这样一个略显稚嫩的融媒体作品是如何在激烈的竞争中占据一席之地的？在看到评委对中国新闻奖媒体融合奖评析的文章之后，疑惑才逐渐解开。

媒体融合奖参选作品中，"真正具有新闻性、及时性、现场感的作品占的比例并不大"。[①] 从评委的分析中不难发现，《ofo 迷途》正是无意中切中了评选导向：媒体融合类报道的内核更多应该是新闻，融合创新要用新闻价值来驱动。

财经媒体的新闻内容天生具备数据属性。《每日经济新闻》也曾建立一个专门的数据新闻部门并上线相关栏目，常规新闻部门与数据新闻部门也会合作生产数据新闻和融合报道，《ofo 迷途》就是其中之一。在这个过程中我们发现，以常规新闻部门的新闻视角去理解和策划选题，再进行多部门合作，调用数据手段、技术手段和可视化手段来实现选题，是一条更具可操作性的路径。

常规新闻部门的记者编辑在这种训练中形成了一定的数据敏感性和技术敏感性。常规新闻部门在数据和资源的接触面上更加广泛，对数据价值的理解也更加专注和深入。2020 年 8 月，长期关注企业环境保护议题的记者编辑接触到环境领域数据库蔚蓝地图，并迅速与数据库运营方非政府组织（NGO）公众环境研究中心（IPE）达成合作，共同探索环境数据的挖掘和解读。在环境大数据中寻找持续产生新闻的细流，由此展开。本报告旨在探讨这场探索中的体悟与思考，希望能为业界提供镜鉴。

一　创作过程：持续一年的生产，仍在迭代路上

"A 股绿色报告"是一个持续探索和迭代的数据新闻项目。项目启动之初，主创人员并无明确的产品规划，也想不到会形成一个形态如此丰富的数据内容项目。从简单的每周数据挖掘分析，到智能写作、批量及时输出，再

---

① 《评委有话说 | 第二十八届中国新闻奖文字类作品评析》，中国记协网，2019 年 6 月 3 日，http：//www. zgjx. cn/2019 - 06/03/c_ 138113043. htm。

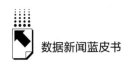

到专业性量化评估指数模型，整个创作过程横跨数月，模式多次迭代，至今仍在进行新方向探索。

2021年9月，"A股绿色报告"项目正式运行一年，其间生产智能快讯"AI绿报快讯"1800多条，持续性分析报道《A股绿色周报》近50期、《A股上市公司环境风险榜单报告》3期，延展深度调查选题3个。这个项目仍在持续运行，并以每周近百条的速度挖掘、清洗和积累丰富的结构化数据。

（一）迅速而艰难的成长

每天，我国各级政府都会在特定的公开网络发布大量涉及各类企业的环境类行政处罚、污染源排放监控数据以及环评审批信息等。这些关乎公共利益的环境风险信息往往过度分散、内容复杂而专业，因此很少被大众关注或被媒体报道。

数字时代，在大数据中寻找新闻的细流已经成为一种可能和趋势。但是在这个过程中，如何精准判断数据价值和建立分析框架，特别需要记者编辑长期专注的价值判断。在环保政策和金融监管两个宏观层面，企业的环境保护责任都越来越受到重视。从"绿水青山就是金山银山"到"碳中和、碳达峰目标"，中央层面对于环境保护的关注度和要求不断提升。基于此，2020年9月起，《每日经济新闻》与环保领域知名的IPE合作，以公司环境责任和信息披露视角，去挖掘中国庞杂的环境风险数据。

这些数据来源于31个省区市337个地级市政府发布的环境质量、环境排放和污染源监管记录等权威数据。项目组从中监控筛选出我国4000多家A股上市公司及其旗下数万家关联公司（包括分公司、参股公司和控股公司）的环境表现数据。同时，项目组持续深度分析挖掘到的这些数据，从中寻找特别值得注意的故事或恶劣行径，让这些环境风险事件变得通俗易懂、易于传播，尤其是让上市公司股票的持有者或潜在购买者看到环境问题背后存在的投资风险。

每周记者编辑都需要对收集到的近百条数据进行事实核查和清理，并通过智能写作系统将数据批量转化为即时快讯。随后记者编辑通过进一步交叉对比上市公司其他类型数据，分析挖掘环境事件对上市公司产生的影响，形成深度分析报道《A 股绿色周报》（见图 1）。

图 1　《A 股绿色周报》作品截图

自 2021 年 2 月起，在每期《A 股绿色周报》所核查和收录的数据基础上，项目组筛选出监管记录发布时间在一定时期内的环境行政处罚和污染源自动监测显示超标等数据，并加以科学评估与模型分析，推出了每月发布的 A 股全覆盖、数据多维度、信息严核查的中国首份《A 股上市公司环境风险榜》（见图 2）。

事实上，对于透过数据去生产新闻内容甚至投资资讯，业界已经有很多探索。"A 股绿色报告"项目能更好地帮助公众理解数据内容、了解发展趋势。

筛选数据看似简单，就是把上市公司和环境数据做匹配，实际上这个链

图2　《A股上市公司环境风险榜》作品截图

条有非常多的事情要做。最基础的就是上市公司和关联公司的关系认定，项目组按照股权比例、持股关系做了持股链条的核查，最后定义了一个权益关系，用权益关系来做赋分，这实际是相当复杂而且相当专业的过程，并不是特别简单的50%以上是控股公司、30%以下是参股公司，而是需要非常复杂的人工判断，技术上没有高效准确的方式可以完成。

从数据到新闻的过程也是相当复杂的，虽然利用了智能写作的技术，但每条AI快讯都不是那么简单。每条快讯都是以新闻形式发出，所以每条数据都必须按照新闻的要求进行反复核查来保证精度，这意味着项目组精准核查过1800多条数据，每条数据都有十几个维度。

（二）意料之外的影响力和价值

在"A股绿色报告"项目运行的第二个月，项目组收到了意料之外的影响力反馈。一个东部省份的主要领导对一期《A股绿色周报》进行批示督办，当地环境保护部门和金融部门进行了积极反馈，并请项目组提供详细数据进行分析研判。这期报道中提及了该省上市公司环境表现，这种影响力也许来自当地对上市公司高质量发展政策的关注。

该项目输出的内容不仅是独家的，还是价值方向跟政策导向高度匹配的。环境保护无论是在公共利益领域，还是在投资领域，都具有非常高的关注度。整个金融投资领域，对于ESG投资和社会责任也非常重视，监管方向非常明确。

"在全球ESG投资屡创新高的背景下，企业环境和社会表现评估存在的质量和诚信问题日益凸显，尤其是刻意通过环保、低碳、绿色等标签'漂绿'以博取投融资和商业利益的现象有所蔓延，已经引发各方疑虑。"公众环境研究中心主任马军指出，蔚蓝地图在环境领域表现的洞见，与《每日经济新闻》对上市公司的长期研究和实时追踪相结合形成的《A股上市公司环境风险榜》，能够协助公众有效识别环境风险，也能够对绿色表现的虚夸和造假形成有力制约，值得投资者关注。①

除了帮助投资者鉴别上市公司的绿色程度，"A股绿色报告"项目的直接影响力还有对上市公司的督促。运行近一年，项目促使50多家公司加快了环境问题的整改进度，也增强了公司的环境风险意识。项目组相信，企业的运行关乎公共利益，监督企业规范运行有利于公共福祉。

利益相关方反馈非常多，其中有一家海外投资机构反馈，它们关注到自己在投的一家上市公司有较多环境处罚，作为海外投资机构，其对社会责任和ESG投资非常重视，看到之后会主动去关注和研究相关信息。

数据沉淀方面，"A股绿色报告"项目积累的数据超过2000条，交叉匹

---

① 《A股环境风险榜丨上半年360家公司登榜，哪家风险最高，谁又在刻意"漂绿"?》，每经网，2021年7月31日，http://www.nbd.com.cn/articles/2021－07－31/1859595.html。

配的维度 10 余个，涉及 500 多家上市公司的量化数值。同时，记者编辑不断训练数据核查能力，掌握数据分析能力，也为以后开展数据新闻工作做了重要积累。模式探索方面，项目探索与外部机构合作，进行内部工作协调机制的探索，尝试多项目协同赋能模式，跟 AI 写作项目相互之间也有交叉合作。

同时，项目有助于深度报道的线索挖掘和分发，项目组通过数据监测研究出深度报道的线索，把线索转给调查记者，继而完成环境领域的深度报道。通过这个项目，《每日经济新闻》开发了很多技术效能工具，如数据查重工具、快讯数据导入后台工具、智能海报系统，这些工具可以用在其他数据内容项目中。

二　模式总结：动态数据持续挖掘，数据新闻也需要细流

事实上，《每日经济新闻》和"A 股绿色报告"项目组没有丰富的数据新闻经验，甚至缺乏相关的资源和理念，也没有产出过大型的数据新闻项目。但是，项目组认为，在数字时代，数据新闻领域需要针对细分领域持续产出内容的细流。

（一）细分领域大数据挖掘的意义和价值

"A 股绿色报告"项目关注企业的数据，而企业的运行关乎公共利益，监督企业规范运行有利于公共福祉，在环境保护方面显得尤为明显。积极挖掘细分领域大数据，对于机构媒体来说价值明显、意义重大。

从社会意义看，数据时代需要新闻机构的力量，能够在数据信息爆炸、对数据解读多元化的价值观里，坚持媒体对数据的解读和定义，这是作为机构媒体的社会责任。传统新闻生产模式在很大程度上是挖掘信息，而如今信息已经数据化、数字化，现在做新闻在很大程度上是做数据。过去挖掘信息，现在挖掘数据，最后去探寻真相。

从内容创新看，大量的融合创新是"视频＋图片＋可视化＋文字＋内容"，

做成交互式复合的 H5，几乎没有更多新形式。机构媒体做新的探索，做有壁垒的内容，数据是重要方向，至少能够持续输出优质和有影响力的内容。

从技术看，技术对新闻行业的影响已经不止于内容渠道和分发模式。数据技术对信息处理和新闻挖掘产生深刻影响，技术对于媒体生产模式的改造非常值得探索。

从商业模式看，数据对于媒体的商业价值越发重要。持续优选与沉淀价值数据，不仅能够发挥智能写作的作用，也有助于探索数据价值变现，提升媒体品牌溢价和智库服务能力。

（二）模式复制的可能性

2021 年上半年，《每日经济新闻》已经涌现出大大小小 20 余个针对细分领域持续更新的数据新闻栏目，其中一部分是受到 "A 股绿色报告" 项目的启发和影响。这些项目的基本模式相对清晰：发掘高质量数据源、构建特定领域价值分析框架、高效核查清洗能力、文本与可视化表达、建立榜单报告模型、利用技术提高效能、内容运营与品牌化。

从项目针对的领域来看，一个是通用领域，一个是垂直行业领域。通用领域的内容丰富度更高，涉及环境责任、二级市场、知识产权、司法风险等。通用领域覆盖了几乎所有的上市公司，这是《每日经济新闻》数据研发的重点方向。垂直行业领域，《每日经济新闻》的不同部门和小组分别研究不同的垂直行业领域，从研究中挖掘资源，进行价值判断，形成新药研发、手机通信、快递物流、房地产等不同垂直行业的数据新闻产品。

从数据内容的生产模式来看，目前《每日经济新闻》大部分数据内容项目是由采编部门主导完成的，其会投入大量的采编资源。一些项目仅需要技术简单辅助开发，少数项目与技术的合作比较深入，技术投入相对复杂，大部分项目靠采编人员自己摸索。最理想的模式是，采编和技术能够进行深度联合开发，采编能输出深度价值判断来维持和迭代项目。

大部分项目虽然在数据分析和可视化等方面并不成熟，但保持着对细分领域的专注，不断迭代，提升内容专业性。这类数据新闻细流模式在不同领

域具有一定的可复制性以及较强的可塑性，即便最终无法形成新闻影响力或有商业价值的产品，也值得试错和探索。

三　反思探讨：技术非万能，重投入与轻试错同步

持续运行近一年时间，因为涉及企业商业利益和声誉，"Ａ股绿色报告"项目遇到诸多挑战、问题。得益于持续性迭代，逐步解决问题成为可能，应形成边探路边思考的开发模式。

（一）消耗资源的阵痛

数据新闻在机构媒体中历来属于重投入项目，"Ａ股绿色报告"这类项目也不例外，甚至更加消耗采编资源。项目运行中需要的人员配置包括策划监制１人、核心数据记者１人、事实核查实习生２人、技术辅助１人、设计师１人、编辑２人以上。虽然能够通过技术手段减少一定的投入成本，但智能背后的人力必须要付出，也不能夸大技术的能力。很多问题技术上没有办法完全解决，至少凭媒体自己的技术能力解决不了。做这类项目，背后都有大量人工投入和复杂的人工判断。特别是频次达到每周更新的项目，需要项目组成员高频参与，并非一次性投入时间、精力就能坐享成果，需要一定的定力。但这类项目越做越熟练，能够通过模式和技术迭代来减少资源投入。

数据内容产品短期内不能直接变现，而是要经历一个较长的转化周期，需要品牌影响力的不断积累。从长期看，数据内容项目能实现数据能力和资源的直接价值变现，尤其培养数据能力和积累数据资源后，能够开拓一个新的具有高附加值的盈利模式，所以这类项目需要耐心和试错成本。

（二）建立数据和能力壁垒

"Ａ股绿色报告"这类数据内容项目能够构建一定的新闻生产壁垒，包括技术壁垒、数据壁垒，甚至价值判断的壁垒。此外，也能够培养具有复合能力的记者和技术人才，从而建立内容生产的"护城河"。

首先，可以建立数据验证与核查壁垒。即便获取数据相对容易，但能够

验证数据、核查数据，提高数据丰富程度，让合作方的数据库不断迭代，实际上是双方相互促进的过程，也提高了第三方进入的难度。

其次，可以建立数据定义的壁垒，也就是构建模型的能力。要增强自身数据理解和解读的能力，赢得垂直行业领域的话语权。比如在垂直行业领域，记者、编辑耕耘较长时间，对行业内的头部公司、核心资源非常了解，对该领域的数据有自己的理解，知道领域内什么数据重要、什么数据不重要，能从数据里筛选出价值，在输出数据时带着一定的价值判断，这就构成了数据定义的壁垒。

最后，可以建立数据壁垒。注重数据的交叉匹配与积累，以及数据运算再加工，形成具有特色的小型自有数据库。

（三）新闻机构不再单打独斗

在开展各个细分领域的数据内容项目时，拥有优质数据的机构是必要的合作伙伴。目前，各个领域的商业化数据机构发展相对成熟，同时它们也在探索对数据价值的挖掘。

机构媒体能够通过媒体品牌赋能，用传播资源置换数据资源，建立信任合作的数据机构"朋友圈"。大部分数据机构也有意愿合作去尝试做数据解读的探索，提升其知名度。

与数据机构合作可以从成本较低的简单数据解读开始尝试，保持迭代和延展，有些项目在迭代过程中可能被淘汰，这是试错成本。在前期的数据解读合作过程中建立信任，使对方认识到媒体的能力，媒体认识到合作方数据库的质量，深入开发数据新闻产品成为可能。

结　语

基于大数据的新闻内容创新刚刚开始，新闻生产的技术赋能也刚刚开始，也许短期内会消耗新闻资源，但长期来看肯定会反哺新闻生产。传媒业的商业模式迭代也在发生变化，从影响力的间接变现，升级到价值发现力的直接变现。这也是新闻业的数字化转型，机构媒体可以用更大的效能和责任提供新闻信息服务。

大数据与智能传播篇

Big Data and Intelligent Communication

B.16
机遇与风险：大数据时代的智能传播变革研究报告

苏　涛*

摘　要： 以人工智能、大数据为代表的新技术的加速发展和应用，使得智媒化成为我国未来媒体发展的一个重要趋向。本报告围绕这种技术驱动的媒体智能化发展趋势，重点探讨了通过技术赋能，传媒业迎来的连接与场景化机遇，以及同时衍生出的伦理、算法和隐私风险。未来，媒体的智能化水平仍将显著提升，而与此相伴的机遇与风险也需要进行深入的观察与反思。

关键词： 大数据　人工智能　智媒化

---

* 苏涛，云南民族大学文学与传媒学院副教授，新闻系主任，硕士生导师，主要研究方向为新媒体传播、民族传播。

一场突如其来的全球性新冠肺炎疫情，使世界百年未有之大变局加速演进。在这场疫情之外，科学技术迎来了一个新的发展周期，尤其是以人工智能、大数据为代表的新一轮科技不仅被加速应用到社会经济领域，而且对社会产生了深远的影响，正在深刻改变着我们身处的世界。传媒作为一个对技术进步极为敏感且应用积极的行业领域，在享受技术的狂飙突进所带来的大好发展机遇的同时，也必须面对其中隐含的种种难以预知的风险与挑战。

一　智媒化：人工智能技术驱动的智能传播发展趋势

　　自美国数学家、计算机科学家约翰·麦卡锡（John McCarthy）在 1956年首次提出"人工智能"（Artificial Intelligence，AI）概念之后，60 多年来，人工智能经历了从萌发到沉默再到如今蓬勃发展的历程。而伴随机器学习、模式识别、人机交互等人工智能技术的提升，特别是大数据环境的形成，人工智能已成为我们当下及未来的一种重要的新技术发展趋势。

　　从语音识别、视觉识别、模式识别①再到自动驾驶（如谷歌无人驾驶汽车）、智能仓储（如 Kiva 仓储机器人、京东机器人）、智能助手（如苹果 Siri、微软 Cortana、百度小度、华为云 WeLink），在工业制造、交通、娱乐和信息传播等多个领域，人工智能已经拥有了足以改变世界的诸多应用。

　　而随着"无处不在的计算"时代的到来，人工智能日益成为我们生活的一部分——人工智能不仅无处不在，还不断地在向传媒领域广泛渗透。2017 年国务院印发了《新一代人工智能发展规划》，正式将"人工智能＋传媒"的媒介技术和传播创新问题上升到国家战略层面；② 2019 年，习近平总书记更是具体指出"要探索将人工智能运用在新闻采集、生产、分发、接

---

①　英文为 pattern recognition，即通过计算机用数学技术方法来研究模式（环境与客体）的自动处理和判读。

②　《国务院关于印发新一代人工智能发展规划的通知》，中国政府网，2017 年 7 月 20 日，http：//www.gov.cn/zhengce/content/2017－07/20/content_ 5211996. htm。

收、反馈中"。①

实际上，自 2017 年以来，我国媒体已经开始大规模地使用人工智能技术，机器写作、AI 主播、智能大脑、智能终端等从中央媒体到地方媒体开始进行大范围探索。2020 年以来，《人民日报》"创作大脑"、央视网"人工智能编辑部"、光明网"智能发稿系统"、新浪新闻"AI + 大数据"、SMG"融媒体中心"、界面·财联社"智能战略布局"、封面传媒"智能云 4.0"、触电传媒"5G + AI 全媒体新闻生产平台"等多个智媒发展典型案例②的涌现，充分显示了我国媒体的智能化进程正在加速。智能化将成为未来传播模式创新的一个核心逻辑和基本驱动力，智媒化也必将成为我国未来媒体发展的一个重要趋向。③

所谓"智媒"，是"以大数据为基础，以人工智能作为核心，借助物联网技术全场景的数据采集、5G 技术高速率和低延时的信息传播、云计算技术强大的算力和区块链技术独有的信任机制而逐渐形成的具有强连通性和强交互性的智能化媒体系统"。④ 用户平台、新闻生产系统、新闻分发平台及信息终端构成智媒系统的几个关键维度。而随着人工智能技术对媒体的全面介入，未来不仅智媒系统将在新闻内容生产、新闻用户分析、新闻产品分发、信息（智能）终端生态重构等方面发挥决定性的作用，机器新闻写作、智能算法推荐、智能语音交互、社交机器人等具体应用也将日渐普及并成为传媒业的新常态。

此外，人工智能对传媒业所产生的全面而深入的影响，不仅涉及从内容生产到用户个性化体验的全流程，更是将上述媒体价值链的各个方面紧密连

① 《习近平：推动媒体融合向纵深发展 巩固全党全国人民共同思想基础》，新华网，2019 年 1 月 25 日，http://www.xinhuanet.com/politics/2019 - 01/25/c_ 1124044208.htm。
② 中国传媒大学新媒体研究院、新浪 AI 媒体研究院：《中国智能媒体发展报告（2020 ~ 2021）》，2021 年 3 月。
③ 彭兰：《智媒化：未来媒体浪潮——新媒体发展趋势报告（2016）》，《国际新闻界》2016 年第 11 期。
④ 程明、程阳：《论智能媒体的演进逻辑及未来发展——基于补偿性媒介理论视角》，《现代传播（中国传媒大学学报）》2020 年第 9 期。

为一体，实现全流程的自动化。以下主要以新闻内容的产销一体化和自动化为例，对智能化的未来媒介发展趋势做一些扼要的说明。

首先是智能化的内容管理。传媒业在过往的内容生产和制造过程中产生了海量的数据，这些数据很大一部分沉淀在生产环节的各种存储介质中。因此，如何有效地利用、盘活这些内容资源成为传媒业长期以来的一大难点。利用人工智能和大数据技术，媒体机构通过程序化大量浏览并寻找相关内容，在此基础上进行重新结构化和机器学习，从而实现对自己庞大内容资产的智能化管理。智能化管理的优势就在于，它可以辅助传媒机构高效完成对内容的自动化创建。因此，与传统的新闻生产相比，在进行融媒体环境下的新闻内容生产时，智能内容管理系统不仅降低了制作的成本，还从形式和格式上为新闻内容创新提供了充分的保障。换言之，智能化内容管理，在提升内容创作者的创造力和内容编辑效率的同时，还为媒体新闻内容批量生产能力的显著增强打下了坚实的基础。

其次是智能化的内容开发与运营。随着人工智能技术的介入，媒体不仅直接与消费者建立紧密的互动关系，还产生大量实时、有效的互动数据。智能化媒体系统据此构建用户配置文件（包括但不限于用户画像），并对用户行为进行预测，从而为智能算法推荐、个性化内容定制、商业化内容定位，甚至自动化内容生产提供了条件和保障。

以传统媒体时代需要较长生产周期的视频新闻内容生产为例，智能化媒体系统在视频拍摄期间不仅可以通过图像识别确保拍摄框架的连续性和控制质量，还可以通过机器学习与算法实现逼真的虚拟角色和虚拟场景创建，以此减少机器拍摄、缩短制作周期。此外，智能化媒体系统通过元数据自动标记和提取，从媒体已有视频内容资源中提取包括人物、文字、动作、实体、场景，甚至情感等元数据，进而将其与前期建立的用户配置文件进行匹配，最终根据用户兴趣进行个性化推荐。随着各种数据的积累，智媒系统未来将可以使用人工智能增强预测能力，即通过预测用户和市场需求来调配资源分配与生产，甚至根据预测进行内容的自动化创建。这也意味着，依赖于人工智能技术（机器学习、算法推荐）和大数据技术（元数据自动标记和提

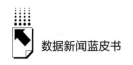

取），智能化媒体系统的生产方式将真正实现从"以制作为中心"到"以用户为中心"的转变，并在这种转变中实现内容的产销一体化和自动化。

二 大数据：智能化媒体系统升级进化的基础设施

虽然人们似乎已经习惯了用"大数据时代"来指称当下的世界，但并不是说人类社会只有发展到今天才会产生这么多信息和数据。当前海量数据的产生和大数据环境的形成，主要得益于不断加速的数字化和互联网化进程。一方面，各类企业为了捕捉有关客户、商品和市场的经营与交易信息，竭力产出越来越多的商业数据；另一方面，数不胜数的传感器（sensors）被安装在诸如汽车、智能家居等私人用品以及用于感知、监控生产类数据与社会类数据的工业设备和公共设施中，并实时产出各种生产、生活和环境数据；此外，全球亿万名社交媒体用户，通过智能手机和个人电脑，在互联网上进行日常交流、浏览、购物、分享、搜索等行为，每天都在产出海量的社交和互联网使用数据。这些数据都以数字化的形态进行生产、存储、传播，从而为大数据计算提供了种种可能。

海量数字化数据造就了当下的大数据环境，而大数据又成为人工智能升级和进化的基础设施。斯坦福大学人工智能与伦理学教授杰瑞·卡普兰（Jerry Kaplan）曾将人工智能技术分为两个系统：第一个系统保证了人工智能从经验中学习，即所谓深度学习或神经网络技术；第二个系统则来自传感器和执行器（actuators）的结合，它保证了人工智能不仅可以看、听、感觉，还能与其所在的环境互动，也只有当传感器和执行器较为理想地结合时，才能产生所谓的"机器人"。[①] 可见，无论哪个系统，都离不开大数据的支撑。一方面，深度学习系统只有不断积累数据，才能掌握模式（人类无法企及的）和见解；另一方面，"机器人"系统更是需要不断的实时数据

---

① 〔美〕杰瑞·卡普兰：《人工智能时代：人机共生下的财富、工作与思维的大未来》，李盼译，浙江人民出版社，2016。

供给，才能完成对环境的研判。而在这个过程中，大数据的数量和质量起到重要的作用，数量决定着人工智能的下限，它是人工智能能否"吃饱"并正常发挥作用的关键；质量则决定着人工智能的上限，它是人工智能后续智力升级和进化的保障。

对于智媒系统而言，大数据同样举足轻重。今天的传媒业，已经逐渐从以互联网为基础设施的互联网时代向以数据为基础设施的智能化媒体时代过渡。彭兰认为："智能化媒体时代要解决的是人、物、环境这三个变量的关系以及与之适配的内容和服务，内容与服务之间也会产生更深层互动关系。"① 这也意味着，在大数据的支撑之下，智能化媒体将有能力重构内容与服务、内容与用户之间的关系，从而在内容与用户之间建立更深层次的互动关系。

虽然"以用户（消费者）为中心"早已成为传媒业的共识，但过去媒体内容的创造并未真正实现这一点。原因主要在于，媒体过去贴近用户，特别是能准确把握用户需求的方法和手段有限。虽然媒体机构常使用一些基于抽样的调查方法（如收视率调查、问卷调研、电话访谈等），但内容消费作为一种精神消费，这种需求复杂和丰富，还涉及人的心理层面，甚至有时候用户自己也未必完全明了这种需求的实质内容，更难以进行清晰明确的表达。在这种情况下，智能化媒体系统则可以通过大数据和人工智能对用户需求进行深入感知和分析，甚至能够做到"比你自己更懂你"。

如前文所述，数字化已势不可当地渗透我们生活、工作的方方面面，在产生海量数据的同时，也使得社会中的所有人都进入被精细解析的状态。如影随形的智能手机把消费者的消费习惯和偏好精确地记录下来；逐步普及的可穿戴设备（如智能手环等）也把人们每天的运动量、心率、消耗的热量等数据加以精确收集呈现，最终每个人所产生的数据标签构成了自己的"数字孪生人"（digital twin）和某种用户群像。数据越多，用户个体和用户

---

① 彭兰：《智媒化：未来媒体浪潮——新媒体发展趋势报告（2016）》，《国际新闻界》2016年第 11 期。

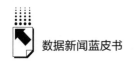

群体画像越清晰具体，从而让智媒"比你自己更懂你"——人工智能的真正力量在于它能够发现隐藏在模糊信息之间的联系，而这种联系原本很难被注意到，因此人工智能获得的数据越多，它的表现就越好，甚至可以不断地升级与进化。

由此，大数据无疑将成为未来智能化媒体系统的一种重要基础设施。所谓"基础设施"主要有两个层面的含义。一是如其字面含义，对于大数据的"采、存、算、管、用"是支撑智能化媒体系统运行的基础，因此势必要成为未来媒体机构的"新基建"；二是大数据作为智能时代的核心资源，还需要有与之相配的核心能力建设，即能否对大数据进行充分的挖掘、利用和价值开发，决定了未来智能化媒体系统的价值和商业发展前景。因此未来媒体机构在数字化转型的同时，还需要积极实现数据化转型和大数据开发能力建设。

三 连接与场景：大数据时代的媒体智能化发展机遇

经过近几年的发展，现阶段的智能化媒体系统已经初步构建起"以大数据为基础，以人工智能为辅助，'云计算+5G+物联网（传感器）+区块链'协同"的技术框架。[1] 这些技术变化不仅促进了传媒产业的智能化升级改造，也将逐渐改变整个传媒业态的结构与格局，进而带来巨大的发展机遇。

在实践层面，目前我国的智能化媒体系统已初步形成三大模式：智慧广电、智慧报业和商业平台智能化。"以智慧广电和智慧报业为代表的主流媒体智能化以及头部互联网商业平台智能化发展路径初步成形，二者持续竞合将形塑中国智媒生态的未来格局。"[2] 此外，在具体应用上，除机器新闻写作和新闻算法推荐已成为较为成熟普遍的技术应用之外，智能语音自2019

① 程明、程阳：《论智能媒体的演进逻辑及未来发展——基于补偿性媒介理论视角》，《现代传播（中国传媒大学学报）》2020年第9期。
② 《重磅发布！〈中国智能媒体发展报告（2020～2021）〉》，搜狐网，2021年3月29日，https：//www.sohu.com/a/457876537_162758。

年以来也呈现"井喷式"发展态势，并从初期追求智能语音的内容与形态逐步向关注如何与万物互联、如何与万物智能匹配转变。

"互联网的本质是各种对象间的关系与连接。而新的设备不断带来新的关系与新的连接模式。"① 因此，除上述种种层出不穷的实践层面的新技术应用与变化之外，媒体的智能化发展还蕴含着一种结构性的变化和机遇——连接与场景。

（一）连接

近年来，智能技术的发展推动了智能终端的快速普及。根据华为的预测，到 2025 年，平均每人将拥有 5 个智能终端。除了 80 亿个智能手机，个人计算机、平板电脑、VR 眼镜、智能手表、智慧屏等智能终端数量将超 200 亿个。此外，超 200 亿个实时在线的智能家居设备，比如音箱、投影仪、打印机、血压仪等，通过 5G 可实现操控和管理，成为个人和家庭感知的自然延伸。② 以此为基础，未来无处不在的智能终端将成为智媒化进程的必然载体——各种智能终端将成为新闻接收的终端，从而为用户提供无所不在的信息获取渠道。这也意味着，"万物皆媒"③ 的未来场景终将显现——过去的媒体是以人为主导的媒体，而未来在人工智能等技术的推动和全面介入下，机器及各种智能终端都有媒体化可能。

媒体智能化程度的提高与智能终端的媒体化，将助力未来媒体建立更加广泛的社会连接。根据 IDC 预测，到 2025 年，普通人每天的数字互动将达到近 5000 次，远远高于 2019 年每天 700~800 次的互动频率。④ 而这种连接

---

① 彭兰：《智媒化：未来媒体浪潮——新媒体发展趋势报告（2016）》，《国际新闻界》2016年第 11 期。
② 《华为：5G = 5 "机"，新价值，新机遇》，华为网站，2020 年 6 月 30 日，https://www.huawei.com/cn/news/2020/6/5g-five-opportunities-gsma-thrive。
③ 彭兰：《智媒化：未来媒体浪潮——新媒体发展趋势报告（2016）》，《国际新闻界》2016年第 11 期。
④ 《IDC：预计到 2025 年全球将有 175 Zettabytes 的数据》，CSDN 网站，2019 年 4 月 28 日，https://blog.csdn.net/qq_30683393/article/details/89630140。

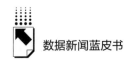
与互动不只限于用户之间，更重要的在于通过打通物联网络、内容网络与人际网络，从而将用户与市场、用户与信息进行有效连接，实现用户、资讯、传播渠道、呈现终端、时间与空间之间的精准匹配。当传媒业实现了这种高度连接状态，就真正进入了智能化媒体发展的高级阶段——任何人在任何时间、任何地点，可以以任何方式实现信息的精准送达与智能匹配。

（二）场景

媒体智能化发展的另一种结构性机遇是场景传播的出现。关于"场景"，国内外的学者多有讨论。罗伯特·斯考伯（Robert Scoble）和谢尔·伊斯雷尔（Shel Israel）指出，"大数据、移动设备、社交媒体、传感器、定位系统"是与场景时代相关的五种要素，即"场景五力"；并认为场景传播实质上就是特定情境下的个性化传播和精准服务。[①] 彭兰则认为，"移动时代场景的意义大大强化"，"场景成为继内容、形式、社交之后媒体的另一种核心要素"，因而"移动传播的本质是基于场景的服务，即对场景（情境）的感知及信息（服务）的适配"。[②]

尽管大家可能对"场景"概念的理解并不完全一致，但都认可场景时代或场景传播，是技术发展到一定阶段的产物，而场景传播的目的则是实现"不同场景"下信息与服务的精准适配。借用彭兰的理解，所谓"不同的场景"是指"同时涵盖了基于空间和基于行为与心理的环境氛围"，具体包括"空间与环境、实时状态、生活惯性、社交氛围"等基本要素。那么，一边是复杂而多元化的传播环境，一边是个性化而具体的信息需求，二者又是如何实现精准适配的？一言以蔽之，正是得益于大数据、人工智能和移动互联网等技术的发展，精确的场景传播才成为可能。

实际上，从万物互联的连接阶段跃升到信息与服务精准适配的智能传播阶段，在技术层面需要完成场景感知计算（context aware computing），以及

[①] 〔美〕罗伯特·斯考伯、谢尔·伊斯雷尔：《即将到来的场景时代》，赵乾坤、周宝曜译，北京联合出版公司，2014。

[②] 彭兰：《场景：移动时代媒体的新要素》，《新闻记者》2015 年第 3 期。

与之相匹配的场景感知服务（context aware service）。具体而言，就是需要媒体根据用户的时间、地点，以及生活惯性、社交氛围等其他场景因素快速挖掘相关数据，以便与用户进行个性化环境下的信息互动和交流。由于大数据的一大特点就是持续生成（being generated continuously），因此需要借助大数据技术对构成场景的实时数据，如社交媒体的发布和使用数据、网站或应用程序的点击流数据，以及嵌入物体或环境的传感器数据、可穿戴设备数据、机器可读物体的扫描数据等，进行实时感知、实时搜索和实时处理。在此基础上，智能化媒体通过大数据和人工智能技术（场景感知计算与场景感知服务），跨越了传统的"情境鸿沟"，[①] 通过获取数据、沉淀用户，从而一举解决了长期存在的与用户有效连接的问题。

泛在的智能连接不仅提高了社会的整体连接性，带来了更多元的社会关系和关系模式，更是大大拓展了"媒体"的外延；而大数据与人工智能技术又为我们搭建了与多元场景连通的有效桥梁，二者共同成就了媒体智能化发展的结构性机遇，从而将智能化媒体和传媒产业带入更大的想象空间。据中国传媒大学与新浪 AI 媒体研究院联合发布的《中国智能媒体发展报告（2020～2021）》[②]：2020 年，不仅"AI + 音视频/游戏/VR/AR/直播/大数据"等成为年内智媒投资的大热门，"智媒 + 行业"也强力出圈，推动了文旅、会展、政务等成为智媒赋能垂直行业、拓展传媒生态版图的试验田。未来，随着媒体的社会连接功能和场景智能化的进一步增强，传媒业将迎来更多的产品线和产业形态，以及更多的转型与发展机遇。

四 复杂伦理、算法霸权与无隐私社会：大数据时代的媒体智能化风险

大数据与人工智能技术的深度发展和广泛应用，已经使当下的媒介生态

---

① 《重磅发布！〈中国智能媒体发展报告（2020～2021）〉》，搜狐网，2021 年 3 月 29 日，https：//www. sohu. com/a/457876537_ 162758。

② 梁宇：《〈中国智能媒体发展报告（2020～2021）〉重磅发布》，中传要闻，2021 年 3 月 24 日，https：//www. cuc. edu. cn/2021/0324/c1382a179108/pagem. htm。

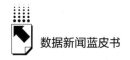

与 10 年前大相径庭。一方面，通过技术赋能，传媒业已形成明确的智能化发展趋势，深刻影响着新闻传播实践；另一方面，大数据的应用与人工智能介入传播，也衍生出了一系列伦理失范和风险，甚至可以说，随着媒体进化和媒介生态的变迁而发生的种种社会风险，几乎都跟大数据和人工智能相关。

（一）人工智能衍生复杂伦理

人工智能模糊了物理世界与现实世界、数据和个人的界限，衍生出复杂的伦理问题。应用数学家、控制论创始人诺伯特·维纳（Norbert Wiener）早在 1984 年就提出了控制论的概念，并在《控制论：或关于在动物和机器中控制和通信的科学》[①] 一书中概述了一种关于控制与通信的全新的工程科学，从而为现代工业社会以及后来的自动化技术奠定了理论基础。然而，《控制论：或关于在动物和机器中控制和通信的科学》出版两年后，维纳在其姊妹篇《人有人的用处：控制论与社会》[②] 中探索了自动化技术的价值和危机之后，特别评估了世界被越来越智能的机械充斥之后导致的可怕后果，表达了对失控的商业开发和其他无法预见的新技术的后果的担忧。维纳作为一个坚定的人道主义者，不仅最早预见了信息技术的双重可能性——技术可能会逃离人类的掌控，并反过来控制人类；还最早对机器智能的到来提出了批判——他认为将决策权给予无法具备抽象思维的系统是存在危险的，因为它们将完全从功利的角度进行决策，而不会考虑更为丰富的人性价值。

具体到传播领域，人工智能技术的介入使得传媒业对于信息判断的价值取向从经验主义向计算主义偏转，信息分发模式也从大众传播走向个性化推荐。这种转变更多的是出于提高信息传播效率的目的和诉求。"但是，

---

① 〔美〕维纳：《控制论：或关于在动物和机器中控制和通信的科学》，郝季仁译，北京大学出版社，2007。

② 〔美〕维纳：《人有人的用处：控制论与社会》，陈步译，北京大学出版社，2010。

效率对于新闻业来说，并非唯一或首要的关切。作为环境监测的主要手段，媒体更重要的目标是帮助人们充分全面地了解自己的生存环境。"① 由此，不仅基于算法的个性化信息服务，在某些方面显然与这一目标背道而驰，而且精于计算与数据处理的算法，无法平衡机器计算与人文价值判断、个性满足与公众责任意识之间的关系，导致形成人们对"信息茧房"（information cocoons）② 效应的担忧，以及今天"后真相"（post-truth）③ 现象的蔓延。

虽然目前人工智能技术主要应用于机器新闻写作、算法推荐、智能语音交互、社交机器人等传媒领域，但由此产生的伦理问题却不只限于上述领域。特别是随着机器的拟人化与信息化，不但人与机器的融合成为人机关系的显性趋势，④ 而且由于人机交往（human-machine association）正朝着情感交往方向发展——计算机中介传播中的媒介演变为人机交往中的"主体"（即智能机器人），智能机器人将逐渐成为情感劳动的"交往对象"，⑤ 由此便衍生出诸多的伦理困境。例如，"人机交往对人的主体性的反射以及对人的本质的扩充仍然可能引发类似编辑身体基因的担忧：智能机器人是否会改变人类的社会基因？随着智能机器高度拟人化和情感机器的高度创新化，人机交往中的主体性平衡是否将发生倾斜？传播伦理是否将丧失道德底线？"⑥ 上述这些忧虑，既是智媒时代所面临的不确定风险，也是其所带来的亟待解决的伦理难题。

---

① 彭兰：《更好的新闻业，还是更坏的新闻业？——人工智能时代传媒业的新挑战》，《中国出版》2017 年第 24 期。
② 〔美〕凯斯·R. 桑斯坦：《信息乌托邦》，毕竞悦译，法律出版社，2008。
③ 〔英〕赫克托·麦克唐纳：《后真相时代：当真相被操纵、利用，我们该如何看、如何听、如何思考》，刘清山译，民主与建设出版社，2019。
④ Coeckelbergh, Mark, *New Romantic Cyborgs: Romanticism, Information Technology, and the End of the Machine* (MIT Press, 2017), p. 228.
⑤ 蔡润芳：《人机社交传播与自动传播技术的社会建构——基于欧美学界对 Socialbots 的研究讨论》，《当代传播》2017 年第 6 期。
⑥ 林升梁、叶立：《人机·交往·重塑：作为"第六媒介"的智能机器人》，《新闻与传播研究》2019 年第 10 期。

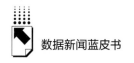

（二）算法霸权

数据科学家凯西·奥尼尔（Cathy O'Neill）曾将那些"不透明的、未经调节的、极富争议的，有的甚至还是错误的"算法模型称为"数学杀伤性武器"，[①] 并提示我们应该警惕不断渗透和深入我们生活的算法模型——它们的存在，不仅加剧了社会业已存在的偏见与不公，甚至很有可能威胁到我们的社会结构。不可否认，算法已成为当下包括传媒业在内的各行各业进行资源配置和经营管理的必备工具。而且未来数据和算法不仅不会自动消失，反而会得到更加广泛的应用。这种情况下，由算法所引发的一系列可能的风险和问题，值得我们予以长期的重点关注——"识别、抵抗其中的种种风险，也应该成为我们生活的一部分，成为媒体和各种数据应用机构的基本责任"。[②]

首先，算法可能隐含偏见与歧视。这种偏见与歧视并不一定来自任何人为的设计意图，还有可能来自训练算法的数据本身。一方面，人类文化是存在偏见的，作为与人类社会同构的大数据，也必然包含着根深蒂固的偏见；[③] 另一方面，隐含在数据中的偏见可能不会作为一个明确的规则出现，而是被分散在成千上万个因素之间的微妙关联中。算法通过把这种根深蒂固的、隐藏的歧视文化归纳出来而加以继承和固化——算法只是模仿人类大脑的学习方式，而不是客观辩证地分析问题，无法分辨数据中隐藏的价值偏向，因此由算法得出的结果也必然会带有人类固有的偏见。

其次，算法技术本身的复杂性、不透明性和算法平台的商业保密规则都将用户的知情权实际排除在外。特别是在算法的数据处理阶段，算法根据既定的语法和句法规则，经过半自动或全自动的自然语言生成，将输入的数据

① 〔美〕凯西·奥尼尔：《算法霸权：数学杀伤性武器的威胁》，马青玲译，中信出版集团，2018。
② 彭兰：《假象、算法囚徒与权利让渡：数据与算法时代的新风险》，《西北师大学报》（社会科学版）2018 年第 5 期。
③ 张玉宏、秦志光、肖乐：《大数据算法的歧视本质》，《自然辩证法研究》2017 年第 5 期。

整理成一定的结构。由于这一阶段所涉及的技术繁杂且用户无法了解或得到解释，因此将新闻生产流程纳入了人为无法识别的"黑箱"。① 而对于普通人来说，由于面临技术、知识、平台规则等重重壁垒，破除这种"黑箱"就成为几乎不可能的事情。

最后，广泛存在的算法形成了对人们的无形操控，并有可能演变为一种算法霸权。算法的权力潜隐于不透明的算法逻辑中，而那些拥有自己独特算法，并处于垄断地位的大平台无疑就拥有巨大的算法权力。在智能化传播过程中，"我们的世界和赋予其意义的知识都被数据化了，这种状况还在不断加深。结果，只有按照可度量类型数据化的标准，我们才可以被理解"，因而，"在当代社会中，……存在一种新型的，我称之为软生命政治的权力关系"。② 一方面，人工智能技术在社会层面的不透明性，让平台与广大普通用户之间的权利极为不对等；另一方面，用户自愿或被迫使用算法、遵循算法规则，也就不自觉地接受了平台及其资本逻辑的反向规训。于是，算法在幸福和效率的名义下实现了对人们的无形操控，并最终形成算法霸权。

随着智能化进程使得人们慢慢成为数据、变成数据产品，社会权力的失衡状态和算法对人们的规训也在逐步加剧。在这个过程中，隐含着拥有算法霸权的组织及个人运用这些权力去作恶，而得不到有效制衡的巨大风险。那么，如何防止这些权力作恶？如何进行有效的纠正和制衡？这又成为智媒化时代必须审慎和认真对待的风险问题。

（三）大数据造就无隐私社会

网络社会工程的推进以及数据获取和数据分析的广泛应用，可能导致的数字鸿沟和数字化压迫正在成为现实。而大数据更是加剧了个人隐私泄露问

---

① 仇筠茜、陈昌凤：《基于人工智能与算法新闻透明度的"黑箱"打开方式选择》，《郑州大学学报》（哲学社会科学版）2018 年第 5 期。

② 〔美〕约翰·切尼·利波尔德：《数据失控：算法时代的个体危机》，张昌宏译，电子工业出版社，2019。

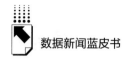

题的泛滥，甚至造成一个"无隐私社会"。个人隐私泄露已经成为我们这个时代有目共睹的严重问题，由此引发的身份欺诈和身份窃取等新型犯罪行为也日益猖獗。以前人们认为，保护个人隐私的重要方式之一是每个人都必须谨慎对待自己在网络上透露的信息。然而，这种试图以数据最小化来保护隐私的方法，不仅受困于"隐私悖论"（privacy paradox）①，而且在大数据和社交媒体的环境下更显得不堪一击。

首先，智能化媒体突破了传统媒介的边界，让人们成为被"窥视"的透明人。进入大数据时代，特别是随着社交媒体、普适计算、摄像头监控、定位、指纹扫描、人脸识别和虹膜扫描等新技术的兴起，不但人们的日常行为（如浏览网页、信用卡购物、打电话等）和个人信息都会被收集到数据库，而且人的生理、心理数据也可以通过传感器、智能手环等设备被获取。最终通过这些数据库之间的彼此互联和数据汇聚，一个人全部的生活细节就可以被清晰地描绘出来——包括个人的喜好、生物信息、医疗记录、财务状况、行动轨迹、与他人交流沟通的信息，等等。

其次，在大数据的环境下，普通用户的身份匿名很难实现。一方面，与高维数据相关联的风险往往是微妙并且难以预测的；另一方面，大数据环境下试图把个体未聚合的数据进行匿名化，在算法上是几乎不可能实现的——"过去几年的大量研究也表明，那些看上去已经匿名化的数据集仍然存在着重新识别或去匿名化的风险。例如，对数百万用户的移动性数据集的研究表明，仅需使用 4 个时空点的信息就有可能进行个体重新识别"。② 因此，个人数据隐私保护就成为一项艰巨的挑战。

大数据和智能技术使得"隐私"的形式和概念正在发生变化。传统形式的隐私，致力于保护个体免受外来的窥视和干扰。而在大数据环境下，我

---

① 指网络用户虽然感知到隐私风险的存在，但不会采取有效的隐私保护行动，由此产生的用户对隐私风险的感知与他们个人信息披露行为之间存在普遍矛盾。参见 Susan B., "A Privacy Paradox: Social Networking in the Unites States," *First Monday Journal Article* 9（2016）。

② 〔美〕阿莱克斯·彭特兰：《智慧社会：大数据与社会物理学》，汪小帆、汪容译，浙江人民出版社，2015。

们总是在被不间断地窥探中不知不觉地数据化并贴上了数据身份——营利性公司、政府组织和其他人士怀揣各自秘而不宣的目的，使用大数据和智能技术对我们进行身份识别。尽管可能没人会去仔细分辨我们的数据或监视我们的邮件，但是我们依旧通过关键词被捕捉，此后便有源源不断的垃圾邮件投递到我们的邮箱这样的事情发生。在这个过程中，可识别的权利存在严重的不对等：一方面，我们在大数据和人工智能技术的窥探下，近乎在一个玻璃房内"裸奔"；另一方面，我们对谁在使用我们的数据以及出于何种目的使用不得而知，更是无法去终止这种识别。由此，大数据环境下的隐私概念必然涉及数据化的世界，个人隐私权也应该包含"不被识别的权利"，以及选择和谁分享个人生活或个人信息的权利。"隐私不仅应该保护自我，还应该保护将这个自我与他人联系起来的数据总集。"①

结　语：大数据与智能技术重新定义未来传播

随着大数据时代的到来，数字化的数据已经遍布于全球经济生活各领域、各经济体以及使用数字技术的各个组织和每个用户中。显而易见，大数据已经成为深刻融入当下全球经济、生活等各领域的一股洪流，而伴随着这股洪流的还有大数据对人工智能技术的滋养和推动。正是在大数据和人工智能技术的共同驱动下，媒体智能化发展阶段已经到来，我们也逐渐进入一个崭新的智能传播时代。

显然，智能化是这个时代传播模式创新的核心逻辑。而在这个逻辑中，大数据不仅与人工智能相辅相成，也成为人工智能的"燃料"——现在主导的人工智能技术都是由大数据驱动的，并且大数据将起着越来越重要的作用。对数据的智能化价值挖掘及算法处理也使得数据已然成为传播领域的关

---

① 〔美〕约翰·切尼·利波尔德：《数据失控：算法时代的个体危机》，张昌宏译，电子工业出版社，2019。

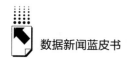

键性控制力量。在此基础上，不仅媒介形态由实转虚——某种意义与算法即媒介，而且数据将成为未来传播中传播产品的标配。

尽管在传媒领域，大数据与人工智能的早期应用基本上集中在机器人新闻、算法推荐等有限方面，但随着技术的进一步发展和应用的逐渐深入，大数据和人工智能等技术不仅将在整体上重塑传媒业的生态，也将在微观上改造传媒业的业务链，并对媒体的整个生产流程、生产工艺、处理手段、传播手段乃至运营模式都产生非常大的影响。

大数据、人工智能等技术向传媒领域的强力渗透，在描绘出一个美好的未来传播图景的同时，也引发了一系列伦理、隐私、社会公平、社会秩序等方面的挑战与风险。例如，在计算思维的主导下，算法平台很难提供造就"公共性"所必需的反思意识。换言之，算法内容分发的"千人千面"在一定程度上对构建公共对话的基础发起了挑战。[1] 虽然未来的传媒业和传播生态将被技术重新定义，但传媒业的公共属性并未发生根本变化。因此，传媒业作为一个数据资源富集的行业，在充分享受了数据带来的种种便利和机遇的同时，必然也要更多地肩负起应对大数据与人工智能技术所引发的各种主要挑战与风险的责任。特别是，传媒作为"社会公器"需要对由技术发展及应用引发的社会公共问题，进行更审慎周全的思考和实践探索，从而在提高自身市场竞争力的同时更好地履行公共责任。

技术的飞速进步已经使我们的互联网变得与10年前大相径庭，而在可以预见的未来，智能化媒体给世界带来的影响，更是将远远超越个人计算机和互联网在过去已经对世界所造成的改变。对于不确定的媒体未来，我们唯一可以确定的是：媒体的智能化水平将显著提升，媒体的应用和服务场景将更加丰富，媒体对社会生产生活的嵌入与影响也将更加深刻。显然，这将是一个机遇与风险并存的未来。

---

① 郭小平：《智能传播的算法风险及其治理路径》，《国家治理》2020年第22期。

B.17
中国数据新闻算法实践趋势报告

王晓冉 吴小坤*

摘　要： 在数据新闻领域，智能算法为数据采集和大数据分析提供便利，通过计算力与新闻故事的结合，数据超越了其原本作为客观属性的数字性质，被发掘为多层次、叙事性的信息语言，提升了新闻内容的透明性、准确性和可靠性。本报告对近10年来国际数据新闻比赛获奖作品进行分析，归纳整理这些作品在制作中运用到的人工智能工具，概述智能算法在数据新闻中的应用类型和应用领域。同时通过研读国内外10余份人工智能—新闻产业相关调研报告，探索数据新闻对智能算法的需求与应用前景，从新闻生产、商业模式和团队建设等方面对数据新闻的算法实践趋势进行预测和展望。

关键词： 数据新闻　智能工具　智能算法

随着新闻实践与人工智能技术的深度融合，数据新闻有了更加广阔的发展空间：一方面新闻数据的挖掘、整理、统计和分析工作更加省时便捷，帮助记者从杂乱无章的数据集中找出新闻故事；另一方面智能可视化工具助力新闻页面向视觉化、个性化和交互性的叙事模式转变，将复杂的新闻故事以简洁直观的方式进行呈现，开启了新闻生产的新时代。

---

* 王晓冉，华南理工大学新闻与传播学院硕士研究生；吴小坤，华南理工大学新闻与传播学院教授，数据分析与信息可视化中心主任。

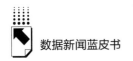

2020 年，全球计算机用户创建和使用了超过 64.2 ZB（Zettabytes）的数据，预计到 2025 年，全球数字存储规模将增长至 175 ZB，相当于 1900 亿个 1 TB 容量的移动硬盘。[①] 得益于庞大的互联网人口和广泛布局的智慧城市视频监控系统，中国的数字规模正以每年 30% 的速度增长，并将在 2025 年超越欧洲、中东和非洲国家的总和，中国将成为世界上数字存储规模最大的地区。[②]

对中国的数据新闻从业者来说，过去 10 年是数据驱动的时代，空前庞大的数据资源带来的机遇与挑战并存，需要更加高效地完成数据挖掘、处理和分析等工作。工具的迭代驱动数据新闻的进步，借助智能算法，记者可以在前所未有的短时间内获得精细化、系统化的数据分析结果，这极大地提升了数据处理的效率，扩大了数据新闻团队的规模；同时在内容呈现方式上，数据可视化使得数据超越了其原本作为客观属性的数字性质，被发掘为多层次、叙事性的信息语言，拓展了新闻故事呈现的边界。

一　数据新闻对智能算法的需求与应用现状

数据、算法和新闻业的运行模式深度融合打破了原有新闻行业的秩序，从根本上改变了全球新闻的生产、分发和盈利格局。其中，以数据为驱动力的数据新闻与越来越普遍的个人和公共信息数字化交织在一起，在行业内变得更加突出。智能算法在数据新闻生产的不同环节中发挥作用，下面将从数据新闻内容生产模式和数据新闻付费模式两个方面对数据新闻中的智能算法实践现状与趋势进行梳理。

---

① International Data Corporation（IDC），"Data Creation and Replication Will Grow at a Faster Rate than Installed Storage Capacity," According to the IDC Global DataSphere and StorageSphere Forecasts, 2021, https：//www.idc.com/getdoc.jsp? containerId = prUS47560321.

② Reinsel, D., Gantz, J., Rydning, J., *Data Age 2025：The Digitization of the World from Edge to Core*（Framingham, MA USA：International Data Corporation, 2018），p. 4.

（一）数据新闻内容生产环节的智能算法需求

1. 数据采集

数据新闻的数据主要来自数据库采集和网页采集。数据库采集通常可以直接获取干净、完整的信息。网页采集则需要数据新闻记者使用爬虫工具或编写爬虫程序对互联网内容进行抓取，主要用到字符串匹配算法，即在一个超长字符串（文本）中定位模式串（关键字）位置，如 KMP 算法、BM 算法、Horspool 算法和 Sunday 算法等都可以完成这个目标。而 Bloom Filter 算法能够实现在海量数据中高效地检索、过滤信息，更适合亿级规模的大型爬虫需求。

一个网页通常有标题、正文、作者、发布时间、图片、评论区、广告等很多板块，采集这些具体内容时，需要对不同板块进行提取和解析，用规则加以匹配，若涉及多种网页样式则需分别匹配相应规则，这给程序员带来非常大的工作量。智能采集数据可以解决这一难题，通过训练"视觉机器人"，对网页中各个区块进行智能化解析，识别区块排列、尺寸、标签、内容等多种特征属性，判断不同视觉模块的类型，计算页面特定元素的位置和提取路径，对非结构化数据进行结构化处理，从而提高算法对网页内容识别的准确性。

2. 数据预处理

爬虫采集的数据来源广泛、类型繁杂。为了解决大数据中的数据噪声和数据赘余问题，提高后续数据处理的效度和精度，在分析和挖掘数据之前必须对数据进行预处理。通过数据清洗，对数据进行审核筛选，处理空缺值及噪声数据，保证数据质量及可信度；数据集成可以根据数据间的关联紧密程度提取出数据关系和实体，并采用统一定义的结构对不同类别的数据进行聚合并储存；之后对数据进行变换，使之转换成适合数据挖掘分析的格式；最后通过数据集的归约处理，在不影响原数据完整性的情况下精简数据规模，以减少之后数据分析的工作量和工作时间。数据集预处理在很大程度上需要依靠处理者的主观判断，对不同种类和层次的数据匹配相应的处理方式，耗

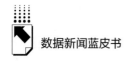
费大量人力和时间成本。

为了将数据处理自动化，麻省理工学院最新推出一种基于贝叶斯推断模型的新型人工智能数据处理系统 PClean，[1] 通过事先将各种专业性和常识性知识及可能出现的特殊情况等人类知识进行编码并进行机器训练，PClean可以自动执行清洗和修复百万级规模的数据集，突破了数据处理自动化、智能化的技术难题。

3. 数据分析和挖掘

大数据的价值和应用性来源于数据分析挖掘系统，其主要分为数据分析和数据挖掘两部分。

狭义的数据分析是指基于数据表面关系的分析，对较小规模数据通过Excel、SPSS、SAS、R 语言、Python、Tableau 等数据分析工具，进行对比分析、分组分析、交叉分析、回归分析等统计分析，直接获取数据价值，并紧密结合具体应用场景进行数据解释。

而对网页采集的大数据而言，在预处理的数据清洗后，依然会存在一些无意义特征。TF - IDF（词频—逆文本频率）是一种主要用于信息特征提取和选择的统计方法，通过扫描处理特征词在文本集某一份文本中的分布情况，计算字词在数据集中的集中程度，同时提取出在文本集中出现频次低、在数据集中单个文本出现频次高的词语作为关键词，以排除文本集中的通用词语。

数据挖掘是数据分析的深化，也被称为"数据库中的知识发现"，[2] 指从大量数据中提取出符合搜索目标的数据和自然语言文本信息，并将其转换成计算机可理解的结构化表示。数据挖掘最主要的功能包括描述性任务，如数据聚类、数据关联分析；预测性任务，如数据分类和回归分析。综合运用统计学、数据库管理和机器学习技术，数据挖掘可以对数据集内看似毫无联系的模式和关系进行深度探索、研究、甄别，发现数据内涵价值，并建立和

① Rachel Paiste，"New System Cleans Messy Data Tables Automatically，" 2021，https：// news. mit. edu/2021/system - cleans - messy - data - tables - automatically -0511.
② 朱廷劭、高文：《KDD：数据库中的知识发现》，《计算机科学》1997 年第 6 期。

完善预测模型。数据量越大、越复杂，从中找到特殊数据关系和模式的概率就越高。

（1）数据聚类

数据聚类的主要作用是将一个数据集合中相似的个体聚合划分在一个事先未知的簇（cluster）中，同一个簇的成员之间彼此相似，不同簇的对象之间具有较大差异，从而实现在对数据集没有分类标准的前提下由机器自动找出数据间存在的聚集类别标签。

在新闻中的数据聚类方法通常用于来源的聚类、用户的聚类、新闻类型的聚类、语义的聚类四个方面。最常用的是 K-means 算法，这是一种基于机器学习的聚类算法，其核心思想是将数据集随机分为 k 组，并在每个组内随机选取一个对象作为初始聚类中心，计算每个数据对象到各个聚类中心的距离，再将数据对象匹配到最近的聚类中心，每次匹配迭代时都进行一次聚类中心调整，重组之后的若干数据对象就组成了一个聚类，每个聚类中会重新计算一个最符合期望的聚类中心。在新闻主题聚类实践中，运用 K-means 的文本聚类算法多次对新闻数据集进行扫描聚类，找到其包含的新闻类别和主题，同时能够根据聚类新闻数量监测潜在的新事件或新趋势，如热门话题、热点事件和舆情事件等。原始的 K-means 算法能实现局部聚类效果最优，但对初始 k 点的选择和扫描顺序敏感度高，有概率导致聚类结果不稳定。话题聚类集群中的新闻主题之间出现区分度不佳的情况，导致某一热门话题事件被划分到多个不同的类别中。为了降低 K-means 算法的误差率，一些改进算法会从改进初始点选择和提高中文文本信息检测精确度等方面进行优化，以实现大量中文新闻事件的主题聚类获取。[①]

（2）数据关联分析

关联规则（Association Rules）是在数据挖掘领域应用最为广泛的技术之一，其最主要的目的就是在海量数据中找到频繁出现的模式和数据集中的

---

① 陈龙等：《基于话题相似性改进的 K–means 新闻话题聚类》，《计算机与数字工程》2017年第 8 期。

相关关系。关联规则的有效性和可靠性强度则通过支持度和置信度两个指标衡量，支持度越高代表规则的出现次数越多（频度），置信度越高代表规则中的主题产生联系的次数越多（强度）。关联规则中并不一定蕴含因果关系，只是规则中的元素明显地同时出现，因此需要谨慎地对关联分析结果进行推理。关联分析主要用到两种算法：一是 Apriori 算法，以支持度为标准判断数据值中频繁出现的关联数据集合，但这种算法需要多次扫描数据；二是 FP-growth 算法，通过构建临时存储数据的 FP-tree 结构来简化数据，只需扫描两次数据集，提升了算法的执行效率。含有时间顺序的数据集之间的关联规则需要进行频繁序列模式挖掘，如 GSP 和 SPADE 算法，及最新优化的 PrefixSpan 算法等。

（3）数据分类和回归分析

数据分类和回归分析都是基于训练数据集学习获取特征和标签之间的关系并建立模型，再根据既有模型知识对未知数据集进行分类和预测的监督学习任务。

数据分类根据人工定义的分类标准（标签）识别和预测未知事物分类，分类模型（分类器）将数据集中的数据项映射到确定范围的类别中，输出离散的类别值。而回归分析作为统计学方法能够输出关于变量之间关系的连续数值，并在数值周围寻找到一条线，使得所有样本点到回归线的距离和最小，通过回归线的函数表达可以映射数据属性值的特征。

K 邻近算法（K-Nearest Neighbor，KNN）是一种基于简单机器学习的数据分类和回归算法，通过训练机器在数据集中找到与输入向量最接近的向量，前 k 个最接近的向量所在分类标签就是对新数据的预测类别。这种算法会对数据集中的每个记录进行分类，因此计算量较大，效率较低。

决策树（Decision Tree）是机器学习中最直观、应用最多的归纳推理模型之一，也是一种监督学习算法，它从样本的标签中学习最优特征并形成分类器，对新出现的无规则、无次序数据对象推理出确定的分类，从而达到预测的目的。决策树的构建算法主要有分类树 ID3（Iterative Dichotomiser 3）、回归树（Classification and Regression Tree，CART）等。最新优化的随机森林

（Random Forest）算法更具灵活性，它使用训练数据计算，随机地结合许多决策树，形成决策树森林，从而提升预测正确的概率。

朴素贝叶斯（Naive Bayes）是一种基于概率统计知识的常用分类方法，以贝叶斯定理为模型基础，假设各特征之间独立，计算每个数据属于某一分类的概率，并将概率最大的分类作为该数据的标签。这种算法按照数学统计逻辑执行，易于实现，但"朴素"独立假设在实际情况中很难满足，因此当特征之间相关性较大时，分类也会产生较大误差。

人工神经网络（Artificial Neural Network，ANN）是一种模仿人类大脑神经元网络的抽象计算模型，能够发现数据中非线性的复杂关系和模式并自我学习，包括知觉、听觉和文本信息，进而实现对复杂问题进行精确预测。在新闻的数据挖掘中，很多信息往往不完整也不准确，传统的信息处理算法在执行任务时会遇到相互矛盾的问题，而人工神经网络模型可以准确地识别和判断噪声数据，凭借强大的分析能力给出合理的分析和预测结果。

数据挖掘通常用来解决海量非结构化数据的知识发现任务，近年来，更是在零售、医疗和物流等领域的巨大商业化需求下得到迅速发展。而目前数据新闻生产所接触到的数据大多是非海量的结构化数据，智能算法主要被应用于数据清洗、数据筛选等耗费人力的任务中，对数据的挖掘还处于较浅的层面，数据新闻记者难以完全依靠人工智能的数学建模发现数据中未知的、有价值的信息。随着我国各级地方政府和主要商业机构不断加深数据开放程度，数据新闻记者能借助人工智能的力量在数据中找到新闻故事，引领中国的"信息透明化运动"，践行媒体的社会责任。

4. 数据可视化

作为大数据时代必不可少的手段，可视化依靠高效的数据处理算法和多元的表现形式，在大规模动态化信息呈现方面获得了飞速发展。数据新闻中的可视化呈现是重要的故事叙述手段，突破了数据分析的传统意义，为平凡枯燥的数据赋予故事讲述人的角色，从人的需求出发探索分析数据中的信息，使新闻故事更加丰满和有说服力，改变了深度报道与读者之间的交流方式。

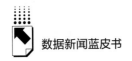

有学者从读者参与的角度将可视化呈现方式分为封闭可视化和交互可视化。① 其中封闭可视化指的是那些固定展现内容的静态信息图和视频、动画等。而交互可视化是目前数据新闻领域发展的一个重要趋势，读者可以在页面中自主点击图标搜索感兴趣的新闻内容，这种互动形式使读者在阅读时从单纯的信息接收方转变为新闻生产的参与者，通过深层次的人机互动强化了读者的参与感和阅读体验。

例如，2019 年 12 月 2 日《纽约时报》发布的一则交互式数据新闻 See How the World's Most Polluted Air Compares with Your City's，以不同直径和密度的粒子展示室外空气中颗粒物浓度从平均水平，到不健康水平，再到极端水平的过程，为读者打造了一个体验空气污染状况的沉浸式空间；同时将与空气污染相关疾病的发病率和死亡率进行数字统计，与空气质量进行联系，展现了空气污染物可能引发的健康风险。读者还可以选择查看自己所在城市的空气质量，并与世界上污染最严重的城市——印度新德里进行对比，从一个更科学的角度直观地感受周边环境的空气质量及自己可能面临的健康风险。对于身处不同地区、拥有不同人生经历的读者而言，通过自主的搜索查询过程，可能会产生不同的新闻理解和结论，从而使同一则数据新闻产生更多维度的意义。

数据可视化制作往往需要兼具数据分析能力和平面设计能力，数据新闻交互可视化通常可以直接使用 Tableau 和 Power BI 等工具，以及一些声明式语法，如 Vega-Lite 和 P5 等。操作者直接提出可视化的目标效果，机器便可快速制作出统计图表，大大降低了可视化的技术门槛和制作负担，同时提高了数据处理的效率和准确率。

还有一些关于自动生成可视化的最新研究成果，力求在数据呈现中兼顾可视化图表的准确性、表达力和视觉美观性。如 DataShot 智能可视化简报自动生成方法②，可以直接对数据表进行事实抽取、事实组合，并自动合成信

---

① 杨璧菲：《全球数据新闻奖的可视化实践趋势》，《青年记者》2019 年第 9 期。
② Wang, Y. et al., "DataShot: Automatic Generation of Fact Sheets from Tabular Data," *IEEE Transactions on Visualization and Computer Graphics* (2019).

息图；Text – to – Viz 智能自然语言生成信息图方法①，可以对用户输入的自然语言进行语义解析并自动生成对应的信息图。这些方法对今后的数据新闻可视化生产也有很大的启发意义。

总的来说，交互可视化综合运用数据分析技术、计算机图形学、图像处理技术和交互技术丰富了数据新闻的阅读体验。随着互联网数据更新的时效性和获取的便捷性不断加强，类型多变的实时数据需要通过更加多维度、异构和时变的可视化解决办法来实现其价值。

（二）商业模式创新中的中国数据新闻算法应用

从 2011 年搜狐推出的数据新闻栏目"数字之道"起步至今，我国的数据新闻行业尚属于一种新型商业形态。其实放眼整个新闻领域，受限于传统媒体经营模式和读者消费习惯的延续，新闻机构的商业运营模式依然以广告经营为主。通过推荐算法，新闻平台可以将资讯内容与广告个性化、定制化地分发给用户，实现对用户偏好的精准匹配，同时提升用户观看新闻资讯的体验感和广告投放价值。

基于协同过滤（Collaborative Filtering）推荐算法，系统从用户的点击、阅读时长、阅读内容、评论、点赞和转发等历史行为和数据中挖掘用户兴趣，并利用拥有相似兴趣的多个用户喜好推荐新闻内容。算法推荐新闻的模式常用于今日头条、ZAKER、一点资讯等新闻聚类平台。以今日头条的资讯推荐系统为例，为了解决多元化用户需求、海量新闻信息和用户身处环境之间的匹配问题，通过不同算法组合对新闻内容和用户画像进行精准的标签化表达，输出针对性评分最高的新闻资讯。而上文提到的线性模型、决策树模型以及人工神经网络模型等也可以通过深度学习方法在用户画像判断和兴趣标签识别方面发挥巨大作用。总的来说，算法时代的新

---

① Cui，W. et al.，"Text – to – Viz：Automatic Generation of Infographics from Proportion – Related Natural Language Statements，" *IEEE Transactions on Visualization and Computer Graphics* （2020）.

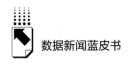

闻推荐能够帮助读者快速精准阅读到自己最感兴趣的某一方面内容，但也不可避免地会造成信息茧房、回音壁和平台偏向等后果，削弱信息获取的多元性和多样性。

还有一些数据新闻媒体通过向读者提供免费的数据新闻工具以获取更多粉丝和网站流量。如医疗健康服务平台"丁香医生"自 2020 年新冠肺炎疫情在国内蔓延伊始便率先开发了微信 H5 "全球新型冠状病毒肺炎疫情实时动态地图"，采用大数据自然语言处理（Natural Language Processing，NLP）技术实时汇总各地最新疫情发展情况及官方防疫信息，根据流行病学原理对疫情数据、发展趋势和病例分布情况进行可视化呈现，[①] 并为不同地区的读者提供定制化疫情动态信息提示服务，帮助用户及时了解疫情防控动态，也在很大程度上推动了政府公共卫生信息公开效果的提升。"全球新型冠状病毒肺炎疫情实时动态地图"页面在上线 100 天内就突破 38 亿次浏览量，带动了"丁香医生"新媒体矩阵关注量及在线问诊、知识付费课程、内容广告营销等业务的盈利。

对大部分新闻平台而言，建立"付费墙"（Paywall）是一种更直接实现内容商业变现的方式，但如何设立"墙"的"高度"才能激发读者的订阅意愿，最重要的是新闻内容和服务。目前国内的数据新闻制作还是以小数据统计与展示为主，在选题意识和数据分析挖掘方面都有欠缺，尚未形成足够的商业价值。其实数据导向型的新闻平台还有其他更加灵活的盈利模式，如财新网推出的金融数据资讯产品"财新数据通 Pro"，[②] 整合了商业资讯与金融数据，并以交互式数据新闻的方式呈现，帮助读者快速获取经济信息和数据分析结果。在数据可视化工具开发方面，镝次元的"镝数图表"中的图表和信息图模版可以帮助用户快速制作静、动态信息图，而网易出品的"网易有数"BI 工具能满足企业级数据分析和数据可视化展示的需求。镝次

---

① 人民网研究院：《2020 内容科技应用典型案例：丁香园·丁香医生全球新型冠状病毒肺炎疫情实时动态地图》，人民网，2021 年 6 月 10 日，http://yjy.people.com.cn/n1/2021/0610/c244560-32127903.html。

② https://cxdata.caixin.com/index.

元的另一个板块"镝数聚"与第一财经旗下的"新一线知城"则是以集结某些专业领域数据的方式,付费提供整合数据资源及行业报告,同时为用户提供数据资讯服务,进一步延长了数据新闻平台的盈利模式链。

二 智能算法在数据新闻中的应用类型
与应用领域

(一)应用类型

随着直播、短视频、算法推荐新闻等新的媒体形态融入社会大众的日常生活,新闻业意识到人工智能、大数据、云计算、5G、区块链和 VR/AR 等技术发展对传媒行业创新的巨大驱动作用,而所有这些新技术的核心都是"算法"。

近年来,数据新闻的算法应用逐渐广泛,数据新闻记者在实践中将计算思维引入深度报道中,通过新闻网页的用户体验和人机交互设计,多层次、多角度、游戏化的动态内容逐渐取代了新闻的线性表达,提升了新闻内容的真实性和新闻故事的文学性。

数据新闻生产过程主要应用到智能算法中的自然语言处理、机器学习、分类算法和可视化算法。

(二)应用领域

在深度调查报告中,复杂的算法发挥了巨大作用,笔者翻阅了 2012 ～ 2020 年全球数据新闻奖(Data Journalism Awards 2012 ～ 2019 / Sigma Awards 2020)的获奖名单,寻找智能算法在这些作品中的应用与贡献。

1. 自然语言处理

自然语言处理算法可以承担以语言和文本信息分词功能为主的基础处理工作,以及满足对语言文本信息进行情感分析、文本分类、用户画像分析等操作的需求。以 Sigma Awards 2020 获得最佳数据驱动作品(大型编辑室)

大奖的作品《复制、粘贴、立法》（*Copy*，*Paste*，*Legislate*）① 为例，《今日美国》和非营利性调查组织"美国公共诚信中心"（The Center for Public Integrity）、《亚利桑那共和报》（*The Arizona Republic*）团队开发了一种基于自然语言处理技术来识别相似的单词和短语的算法，由 150 多台云虚拟机提供支持，在数月时间内对美国 50 个州和国会的近 100 万份法案与已知示范立法文本（model legislation）进行比对，发现在 2010～2018 年有近 1 万份法案是从那些受特殊利益推动的示范立法中大规模复制撰写的，而其中超过 2100 份法案已经正式签署成为法律。这项调查发现了一场隐藏在美国立法界深处的特殊利益运动，推动了法案起草透明度的提升。

2. 信息检索与查找

机器学习通过训练计算机寻找模式，可以满足从大量数据中查找关键文档的需求。如 2018 年来自美国 BuzzFeed News 的"数据新闻创新奖"获奖作品《隐藏的空中侦察机》（*Hidden Spy Planes*）②，技术人员通过机器学习筛选飞行模式与 FBI（美国联邦调查局）和 DHS（美国国土安全部）的缉毒侦查飞机相似的航班，发现了美国领空上未曾对公众披露的大量执法飞机和军事侦察机。

在调查中，数据新闻记者首先汇总了实时航班信息查询 App "Flightradar 24"在 2015 年 8～12 月超 2 万架飞机的几千次飞行动态，绘制航行地图，分析这些班次的飞机制造商和型号、飞行速度和高度、应答机编码、转弯率、飞行持续时间、飞行覆盖范围等信息。之后，运用随机森林算法训练计算机找到 100 架确定美国侦察机与另外 500 架随机飞机之间存在的飞行特征差异，并形成侦察机模型，使用这个模型评估余下所有飞机飞行情况与侦察机的相似概率。计算机在运算中发现，由于侦察机往往会在一个固定范围的圆圈内密集飞行或盘旋，因此飞机的转弯率信息在模型的概率判断

① https：//www. usatoday. com/in‑depth/news/investigations/2019/04/03/abortion‑gun‑laws‑stand‑your‑ground‑model‑bills‑conservatives‑liberal‑corporate‑influence‑lobbyists/3162173002/.

② https：//www. buzzfeednews. com/article/peteraldhous/hidden‑spy‑planes#. kuzgYYeqv.

中发挥了至关重要的作用。

机器学习在实际使用中很难避免一些特殊情况带来的误差，如随机森林算法对所有航班初步进行筛选后，错误标记了几架盘旋于固定小范围内的特技跳伞飞机，需要人工进行核实校对。针对一些算法分析结果与公开信息不符的飞机，数据新闻记者继续抽丝剥茧，找出约 200 架未受到公众监督的秘密军机，进而发现了一些难以预料的现实矛盾与问题。

事实上，在 BuzzFeed News 进行报道之前，大多数美国人不会意识到，这些隐藏在大量的民用航班中的侦察机会配备排气消声器，以降低发动机噪声；或在可操纵支架上携带复杂的摄像系统，无论对白天还是黑夜的地面景象都可以进行高质量拍摄；摄像机还会与 AR 和卫星图像结合，构建更细致的地面场景。了解飞行侦察技术在空中的使用情况后，很多普通民众开始警惕在新技术的环绕下，政府可能广泛实施的定位调查、手机跟踪和监听等侦察行动，从而帮助美国社会直面国家安全、有效执法和个人隐私之间存在的平衡难题。

3. 信息分类

在数据新闻实践中，分类算法也是一种十分重要的工具。Sigma Awards 2020 获得"最佳新闻应用奖"的作品是乌克兰数据新闻网站制作的《来自俄罗斯的谣言》①。它们开发了一个数据采集分析和汇总工具，用于监测操纵乌克兰在线媒体中来自俄罗斯的虚假新闻整体动态。

首先，技术人员从网站 RSS 订阅的摘要部分和 Facebook 页面的链接中，下载统计相关俄语新闻信息，包含发布时间、标题、全文和链接。将这些数据存储在 PostgreSQL 中进行预处理，并对每一条文本信息进行分词（拆分单词和标点符号）和词形还原（俄语中的单词转换为正常形式和不定式），之后将处理过的新闻项目在自主开发的"操纵新闻分类器"中进行评估，判断新闻包含情绪操纵和虚假论证的可能性，再对每周精选的 3000 条操纵新闻进行主题检测和分类。乌克兰记者们发现，乌克兰点击的诱饵网站和针

---

① https：//topic‐radar. texty. org. ua/#/.

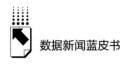

对乌克兰的俄罗斯网站上，标题的主题具有高度操纵性。

4. 信息预测

与分类算法相似，预测算法在实际应用中的大多数情况下是对一个或一组存在目标变量的值进行估计。秘鲁调查新闻组织 Ojo Público 在 Sigma Awards 2020 中获得"最佳创新奖"（小型编辑室）的作品《富内斯：一种对抗腐败的算法》（*Funes：An Algorithm to Fight Corruption*）[①] 就是通过新开发的 Funes 算法，从秘鲁 5 个公共数据库中抓取、分析了数十万份秘鲁公共采购合同，结合 20 个风险指标对合同流程、合同双方和承包商进行腐败风险评分。

这个作品为新闻业社会监督职能的实现提供了一种新的可能，新闻报道从传统的个案研究转变为以大数据为基础、以智能算法为纽带的新型新闻生产模式，可以发现更深层次的社会问题。

5. 智能可视化

可视化利用人类视觉系统的形象思维能力，帮助受众更直观地认知复杂数据信息之间的内在关系和结构。《华尔街日报》的数据新闻作品《〈汉密尔顿〉背后的韵律》[②] 就很好地利用智能可视化为读者提供了一次个性化交互阅读体验，读者可以在文章的最后输入一段英文歌词、诗歌或文本内容，由《华尔街日报》团队独立开发的押韵检测算法能够找出输入内容中存在的音节韵律和重复部分，并以可视化的方式呈现，让读者拥有参与新闻创作的成就感。

AR/VR 技术也被应用在数据新闻作品中，《纽约时报》的交互式数据新闻《看看世界上污染最严重的空气与您所在城市的空气相比如何》基于 Xcode 和 Apple SceneKit 创建了 AR 视觉体验模式，读者在选择城市与印度新德里的空气质量进行对比时，计算机会快速搜索被选城市的空气情况数据，并计算这一组变量在可视化呈现中的各项参数，进而加载出对应图形，

---

① https：//ojo – publico. com/especiales/funes/.

② http：//graphics. wsj. com/hamilton/.

完成一次可视化交互过程。目前人工智能可视化大量运用在社交媒体、医疗服务和体育运动等领域,如网络舆情分析统计图、个人健康情况分析和运动技术统计等,这些应用对新闻生产也有一定的借鉴意义。

三 数据新闻的算法应用趋势分析

(一)重塑数据新闻生产模式

美通社 2021 年发布的《出海品牌传播必读:2021 年全球媒体调查报告》① 显示,由于新媒体时代对新闻及时性的要求提升和报纸发行量、广告收入下降,媒体资源缩减迫使记者们不得不加大工作量,有超过 45% 的被调查者表示他们要兼顾 5 个及以上的选题领域,32.5% 的记者每周要提交超过 10 篇稿件,客观因素导致记者们没有足够的时间和精力对新闻故事细节进行人工调研搜索,而人工智能算法工具可以为传统新闻生产中对照片、音频和视频的预处理与分析工作提供助力,帮助记者快速完成新闻资料的分类整理任务。

有专家预计,当前的智能技术在新闻生产中只能完成 15% 的记者工作和 9% 的编辑工作,② 但作为辅助工具的人工智能在与人类的专业经验和批判智慧相结合时,能更全面地从海量互联网数据中拼接起看似毫无联系的数据集,发掘深藏的新闻故事。在这一方面,一些数据新闻机构通过技术外包合作、新闻编辑室内外部合作等协作方式提升智能算法的使用效率和效果,生产出更加准确和透明的独家新闻作品,消除了部分公众对新闻业的不信任。

---

① 该报告内容基于 2021 年 2 月 1 日至 3 月 1 日对包括美国、加拿大、英国、法国、德国、芬兰、瑞典、意大利、西班牙、葡萄牙、巴西、墨西哥、韩国、越南和马来西亚等 15 个国家在内的 2746 名记者的调查。

② Kayla Matthews, "AI in Data Journalism: Pros and Cons," 2019, https://datafloq.com/read/ai - data - journalism - pros - cons/7116.

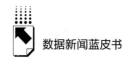

但人工智能驱动新闻生产并非没有争议，在智能算法计算中可能会无意间获得某种引入或加深刻板印象的结果，包括分类或预测中的误差或错误、歧视和不公平、违反法律或社会规范以及算法滥用。许多记者也开始使用不可靠的数据进行分析，而目前的人工智能无法识别数据集的准确性，因此对智能算法的过度依赖可能会导致真正的新闻事实被自作聪明的数据关系所掩盖。

（二）创新基于数据的新闻商业模式

在世界范围内，随着在线广告继续流向谷歌和 Facebook 等社交媒体平台，越来越多的纸媒和数字新闻平台将盈利模式转向会员、订阅和捐赠模式，以减少对广告的依赖，越来越多的高质量新闻报道被价格门槛封印在"付费墙"之外。

路透社与牛津大学新闻研究中心 2020 年发布的《数字新闻报告 2020》[①]提出，在 2020 年中，许多国家的用户开始接受新闻"付费墙"付费，虽然这一趋势在 2021 年依旧延续，但付费总体比例仍然很低。在世界不同区域，民众对线上新闻媒体的付费意愿差异较大，比如在美国有 21% 的被调查者表示在 2020 年曾为在线新闻内容付费，小语种国家挪威和瑞典付费比例分别达到 45% 和 30%，而在日本和英国这一比例分别变成了 10% 和 8%。[②] 在媒体广泛使用的会员、订阅模式下，作为公共服务提供者的新闻机构依然要将大量新闻免费提供给社会公众，付费内容质量才是吸引用户付费的关键。

英国《卫报》有一套不同的盈利模式，首先其增加了一种无广告的升级版会员服务，凭借高品质深度调查报道维护读者的阅读习惯，吸引读者为会员服务付费。其次《卫报》开辟了自愿付费的"捐款"形式，将呼吁自愿捐款的告示投放在每一篇新闻报道下方，而出于对《卫报》新闻调查事

[①] "Reuters Institute Digital News Report 2020," https：//www. sgpjbg. com/baogao/16448. html，基于对 40 个国家和地区的 8 万多人的调查。

[②] Nic Newman, "Executive Summary and Key Findings of the 2021 Report," 2021, https：// reutersinstitute. politics. ox. ac. uk/digital – news – report/2021/dnr – executive – summary.

业的支持，仅 2018～2019 年就有超过 30 万人参与了捐款。

在付费订阅之外，《纽约时报》还推出一种"赞助学生订阅"的形式，以"启发未来一代的读者"为宣传口号，不但使 3 万名读者赞助 300 多万名学生订阅，带来了 1000 万美元的收入，[①] 而且这些被赞助的学生日后也可能会成为《纽约时报》的忠实读者。

也有一些新闻平台将盈利点伸向视频领域，如美国新闻聚合应用 Flipboard 推出精选视频服务 Flipboard TV，并通过推荐算法为用户提供包括华尔街日报社、彭博社在内的新闻机构所生产的新闻视频内容，而 Flipboard TV 的非订阅者也可以在免费浏览部分视频后决定是否进行付费订阅。2020 年我国互联网视频年度付费用户为 6.9 亿户，[②] 体现出优质视频内容对用户付费意愿的吸引力，这种健康、可持续的商业化运转模式也可以应用于付费视频新闻中，让高质量新闻视频成为人们获取资讯的新选择。

在互联网和新媒体、移动数字媒体发展的今天，形式多样的海量资讯也带来了信息过载问题，新闻机构要加强服务创新和经营观念革新。一方面提高内容质量，综合运用各种智能技术开展深度报道研究；另一方面通过基于机器学习和人工智能的用户推荐算法，实现专业化信息与用户个性化、定制化匹配，提升新闻的商业价值。

（三）颠覆新闻人职业能力模式

不少数据新闻作品涵盖了新闻调查、数据采集与分析、调查性报道写作、数据可视化、新闻网页（前端）开发等多个步骤，要求数据新闻记者不仅要从原始数据中寻找新闻点，还必须成为精通数据统计、编程（代码）、新闻写作（写作）、视觉艺术设计和数据可视化（设计）等技能的复合型人才，这对新闻学教育的跨学科、交叉学科建设提出了极高要求。

---

① https：//reutersinstitute. politics. ox. ac. uk/digital – news – report/2021/how – do – people – think – about – financing – commercial – news – media.

② 《2020 年全国广播电视行业统计公报》，国家广播电视总局，2021 年 4 月 19 日，http：// www. nrta. gov. cn/art/2021/4/19/art_ 113_ 55837. html。

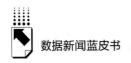
　　正是由于数据新闻生产的复杂性，建设一支配合默契、技术全面的数据新闻团队十分重要，尤其是当团队规模较小时，可能需要记者成为具有收集、分析数据，制作可视化图表和写作新闻能力的多面手。获得 2018 年全球数据新闻奖"最佳新闻应用奖"的作品《重划国会选区》(*The Atlas of Redistricting*)①，由新闻网站"538"的 4 人团队（包括 1 名计算机记者、1 名视觉记者、1 名数据可视化编辑和 1 名政治新闻记者）共同完成，从 8 种不同的选举预测结果出发，绘制了 2568 个美国国会选区。这个作品要求团队内各个成员间有清晰明确的分工，也要相互了解，以高效密切的协作完成数据新闻调查。

　　目前，我国数据新闻领域真正有能力将大数据和人工智能算法灵活运用于实践中的作品和团队还较少，数据新闻教育和人才培养仍面临诸多挑战，需要继续努力推动数据新闻师资团队建设的多元化和开放化，广泛吸收国外数据新闻人才培养的宝贵经验，建立学界与业界的互融互通机制，将最前沿的智能算法技术带入新闻业，以此推动我国数据新闻领域的持续发展。

---

　　① https：//projects. fivethirtyeight. com/redistricting – maps/.

B.18
事实核查中智能技术的创新应用*

郭小平　陈启涵**

摘　要：　智能事实核查是应对网络虚假信息泛滥的重要方法。西方事实核查的智能化发展由媒体机构、科技公司、第三方核查机构共同推进。我国采取"自上而下"的模式，由政府进行规制及引导，科技公司负责智能核查程序的开发和运用。新冠肺炎疫情防控常态化时期，大数据、人工智能、区块链等技术在疫情信息的核查及传播等方面发挥了重要作用，但目前智能技术尚无法完全接管事实核查，网络虚假信息仍需多方共治。

关键词：　事实核查　人工智能　大数据　区块链

　　随着社交媒体、平台媒体等的快速发展，虚假信息治理成为世界范围内学界和业界共同关注的问题。尤其是新冠肺炎疫情发生以来，"信息疫情"成为除疫情之外的另一场"灾难"。传统人工核查耗时长，存在一定的主观性，传播效果差。基于人工智能、大数据和区块链等技术的智能事实核查技术的开发和运用，正成为解决虚假信息泛滥问题的一个重要途径。

---

*　　本报告系国家社科基金重大项目"提升面对重大突发风险事件的媒介化治理能力研究"（21&ZD317）的成果之一。

**　郭小平，华中科技大学新闻与信息传播学院教授、博士生导师、副院长，主要研究方向为广播电视与网络视听、风险传播、人工智能与新媒体、应急传播与社会治理；陈启涵，华中科技大学新闻与信息传播学院2021级博士生，主要研究方向为智能媒体、风险传播与媒介化治理。

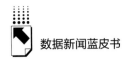
一　事实核查：从人工核查到智能核查

"事实核查"指对媒体内容的真实性、准确性进行核实检查。[①] 传统事实核查通常是在新闻发布前，由专门的事实核查员（Fact Checker）对稿件的相关背景、消息源、专业知识等，通过查阅档案、联系采访对象等方式进行确认。传统事实核查大多由新闻媒体编辑室主导，核查的范围主要是媒体内部稿件。自 20 世纪 20 年代美国《时代周刊》《纽约客》组建专门的事实核查团队以来，[②] 经过近百年的发展，事实核查已经成为西方新闻媒体的一项重要行业规范。目前，西方主流媒体如《华盛顿邮报》、《华尔街日报》和 BBC 等均设立了专业化的事实核查部门，德国《明镜》周刊拥有世界上最大的人工核查团队，在 2010 年前后该机构仍有超过 100 名全职或兼职的事实核查员。[③]

网络媒体时代，今日头条、腾讯新闻等互联网资讯平台上的大量信息由用户生产，在此种情况下，依靠人工对海量的信息进行核查已经不太现实。尤其是在重大公共事件发生后，根据心理学家奥尔波特（Allport）等提出的谣言公式——谣言流通量（R）＝事件的重要性（I）×事件的模糊性（A），[④] 谣言等虚假信息的大量出现几乎是不可避免的。如果任由虚假信息在网络平台泛滥，短时间内可能会引发大面积的社会恐慌，长期则会引起群体极化、社会分裂、政府公信力下降等问题，最终对社会的和谐稳定造成威胁。智能事实核查具有核查速度快、能批量处理重复信息、对虚假信息进行拦截、精准分发辟谣信息等优势，因而成为网络虚假信息治理的重要手段。

---

① 马晓彦：《"事实核查"在新传播生态环境下的演变及应用》，《编辑之友》2017 年第10 期。
② 王君超、叶雨阳：《西方媒体的"事实核查"制度及其借鉴意义》，《新闻记者》2015 年第 8 期。
③ 丘濂：《解密德国〈明镜〉周刊事实核查部》，《中国记者》2013 年第 11 期。
④ 〔美〕奥尔波特等：《谣言心理学》，刘水平、梁元元、黄鹂译，辽宁教育出版社，2003，第 17～19 页。

二 智能事实核查的国内外发展模式

（一）国外：媒体机构、科技公司、第三方核查机构合力推进

　　西方主流媒体机构是智能事实核查的积极推动者。2012 年《华盛顿邮报》开发"真相讲述者"（Truth Teller）手机软件，该程序能够将政府官员的公开讲话内容进行自然语言识别，并从中提取出关键信息与数据库内容进行匹配，从而验证讲话内容的真实性。[①]《纽约时报》和 IBM 展开合作，推出基于区块链技术的"新闻出处追溯"核查程序，该程序能够包含新闻图片拍摄时间、地点、拍摄者、编辑历史等信息，用户可以根据这些信息判断新闻的真实性。[②] BBC 由传统媒体时代通过人工校验、勘误等方法进行事实核查，逐渐转向算法与人工核实联合的方式，并与社交网站 Facebook 等展开合作，成立专业的虚假信息曝光部门。[③] 西方许多媒体机构虽然不一定具备开发智能核查程序的技术能力，但通过与科技公司合作等方式，实现了由人工核查到"机器 + 人工"核查方式的转变。

　　国外科技公司在机器核查技术方面的开发和运用，进一步促进了智能事实核查的发展。2016 年美国大选期间，Twitter、Facebook、Google 等网络平台被指传播大量虚假消息，以至于影响选举结果。BuzzFeed 的数据统计显示，支持特朗普、攻击希拉里的虚假信息在 Facebook 上获得了比真实信息更为广泛的传播。[④] 虽然平台以价值中立原则为自身辩护，但是在多方压力下，这些平台还是陆续开展相关的虚假信息整治工作。Facebook 通过开发智能筛选系统过滤虚假信息；Twitter 通过算法识别许多包含虚假或极端言论的账号，并于 2 个月内清理掉 7000 万个通过自动化程序创建的"水军"账

① 张超、钟新:《美国事实核查新闻的实践逻辑与争议》,《当代传播》2019 年第 3 期。
② 《媒体入场! 纽约时报正测试使用区块链来打击假新闻》, 中国 IDC 圈网站, 2019 年 7 月 25 日, http://blockchain.idcquan.com/167612.shtml。
③ 周婷婷、秦璇:《BBC 媒体理念与实践改革前沿研究》,《江汉学术》2019 年第 1 期。
④ 陈怡:《外媒速览》,《中国记者》2016 年第 12 期。

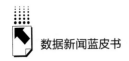

号；Google 则成立专门负责应对网络谣言的子公司 Jigsaw①并开发了"反向图像搜索"（Reverse Image Search）工具，以帮助用户核查图片与视频来源、鉴别真伪和维护版权等。②当某一内容被确认为虚假信息时，Facebook、Twitter、Google 等平台均会通过智能算法，将虚假信息置于信息流末端，甚至进行删除。人工智能技术运用于事实核查，不仅缩短了虚假信息的曝光时间，而且弱化了虚假消息的负面影响。

除了媒体机构、科技公司外，国外还存在大量专业化的第三方核查机构。据杜克大学记者实验室统计，截至 2017 年，全球共有第三方核查机构114 个。③一些具有较大影响力的第三方核查机构，如 Politifact、Storyful 等机构，已经进行智能化改革。Politifact 机构通过大数据技术对政要的公开言论进行分析，对其言论的前后一致性和变化做出分析。④Storyful 机构也开发了可以实时监测并抓取 Twitter、Facebook 等社交媒体上的内容的工具Newswire，并运用定位技术、肖像验证技术等进行核查。⑤日本的第三方核查机构 FIJ（FactCheck Initiative Janpan）联合日本东北大学研发了 FCC（Fact-Checking Console）计算机自然语言处理系统，通过信息发布者的社交情景等来判断信息的真实性。⑥相较于媒体和科技公司通常只负责对自身内容展开核查，第三方核查机构往往强调其在某个领域内核查的专业性。因此，媒体机构、科技公司、第三方核查机构的有效互补，共同推进事实核查的智能化发展。

（二）国内：政府引导与互联网科技公司实施相结合

1. 政府引导

国内网络虚假信息治理主要采取自上而下的模式，通过政府出台相关的

---

① 郭全：《互联网时代的网络谣言治理研究》，《新闻爱好者》2018 年第 6 期。
② 史安斌、叶倩：《虚假信息的多方共治：美国的经验》，《青年记者》2019 年第 10 期。
③ 申金霞：《事实核查新闻：内涵、实践及挑战》，《新闻与写作》2017 年第 11 期。
④ 曹开研：《当下新闻事实核查的发展与面临的挑战》，《青年记者》2017 年第 16 期。
⑤ 李凌凌、秦瑞：《我国事实核查网站现状及发展趋势》，《新闻爱好者》2020 年第 5 期。
⑥ 陈雅赛：《日本网络新闻事实核查实践与启示》，《青年记者》2020 年第 28 期。

法律法规、约谈互联网企业等方式促进互联网企业对平台内容进行管理。2014年2月27日，习近平总书记主持召开中央网络安全和信息化领导小组第一次会议，强调发展全面的信息技术、网络技术，抓紧制定相关法规，完善互联网信息内容管理，依法治理网络空间等。① 这次会议的召开，标志着包括网络虚假信息治理在内的网络安全问题已经上升到国家治理层面。针对网络信息安全问题，政府先后出台了《互联网信息服务管理办法》《互联网新闻信息服务管理规定》《互联网用户公众账号信息服务管理规定》《关于促进移动互联网健康有序发展的意见》等法规性文件。2018年11月，国家网信办联合公安部发布《具有舆论属性或社会动员能力的互联网信息服务安全评估规定》，要求互联网信息服务提供者自行或委托第三方结构，展开包括防范虚假信息、治理暴力低俗内容等在内的安全评估。② 除了出台相关的法律法规，政府管理部门还对腾讯、阿里、字节跳动、快手等企业相关负责人进行有关营造良好网络生态的约谈。③ 针对互联网企业的约谈，包括了对网络虚假信息的治理。

2. 平台落地

在政府的引导和要求下，国内平台型互联网公司，如腾讯、阿里巴巴、字节跳动等，陆续落实对平台内容的核查，并开发智能核查程序应对平台上虚假信息的泛滥。

腾讯新闻于2015年推出"较真"栏目。在该栏目的基础上，2017年腾讯成立较真事实核查平台，并于2018年上线了较真辟谣小程序。腾讯较真平台依托作为中国互联网基础设施（Infrastructural）平台的腾讯公司，实现

---

① 《中央网络安全和信息化领导小组第一次会议召开 习近平发表重要讲话》，国家互联网信息办公室网站，2014年2月27日，http：//www. cac. gov. cn/2014 – 02/27/c_ 133148354. htm？ from = timeline。

② 《国家互联网信息办公室和公安部联合发布〈具有舆论属性或社会动员能力的互联网信息服务安全评估规定〉》，国家互联网信息办公室网站，2018年11月20日，http：//www. cac. gov. cn/2018 – 11/20/c_ 1123740989. htm。

③ 《啥情况？ 阿里、腾讯、字节跳动等11家企业被约谈》，"新浪财经"百家号，2021年3月19日，https：//baijiahao. baidu. com/s？ id =1694616998242475338&wfr = spider&for = pc。

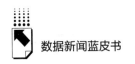
了对 QQ、微信、腾讯新闻等平台的内容进行数据追踪及溯源。作为国内智能事实核查机构的代表，2017 年，腾讯较真平台正式成为杜克大学记者实验室全球事实核查网站数据库的一员，是目前唯一一家入驻的中文媒体。[①]

阿里巴巴集团下达摩院智能实验室于 2019 年研发出"AI 谣言粉碎机"。该智能核查程序能够完全自主学习训练，并随着知识库的丰富逐渐提高机器判断的准确性。在 SemEval 全球语义测试中，"AI 谣言粉碎机"以 81% 的准确率创造了假新闻识别准确率的新纪录。"AI 谣言粉碎机"的人工智能模型，还能够根据谣言的传播路径，有针对性地进行辟谣内容的分发和传播。[②]

今日头条也开发了针对包括虚假信息、低俗内容、暴力内容、"标题党"在内的 180 余个智能核查模型。专门针对虚假信息的 Guard 系统，在 2018 年月均拦虚假信息文章超过 10 万篇，建立的谣言数据库涵盖超过 6 万起谣言事件，一年内收录了 40 余万条不同的谣言。此外，今日头条将辟谣信息精准推送给看过谣言文章的用户，将重大事件的辟谣信息融入信息流，对时效性强的热点辟谣信息弹窗推荐，实现 2018 年全年辟谣话题阅读数 6.2 亿次。今日头条还主动邀请法律、卫生、民生等领域专业从业者入驻，向用户推荐相关的科普知识，提升民众对虚假信息的辨别能力，帮助用户从"被动辟谣"向"主动识谣"转变。[③]

三　疫情防控常态化时期事实核查中智能技术的应用

2020 年新冠肺炎疫情突袭而至，有关疫情的虚假信息在社交媒体等网络平台中大量传播，且呈现传播途径多元化、内容细碎化、速度实时化、动

①　申金霞：《社交媒体时代新闻生产的事实核查方法探析》，《现代传播》2018 年第 11 期。
②　《为拯救爸妈朋友圈，达摩院造了"谣言粉碎机"》，阿里云开发者社区网站，2019 年 2 月 27 日，https://developer.aliyun.com/article/691549。
③　今日头条、字节跳动平台责任研究中心：《今日头条资讯打假报告》，2019 年 4 月，第 1、3、34 页。

机复杂化、范围全球化等特征。① 智能事实核查技术在疫情虚假信息的治理中发挥了重要的作用。

（一）大数据技术

大数据技术在疫情谣言的事实核查中发挥着基础性作用。一方面，网络平台通过大数据可以发现哪些谣言正在广泛传播，从而有针对性地进行辟谣。如丁香医生推出"新冠肺炎谣言排行榜"（见表1），对微博、微信等社交媒体上传播最为广泛的谣言进行辟谣，并进行实时更新。

表1　丁香医生"新冠肺炎谣言排行榜"排名前十的谣言及核查结果

谣言内容	核查结果
中国企业造得出疫苗却造不出疫苗瓶	谣言
注射了新冠疫苗不用戴口罩	谣言
感染新冠病毒可以治癌症	谣言
多喝茶可以清除新冠病毒	尚无定论
憋气20秒可以检测肺部是否健康	谣言
病毒会在咽喉滞留4天，还能补救	尚无定论
桑拿、汗蒸能预防新冠病毒	谣言
上海27日起对入沪车辆逢车必检	谣言
江苏一超市柜台商品及人员涉疫	谣言
进口的冷链食品不能买了	谣言

资料来源："丁香医生"小程序。

另一方面，大数据是算法模型进行机器识别训练的基础。当训练的样本量足够大时，机器才能足够准确地识别谣言。2020年疫情防控常态化时期，腾讯的谣言识别模型积累的训练样本突破百万级别，机器识别的准确率达到

---

① 聂静虹、马梦婕：《突发公共卫生事件中的谣言传播与治理》，《新闻与写作》2020年第4期。

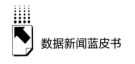

93%，处理的谣言量也超过 90 万条。^① 正是基于大数据技术，算法模型的识别准确率才得以大幅提升。

（二）人工智能技术

在应对疫情谣言上，人工智能技术主要运用于事实核查以及核查结果的传播两个方面。疫情发生后，RealAI 公司联合清华大学人工智能研究院，研发了基于人工智能技术的新冠肺炎疫情 AI 话题分析平台。该平台能够自动抓取网络中的疫情信息，并对相关信息进行溯源和分析，判断哪些是准确的有效信息。^② 此外，腾讯、今日头条等的核查模型也对各自平台内容进行了智能化核查。今日头条上线了"抗击肺炎"栏目，其"鉴真辟谣"子栏目就是针对平台用户发布的疫情信息，采取"机器 + 人工"的核查方式得出结论。

在疫情辟谣信息的分发和传播上，人工智能技术也发挥了关键作用。有效的辟谣并不意味着一次性解决谣言的问题。提升造谣成本与降低辟谣成本的"成本对抗"思路，是有效辟谣的可行路径。^③ 要实现好的辟谣结果，算法除了要能快速识别虚假信息外，还要能够限制虚假信息的传播，如通过降低谣言在信息流中的热度并限制检索、转发等，从而将谣言的危害降到最低。疫情发生后，"微信辟谣助手"基于微信平台，对阅读过谣言文章的读者进行提醒，实现精准辟谣。今日头条则针对内容生产者建立了信用评级制度，鼓励用户参与谣言治理，打击造谣用户。内容生产者的信用等级越低，其发布的内容得到推荐的概率也越低，平台还会对严重造谣的用户进行封禁。此外，新华社也联合科大讯飞公司研发 AI 合成主播，实时向公众播报

---

① 《两年稳坐 TOP3！腾讯新闻如何凭硬实力入围中国网络媒体发展榜》，"腾讯广告"微信公众号，2021 年 4 月 27 日，https：//mp. weixin. qq. com/s/TY91HgF050E8dNF － Ofb8Vg。

② 《大数据 + 人工智能，让疫情有效信息"水落石出"》，"中国青年网"百家号，2020 年 2 月 17 日，https：//baijiahao. baidu. com/s？id = 1658769262865201951&wfr = spider&for = pc。

③ 《腾讯较真"溯源"之战：如何消除医疗卫生类高危恐慌性谣言？》，"全媒派"微信公众号，2017 年 4 月 18 日，https：//mp. weixin. qq. com/s/iDllO1Rjhcghl0d9nTXqlw。

与疫情有关的信息。① 人工智能技术正越来越广泛地运用于信息传播的各个阶段。

（三）区块链等共享协同技术

区块链技术采用分布式共享账本技术，具有"不可伪造""全程留痕""可以追溯""公开透明"等特征。区块链技术不仅能降低突发事件中谣言生成的概率，还能实现链上信息的透明、可追溯、不可修改等，从而避免由事后信息痕迹消失或刻意隐瞒导致的追责困难。② 2017 年成立的首个基于区块链技术的新闻聚合平台——TheWorldNews. net，结合神经网络分析技术，能够对新闻真实性进行评级并实现新闻防篡改、共享和溯源等。在项目建成的 2 个月时间内，TheWorldNews. net 在区块链中已经实现每日收集和记录 6 万余条新闻。③ 疫情发生后，该网站记录了来自世界各地大量有关疫情的新闻，读者在该平台上阅读新闻时，可以通过点击核查结果选项，浏览新闻的原始出处及相关修改。国内目前虽然还没有基于区块链技术进行运作的相关媒体或核查平台，但是在疫情防控常态化时期，许多公益组织、志愿团队及个人通过如腾讯文档、石墨文档等协作汇总疫情信息，④ 此类民间自发行为也具备区块链技术"公开透明""全程留痕"等特征。

四 智能事实核查的不足与解决办法

人工智能技术目前尚处于"弱人工智能"阶段，智能事实核查技术也

---

① 《AI 合成主播 | "2020 年度涉新冠肺炎疫情防控辟谣榜"正式发布》，"新华社新媒体"百家号，2020 年 12 月 8 日，https：//baijiahao. baidu. com/s？id =1685493936925033531&wfr =spider&for = pc。
② 陈堂发：《突发危机事件中谣言追责的理性问题——基于区块链技术支撑的讨论》，《人民论坛·学术前沿》2020 年第 5 期。
③ 《TheWorldNews 基于区块链技术的反假新闻平台》，币界网，2019 年 2 月 28 日，https：//www. 528btc. com/jingzheng/37568. html。
④ 宽带资本：《石墨文档吴洁：从汇总疫情信息到支持远程办公，我们做了这些事》，36 氪网站，2020 年 2 月 6 日，https：//36kr. com/p/1725076619265。

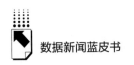

存在一定的局限。自动化事实核查技术模型主要可以分为新闻内容模型和社会情境模型。[①] 采用新闻内容模型的核查程序，高度依赖现有数据库进行核查，很难对数据库外的信息进行准确判断，而采用社会情境模型的核查模型，则很难有效判别深度报道、非虚构写作等高语境新闻。针对一些"深度造假"的虚假信息的判断，依然需要人工核查或具有相关知识背景的专业人士介入。目前，人工智能尚无法完全接管核查工作。

此外，智能事实核查存在一定的客观性问题。在社会情境模型算法中，"大V"等发布的信息将被赋予比普通用户更大的权重。西方一些第三方核查机构，也被证明有明显的政治偏见。因此，在算法"黑箱"没有打开前，智能事实核查技术仍有加剧传播权不平等的嫌疑。

虚假信息的有效治理，需要多管齐下。互联网平台中虚假信息去中心、裂变式的传播特征，促使相关治理必须采取智能技术手段。毋庸置疑的是，大数据、人工智能、区块链等技术的可供性能为事实核查赋能。然而，不容忽视的是，目前技术局限和偏向等问题仍无法解决，技术无法独立承担根治虚假信息泛滥的任务。要实现网络虚假信息的有效治理，政府、媒体机构、科技公司、第三方核查机构、用户等需要共同参与。可以从强化政府信息公开、推进虚假信息管理法制建设、完善平台审核机制、提升公众媒介素养等方面着手，尽可能打造良好的信息传播环境。

---

① 陈昌凤、师文：《智能化新闻核查技术：算法、逻辑与局限》，《新闻大学》2018年第6期。

B.19
数字时代的平台化风险与规制
实践：总结与展望

万晶晶　郭小平*

摘　要： 全球社会正经历着一场"平台化"转向，数字时代的平台化
风险对经济、政治、文化等领域造成了现实危机。在平台化
的风险治理导向下，全球社会展开了"平台规制"的相关实
践。基于平台的技术逻辑，本报告将欧美近年来的平台治理
实践从反垄断规制、数据规制和算法规制三个层面进行梳
理，尝试为我国平台规制道路提供可以借鉴的方向。

关键词： 平台化风险　平台社会　风险规制　平台算法

伴随数字技术对经济、社会各方面的加速渗透，以及大型数字平台公司
市场规模和权力的迅速扩张，全球社会正经历着一场"平台化"转向，互
联网平台已逐渐成为组织和架构社会几乎所有领域的新方式。① 在数字社会
建设中，平台已从单纯的"中介场所提供者"转变为"基础设施"，全方位
渗透人类的政治、经济与文化活动。何塞·范·迪克（José van Dijck）等学
者将社会和经济流量越来越多地由全球在线平台生态系统引导的社会称为

---

* 万晶晶，武昌理工学院影视传媒学院广播电视编导系讲师，主要研究方向为新媒体、视听
传播实务；郭小平，华中科技大学新闻与信息传播学院教授、博士生导师、副院长，主要
研究方向为广播电视与网络视听、风险传播、人工智能与新媒体、应急传播与社会治理。
① 席志武、李辉：《平台化社会重建公共价值的可能与可为——兼评〈平台社会：连接世界
中的公共价值〉》，《国际新闻界》2021 年第 6 期。

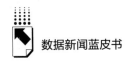
"平台社会"（platform society）。[①]

然而，在全球社会平台化过程中，"大数据杀熟""算法歧视""平台垄断"等风险现象相继涌现。2018年，"Facebook操纵美国大选"事件让全球社会关注到平台背后的权力操纵。2019年，国内在线旅游平台"大数据杀熟"行为的曝光，引起公众对平台数据监控及数据逐利的质疑。近年来，我国不断涌现的平台风险现象也引起政府重视。从2020年底开始，国家多部门陆续约谈阿里巴巴、美团、滴滴等互联网平台巨头。2021年7月，"滴滴出行"App被国家网信办责令下架。一系列的信号表明，国内互联网平台规制已进入"强监管"阶段。

一　数字时代的平台化风险

互联网平台是经济进步的驱动力，因此，在政策与市场话语中充斥着关于平台的乐观叙事。然而，随着"平台垄断""数据侵权""算法歧视"等平台异化风险的"去蔽"，国家和公众逐渐发现互联网平台并不是无关价值的中立构建，而是具有镌刻在其构架之内的特定规范和价值，平台的运行机制中潜藏着一系列风险。数字时代的平台化风险对经济、政治、文化等领域造成了现实危机。

（一）平台化的经济风险

作为互联网世界的流量入口，平台企业将用户、数据和连接都纳入自己的生态系统，并逐渐形成几乎覆盖公众数字生活方方面面的平台生态帝国。

近年来，平台巨头不断以"收购并毁灭"（buy and kill）的方式应对潜在的市场竞争，迅速的扩张与权力的膨胀给社会经济的良性发展带来风险。在国外，Facebook分别于2012年和2014年收购图片社交平台Instagram和

---

① José van Dijck, Thomas Poell, Martijn de Waal, *The Platform Society: Public Values in a Connective World* (New York: Oxford University Press, 2018), p. 4.

即时通信平台 WhatsApp，这种"扼杀性收购"阻断了互联网市场上的有效竞争，在很大程度上抑制了技术创新。在国内，社区团购作为互联网行业的新风口，引来了美团优选、多多买菜等多家互联网平台的竞争。平台企业初期普遍会以低于成本的价格倾销，以此来排挤竞争对手直到最终占据垄断地位。在平台垄断化的背景下，公平竞争的市场生态受到威胁，平台经济也将失去创新活力。

（二）平台化的政治风险

2018 年 3 月 17 日，西方多家媒体曝出英国的剑桥分析数据公司自 2013 年以来盗取了 5000 万名 Facebook 用户的数据，并涉嫌利用这些海量数据投放广告，继而操纵 2016 年美国总统大选。在随后的 4 月，Facebook CEO 扎克伯格被要求参与针对此次数据泄露事件的两场听证会。在会上，扎克伯格一直坚持"科技平台论"，宣称"平台只是不带有任何政治色彩地提供中立的技术支撑服务而已"，[①] 然而此次丑闻事件暴露了 Facebook 并不是所谓的"科技乌托邦"，而实际上是一家将商业利益置于用户隐私之上的平台企业。在讨论平台化的政治风险时，提及"需警惕平台社会的地缘政治将会影响世界的政治格局""美国五大互联网企业威胁国家主权"等论述。这些观点的提出，是基于近几年对实际案例的观察以及相关文献的梳理。从早期的华为、中兴到近来的 TikTok 和 5G，诸多中美争端案例均展现出数字化本身所内含的地缘政治矛盾，尤其是文章中提及的"Facebook 操纵美国大选"事件以及"TikTok 被美国特朗普政府封禁"事件可以作为例证表明地缘政治力量会影响平台治理权的操纵观点；并且在《数字平台的地缘政治：中国网络媒体全球传播的新语境与新路径》（姬德强，《对外传播》2020 年第 11 期）、《隐私、言论与平台规制——基于扎克伯格听证会的议题分析与思考》（马澈，《现代传播》2020 年第 1 期）、《算法瞄准如何重塑西方选举——算

---

① 王丽、刘建勋：《科技平台论的悖谬：短视频社交媒体的公共责任及其实现路径》，《现代传播》2020 年第 9 期。

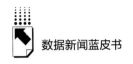
法时代的选举异化及其治理》（王中原，《探索与争鸣》2021 年第 5 期）等文献中也有提及政治影响平台治理权的操纵论述。事实上，该观点的论述想要表明依靠数据和算法驱动的平台商业模式是存在国家数字安全风险的，以此来突出平台治理的重要性。

目前，网络安全成为国际政治中的关注焦点。"网络空间被认为是领土、领海、领空和太空之外的第五空间，是国家主权延伸出的新疆域。"[①]互联网平台关乎着国家话语权的争夺。2020 年 8 月 6 日，时任美国总统特朗普签署行政命令，以 TikTok 危害美国国家安全为由，禁止美国任何公众或企业与 TikTok 及其母公司字节跳动进行交易。特朗普政府的封禁事件揭示了平台社会并非不受地缘政治影响，事实上，数字平台已被地缘政治关系所宰制。[②]

（三）平台化的文化风险

平台系统本应具有公共属性，然而商业价值的深度嵌入导致平台的公共价值和公共利益时常处于协商过程之中。[③]尤其值得注意的是，人文价值的忽视导致平台的文化异化风险加剧。互联网平台的整体设计为负面文化蔓延提供了温床，[④]种族歧视、性别歧视等公民的道德实践衰落不断在平台中上演。2019 年 4 月，美国住房和城市发展部起诉 Facebook，因为平台的定向投放广告行为被发现存在种族歧视现象。

平台不但会传播"有毒的文化"，而且会成为隔绝社会实践与人的文化体验之间的"数字铁幕"。[⑤]虽然平台可供性让普通大众拥有了介入社会传

---

① 马澈：《隐私、言论与平台规制——基于扎克伯克听证会的议题分析与思考》，《现代传播》2020 年第 1 期。

② José van Dijck, Thomas Poell, Martijn de Waal, *The Platform Society*：*Public Values in a Connective World*（New York：Oxford University Press, 2018）, p. 163.

③ 姬德强：《数字平台的地缘政治：中国网络媒体全球传播的新语境和新路径》，《对外传播》2020 年第 11 期。

④ 郭小平：《智能传播的算法风险与治理路径》，《国家治理》2020 年第 2 期。

⑤ 战迪：《如何塑造我们的面孔——"脸性社会"的媒介文化批判》，《文艺研究》2019 年第 12 期。

播机制的机会，看似以一种平等、自由、个性化的方式鼓励大众的文化参与，但与此同时平台也替我们做出了文化选择，而这很可能对文化的公共性造成巨大伤害。

二 数字时代的平台规制实践

平台既能够给人类带来福祉，也会对人类生活造成威胁。在数字时代的平台化风险治理导向下，全球社会展开了"平台规制"的相关实践。

长期以来，平台追责的效果不尽如人意，究其原因，平台主观过错难以认定、平台责任制度缺乏体系化，难以按照传统的"主体—行为—责任"规制思路进行责任追究。事实上，风险规制应遵循平台自身的技术逻辑。"平台是一个可编程的体系结构，由数据作为驱动，由算法和界面来实现自动化和组织，通过商业模式来构建，并由用户协议来进行治理",① 而风险的隐患就潜藏在这些复杂的编程体系中。就平台本身的编程体系结构而言，西方平台规制的相关实践主要包括三个层面：平台反垄断规制、平台数据规制以及平台算法规制。

（一）平台反垄断规制

针对互联网平台巨头的规制已成为全球治理的难题，国外的反垄断执法机关也面临巨大的挑战，在此过程中它们做出了一定的创新和突破。

2020 年，欧盟委员会出台了《数字服务法》和《数字市场法》。其中，《数字市场法》的主要目的就是确保企业在欧盟市场范围内能够与互联网巨头展开公平竞争，迫使平台巨头调整利润丰厚的商业模式，确保实力较小的竞争对手能获得公平的竞争环境。欧盟认为有一些超级互联网平台已扮演相关行业或者相关市场进入的守门人角色，而这些平台巨头理应受到更具体、

---

① José van Dijck, Thomas Poell, Martijn de Waal, *The Platform Society*：*Public Values in a Connective World*（New York：Oxford University Press, 2018）, p. 9.

更严格的监管规定约束。《数字市场法》将守门人定义为过去 3 年在欧洲的年营业额超过 65 亿欧元或上财年市值超过 650 亿欧元，并在至少 3 个欧盟国家提供核心平台服务的公司。《数字市场法》规定了守门人在日常运营中需要履行的一系列义务和不能触碰的红线，以确保数字市场的公平和开放。为了确保规制的有效性，欧盟加大了处罚力度。如果守门人无视规则，欧盟委员会可以处以公司全球年营业额 10% 以下的罚款，并要求分期支付公司全球年营业额 5% 以下的罚款。《数字市场法》中所提出的守门人概念、义务、禁令和惩罚措施都为我国平台经济领域的反垄断理论和实践提供了借鉴。

（二）平台数据规制

在平台中，用户的一举一动都会留下电子痕迹，变成可供处理、分析和利用的数据。然而，我们并未拥有这些数据，也无法控制这些数据，数据属于为我们提供各种服务的"平台掌控者"。[①] 在平台的生态体系中，数据成为数字资本中的核心商品，平台在利用数据赚取利润的同时给数据所有者带来潜在风险。针对日益严峻的平台数据伦理及安全隐患，欧美近年来出台了相应的数据规制举措。

2018 年 5 月 25 日，欧盟出台的《通用数据保护条例》（General Data Protection Regulation）明确强调数据的所有权问题，对数据获取权、修改权、被遗忘权、可携带权、异议权等数据主体的权利做出了明确界定。而这些数据权利在一定程度上体现了目前平台数据伦理和数据侵权中的问题，可以视为在伦理层面对侵权行为的反制。[②] 2018 年 6 月，美国加利福尼亚州州议会通过了《加州消费者隐私法案》（California Consumer Protection Act），该法案明确了州居民可以获得对个人数据相关的权利，具体包括数据访问权、数据删除权、数据被遗忘权、选择不销售个人信息的权利、享有平等服务和价

[①] 郑戈：《算法的法律与法律的算法》，《中国法律评论》2018 年第 2 期。
[②] 李伦主编《数据伦理与算法伦理》，科学出版社，2019。

格的权利等。二者的主要区别在于欧盟的《通用数据保护条例》偏向监管者的立场，侧重数据隐私的保护。而美国《加州消费者隐私法案》则偏向消费者的立场，侧重规范数据的商业化利用。

总的来说，目前已有的数据规制实践具体包括两方面：数据收集的规制和数据利用的规制。相比较而言，由于欧洲具备"以人为本"及重视隐私的历史文化传统，在数据规制中着重强调对数据收集的严格监管。而美国由于具有多种族、多文化的社会背景，更加注重在数据利用层面的规制，强调数据使用的公平与正确。

（三）平台算法规制

算法是定义平台连接架构的另一个重要技术成分，其是将输入数据转换为所需输出的自动化指令集。"从底层技术逻辑的角度来看，算法在网络平台的架构、应用程序中均扮演着核心角色，塑造了用户的习惯与价值观。"[①]算法并非不带偏见、只是处理数字的无情工具。事实上，平台算法能够以一种更隐蔽、更具威胁性的方式放大社会的阴暗面。因此，近年来，欧美国家逐渐重视算法在平台规制中的核心地位。

美国是世界上率先将算法作为直接规制对象的国家。2017年12月，纽约市市长签署通过了美国首个算法问责法案——《算法问责法》（Algorithmic Accountability Bill），并确认算法问责的核心规制架构。[②] 2019年4月，欧盟议会在《算法责任与透明治理框架》中提出建立算法影响评估（AIA）机制；同年10月，德国数据伦理委员会提出算法分级评估方案，"其核心设想在于建立数字服务企业使用数据的5级风险评级制度，对不同风险类型的企业采取不同的监管措施"。[③]

[①] 张凌寒：《权力之治：人工智能时代的算法规制》，上海人民出版社，2021，第199～200页。

[②] 张欣：《从算法危机到算法信任：算法治理的多元方案与本土化路径》，《华东政法大学学报》2019年第9期。

[③] 张凌寒：《权力之治：人工智能时代的算法规制》，上海人民出版社，2021，第357页。

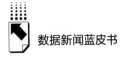

总体来说，目前的算法规制实践主要包括事前的风险防范机制及事后的问责机制。事前的风险防范机制强调在算法设计阶段就要嵌入算法伦理，通过设立道德审查标准来预防平台对用户的操纵，具体体现在个人数据赋权、建立算法风险评估机制、提高算法透明度、建立算法事前许可与认证制度等。事后的问责机制则倾向于"结果导向性"的算法治理，即在算法产生危害结果后进行问责。欧美的治理经验可以为我国的算法规制实践提供良好的借鉴方向。

三　平台化社会的未来展望

当下，全球社会经历着一场"平台化"转向，互联网平台在新技术驱动下重构着社会的经济结构与文化形态。随着平台逐渐全方位渗透进人类生活的各个领域，排斥互联网平台的嵌入显然是社会理念的倒退。直面平台化衍生的风险，在各方利益协商中寻求公共价值的重建是平台化社会的未来展望。

面对近年来中国在平台化过程中相继出现的风险，我国可以在西方的平台规制实践中寻求可以借鉴的方向。同时，互联网企业作为平台的管理者必须主动承担起社会责任，社会公众也需要树立良好的风险防范意识，提升自身的数据素养和算法素养，只有各社会主体共同达成维护公共利益的共识，才能把平台风险拒之门外，让平台更好地为人类服务。

附 录

Appendix

B.20
2019~2020年中外数据新闻奖获奖作品

　　目前国内外的数据新闻奖已经成为数据新闻发展的标杆，影响并推动数据新闻在实践上的不断发展。国际上比较知名的数据新闻奖包括全球数据新闻奖和凯度信息之美奖，以及从2020年开始举办的 Sigma Awards，它们都在一定程度上反映了当下国内外数据新闻的发展水平和趋势。除此之外也有不少的优秀数据新闻作品在综合性新闻奖项中获得认可，从近几年的普利策新闻奖中可以看到优秀数据新闻作品的呈现。国内知名的数据新闻比赛主要包括中国数据新闻大赛和中国数据内容大赛，相比于国际上的数据新闻奖项，国内的数据新闻奖更注重鼓励在校大学生的参与。以下将整理列举一些国内外主要数据新闻奖的获奖情况。

一　国外数据新闻奖奖项

（一）全球数据新闻奖（Data Journalism Awards，DJA）

1. 官网链接

https：//www.datajournalismawards.org/

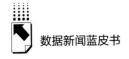

2. 奖项介绍

由非营利、非政府行业协会全球编辑网（Global Editors Network）于 2012 年设立，是全球首个为嘉奖数据新闻领域杰出作品而设置的奖项，堪称元老级别的数据新闻奖。截至 2019 年，已成功举办 8 届。DJA 得到了谷歌新闻实验室（Google News Lab）和奈特基金会（Knight Foundation）的支持，《纽约时报》、《卫报》、美国 ProPublica 等知名新闻媒体都曾是这项大奖的得主。该奖项于 2020 年停办。

3. 2019年获奖作品

- 年度最佳数据可视化奖：《拯救恒河的竞赛》

媒体：路透社美国分社

- 年度最佳调查报道奖：《谁死于飓风玛丽亚》

媒体：美联社、调查性新闻中心、Quartz 网

- 谷歌最佳大型数据新闻团队：阿根廷《民族报》数据团队

媒体：阿根廷《民族报》

- 美联社最佳小型数据新闻团队："仇恨式犯罪"观察

媒体：印度事实核查网

- 年度最佳突发新闻数据使用奖：《印度尼西亚坠机事故》

媒体：路透社美国分社

- 年度最佳荣誉提名奖：《一表记录福特和卡诺瓦回避问题的时刻》

媒体：Vox 网站

- 年度最佳数据新闻创新奖：《雷德梅瑟》

媒体：Der Tagesspiegel

- 年度最佳开放数据奖：OCCRP 数据

媒体：有组织犯罪和腐败报告项目（OCCRP）

- 年度最佳数据新闻应用奖：《罪犯移民的神话》

媒体：马歇尔计划非营利新闻机构

- 年度最佳公众选择奖：《为了成为模特，你需要有多瘦?》

媒体：荷兰国家电视台（NOS）

（二）Sigma Awards（2020届）

1. 官网链接

https：//datajournalism. com/awards/

2. 奖项介绍

Sigma Awards 由 Aron Pilhofer（美国天普大学）和路透社发起，并得到谷歌和 Marianne Bouchart（HEI－DA，非营利组织，致力于数据新闻领域发展）的大力支持。奖项由谷歌新闻计划赞助，并由欧洲新闻中心（European Journalism Centre）旗下的 DataJournalism. com 网站协办。该奖项于 2020 年正式举办第一届，并设立了 6 个组别，共 9 个奖项，包括最佳数据驱动作品（分为小型与大型新闻机构）、最佳数据可视化作品（分为小型与大型新闻机构）、最佳创新奖（分为小型与大型新闻机构）、最佳学生及青年记者奖、最佳开放数据奖、最佳新闻应用奖。

3. 2020年获奖作品

• 最佳数据驱动作品（大型编辑室）：

《复制、粘贴、立法》

媒体：USA TODAY，The Center for Public Integrity，The Arizona Republic

《Troika 自动洗衣店》

媒体：OCCRP，The Guardian

• 最佳数据驱动作品（小型编辑室）：

《法国制造》

媒体：DISCLOSE

• 最佳新闻应用奖：《来自俄罗斯的谣言》

媒体：TEXTY. org. ua

• 最佳数据可视化作品（大型编辑室）：

《世上污染最严重的空气与你所在城市的空气》

媒体：《纽约时报》

《为什么智能手机会导致颈部综合征》

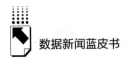
媒体：South China Morning Post

• 最佳数据可视化作品（小型编辑室）：

《丹麦的骗局》

媒体：Pointer（KRO – NCRV）

• 最佳创新奖（大型编辑室）：

《区域的沉默》

媒体：EI Universal

• 最佳创新奖（小型编辑室）：

《富内斯：一种对抗腐败的算法》

媒体：Ojo Público

• 最佳开放数据奖：

TodosLosContratos. mx

媒体：PODER

（三）凯度信息之美奖（The Kantar Information is Beautiful Awards）

1. 官网链接

https：//www. informationisbeautifulawards. com/

2. 奖项介绍

凯度信息之美奖是一个由 David McCandless 于 2012 年所创立的奖项，用来甄选当年最优秀的数据可视化、信息图、交互和艺术领域最卓越且最富美感的设计作品。David McCandless 本人是《信息之美》的记者，这一奖项在创立之初，评选工作主要是由他和当时凯度的创意总监 Aziz Cami 一同主持，现在则是由凯度现任创意总监 Emma Whitehead 接手。2018 年，整个凯度信息之美奖的奖项按照主题，对类别进行了重新组织和调整。在评选指标上，基于信息化程度、交互性和数据可视化效果来进行甄选，所有作品按照主题被划分到不同的 10 个主题之下：艺术、突发新闻、区域与政治、人物角色、语言与身份、政治、全球与人道主义、科学技术、休闲、娱乐与运动。2020年因疫情暂时停办。

3. 2019年获奖作品

• 最美大奖：《探索海洋——交互式科学海报》

作者：Susanne Landi, Konrad Rappaport, Manuel Reitz, Luna Gann, Tom Duscher

• 特别类金奖：《星巴克数据墙》

作者：Accuart

• 地图、场所与空间类金奖：《黑夜中的地球，光汇成山脉》

作者：Jacob Wasilkowski

• 政治与全球化类金奖：《十年以来》

作者：路透社

• 休闲、游戏与体育类金奖：《小轮车竞赛现场数据可视化》

作者：克莱夫·弗兰克工作室

• 艺术、娱乐与流行文化类金奖：《大西洋古抄本法典》

作者：数据可视化机构（The Visual Agency）

• 可视化与信息设计类金奖：《市场咖啡厅杂志——一本关于数据可视化的电子杂志》

作者：《市场咖啡厅杂志》（*Market Cafe Magazine*）

• 科学与技术类金奖：《探索海洋——交互式科学海报》（同最美大奖）

作者：Susanne Landi, Konrad Rappaport, Manuel Reitz, Luna Gann, Tom Duscher

• 人道主义类金奖：《看不见的罪行：我们是否让性侵受害者失望了？》

作者：Nicole Precel, Rachael Dexter, Eleanor Marsh, Soren Frederiksen, Craig Butt, Mark Stehle, Richard Hughes, Simon Schluter, Eddie Jim

• 人类、语言与身份认同类金奖：《一览绝望》

作者：Sonja Kuijpers

• 新闻与时事类金奖：《喀拉拉邦的水坝如何没能避免灾难？》

作者：Simon Scarr, Vinod Kumar, Jin Wu, Rajshree Deshmukh, Prasanta

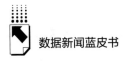

Kr Dutta，Weiyi Cai，Euan Rocha，Rajendra Jadhav，Promit Mukherjee

●数据可视化社区选择奖：《兴奋剂之旅——数据描述》

作者：Hardik Chandrahas

●最佳学生奖：

《朝鲜制图师》，作者：Wonyoung So

《视觉化的历史——关于 Fugazi》，作者：Carni Klirs

●杰出团队奖：《富学校，穷学校：澳大利亚巨大的教育鸿沟》

作者：Inga Ting，Nathanael Scott，Alex Palmer，Ri Liu，Michael Workman

●最佳非英语类作品奖：《模拟显示：在巴西，哪些儿童被收养（哪些没有）》

作者：Bruno Ponceano，Mariana Cunha，Júlia Marques，Vinicius Sueiro

●最佳个人奖：

《塑料灾难》，作者：Alberto Luca López，Ryan T. Williams，Clare Trainor

《移民潮》，作者：Alberto Lucas López，Ryan T. Williams，Kaya Berne

●明日之星奖：《在运动中获胜的所有方式》

作者：Luke Jaaniste

（四）菲利普·迈耶奖（Philip Meyer Awards）

1. 官网链接

https：//www. ire. org/awards/past – award – winners/2020 – award – winners/

2. 奖项介绍

该赛事是国家计算机辅助报道研究所、IRE 和密苏里新闻学院的联合项目，是一个通过社会研究方法评选出最好的新闻作品的竞赛。该奖项是为了纪念《精确新闻》一书的作者——菲利普·迈耶，他是北卡罗来纳大学教堂山分校名誉教授和前奈特新闻学主席。该奖项每年颁发三个奖项——第一名、第二名和第三名，用以表彰使用精确新闻、计算机和社会科学研究技术辅助报道的最佳作品，其中第一名奖金 500 美元，第二名 300 美元，第三名

200 美元。竞赛还帮助确定完成每个故事所用的技术和资源。参赛作品被放置在 IRE 资源中心，以便会员们进行相互学习。

3. 2019年获奖作品

- 一等奖：*Hidden Injustice* | Reuters
- 二 等 奖：*Ahead of the Fire* | The Arizona Republic and the USA TODAY Network
- 三等奖：*Forced Out*：*Measuring the Scale of the Conflict in South Sudan* | Al Jazeera，Supported by Pulitzer Center on Crisis Reporting，African Defence Review，and Code for Africa

4. 2020年获奖作品

- 一等奖：*Tracking the Coronavirus* | The New York Times
- 二等奖：*Last Words* | The Boston Globe
- 三等奖：*Shielded* | Reuters

二　国内数据新闻奖奖项

（一）中国数据新闻大赛

1. 官网链接

http：//www.cdjcow.com/

2. 赛事介绍

中国数据新闻大赛由西安交通大学新闻与新媒体学院陈积银教授于 2015 年在兰州发起，旨在以赛促建、推动全国高校新闻专业教学改革，通过比赛打通学界与业界壁垒，为全国培养新媒体人才助力。中国数据新闻大赛自 2015 年举办以来已经逐渐成为一项具有一定规模的全国性赛事。中国数据新闻大赛坚持以高水准办会的原则，邀请国内外知名的新闻院校专家学者参会，并组织动员各大高校新闻学院本、硕、博学生，以及业界数据新闻精英参与大赛，鼓励新媒体领域的业界与学界顶尖专家学者参与。大赛不限

定主题，作品内容可涉及政治、经济、环境、教育、时政、娱乐、文化、扶贫等专题。

3. 获奖作品

• 2019 年获奖作品名单链接：http：//www. cdjcow. com/show. asp？id＝945

• 2020 年获奖作品名单链接：http：//www. cdjcow. com/show. asp？id＝1047

（二）中国数据内容大赛（China Data Content Competition）

1. 官网链接

https：//awards. data－viz. cn/

2. 奖项介绍

中国数据内容大赛由中国新闻史学会网络传播史研究委员会指导，2021年由浙江大学传媒与国际文化学院、数可视教育公益基金共同主办，北京数可视科技有限公司承办，该届大赛以"数据驱动与创意呈现——发现数据化叙事的更多价值"为主题，旨在通过数据可视化的手段，提高信息的利用水平，深度挖掘数据叙事的价值，进一步推动数据的创意呈现。

3. 2020年获奖作品

• 最佳数据内容金奖：《"癌症村"的历史切片》

作者：赵鹿鸣、祝晓蒙、赵博文

指导老师：叶韦明

• 最佳信息图金奖：《围拢——客家围屋信息可视化设计》

作者：陈艺标

指导老师：史涛

• 最佳数据视频金奖：《如何运作一座容纳 1461 张病床的方舱医院？》

作者：蔡琳、孔家兴、罗梓晗、孙瑞、王亦赟、伍银芳、张泽红、赵思维

• 最佳移动交互设计金奖：《一百万，一个全球悲剧》

作者：孔家兴、王亚赛、陈良贤、吕妍

• 最佳大屏数据交互金奖：《〈流动的边界〉新冠疫情叙事式数据可视化》

作者：朱钧霖、周薇、王瑞、何思渊、刘俊晴、郭宇晨、方含

指导老师：龙娟娟、陈伟

• 最佳数据应用金奖：《2286篇肺炎报道观察：谁在新闻里发声?》

作者：蔡静远、邓海滢、方洁、葛书润、惠一蘅、蒋政旭、李晨、李江梅、林子璐、刘建坤、罗斯、马冰莹、王怡溪、文露敏、吴蒙雨、杨凯文、姚思妤（排名不分先后）

国内除了一些专业的数据新闻应用奖项，也有很多数据可视化应用大赛，旨在为企业、政府提供基于大数据的解决方案。比较知名的数据可视化大赛有中国可视化与可视分析大会的数据可视分析挑战赛、阿里云数据可视化大赛、Tableau年度设计大赛等。在这些比赛中能看到国内对于数据可视化的精彩应用，其中也涌现出不少精彩作品。

Abstract

China Data Journalism Development Report 2020 − 2021 is co-edited by the Data Journalism Research Center of Wuhan University and the Key Laboratory of Integrated Development (Zhebao Group) of the State Administration of Press, Publication, Radio, Film, and Television. This book is composed of a general report, industry research, education and teaching, media cases, big data and intelligent communication topics, and the appendix is the *2019 − 2020 Sino-foreign Data Journalism Award-Winning Works.*

The general report examines the development of data journalism in China in the past two years from four aspects: production team, production process, data processing, and value understanding. Most of the practitioners are optimistic about the future and advocate the industry to apply data to drive news, forms serve content, and promote the sound development of data news. The industry research chapter discusses the development status and latest characteristics of data journalism in academic research, talent training, industry practice, etc. , reviews the context, issues, and trends of data journalism research in China and abroad. At the same time points out that Chinese and foreign research is focusing on issues, research methods, and interdisciplinary Similarities and differences in certain aspects; summarized the changes in the distribution of topics in domestic data journalism in recent years; explored the practice trends of overseas data journalism, and summarized its development characteristics. The articles on education and teaching summarize the current characteristics of my data journalism education in China in terms of courses and number of courses, points out that there is still room for improvement in data journalism ethics education and data neutrality. In addition, in view of the data journalism education situation of the news and communication departments of Chinese and foreign universities, the current situation of data journalism education is analyzed from the four dimensions of training level, content setting, teacher allocation, and resource supply. In the media case chapter, journalists or researchers from mainstream domestic media such as Zhejiang Daily Group, The Paper, *Sichuan Daily*, *Southern Metropolis Daily*, and Daily Economic News shared their data journalism practices and experiences. The topic of big data and intelligent communication believes that the development of big data and artificial intelligence technology is changing many industries, and the news industry is no exception. The generation of data news is closely related to technological changes. The innovative application of intelligent technology discusses the status and role of technology in data journalism and also discusses the contributions and deficiencies of big data and artificial intelligence technology in the verification and dissemination of epidemic information.

Keywords: Data Journalism; Big Data; Intelligent Communication; Media Case; Industry Research

Contents

I General Report

Abstract: This report focuses on the current status of China's data journalism practice in 2020, and conducted in-depth interviews with 15 domestic data journalism teams with development advantages. The following conclusions are initially drawn: First, the team size of data journalism practitioners has differentiated. There are more successful teams in commercialization exploration and more teams without profit pressure, and morewe media and individuals have joined the production of data journalism. The second is the production process of data journalism. Practitioners pay more attention to the interests of audience in the selection of topics; data acquisition ways are more diverse than the past; in data processing, practitioners emphasize problem orientation and avoid routine operations. The third is that when practitioners define data journalism, they focus less on visualization and more on the data, showing a state of rational return to journalism. Most of them are optimistic about the future of data journalism and believe that it has something to do with new technologies. More possibilities for combination are believed. However, the development of data journalism still faces many difficulties, such as difficulties in data acquisition, lack of high-quality talents, difficulties in commercial realization, and difficulties in sustainable development. The future development of data journalism should not be blindly optimistic or excessively pessimistic. Return to journalism report and look at the future with a rational attitude, break through dilemmas, use data to drive news, use forms to serve content, and promote the development of data journalism.

Keywords: Data Journalism; News Production; Big Data; Visualization

II Industry Research

B.2 From Enlightenment to Disenchantment: A Comparative
Bibliometric Analysis of Chinese and Foreign Articles in
Data Journalism (2013 −2021)   *Zhao Luming, Shen Qi* / 022

Abstract: In this article, we analyze the lineage and trends of data journalism research in China and globally. Bibliometrics analysis is used as the primary research method to answer our research questions. Data journalism in China has undergone a process of enlightenment from the early days to the present day of disenchantment and rethinking. Although "big data" and "visualization" are popular topics in data journalism, there is not much interdisciplinary citing literature. In terms of research methods, domestic research is much more discursive than empirical, with content analysis as the main method of empirical research. Foreign research is focused on both qualitative and quantitative. A common problem in both Chinese and foreign research is that there is still a lack of research based on audience and communication effects. This article points out that data journalism research should continue to explore audience and effect research and accelerate the construction of a scientific theoretical system while paying attention to applied journalism practice.

Keywords: Data Journalism; Bibliometric Analysis; Interdisciplinary Communication

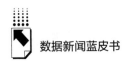

B.3　A Study on the Data Journalism Works in COVID −19
　　　　Pandemic: From the Perspective of Knowledge Production

Fang Jie, Deng Haiying / 049

Abstract: The paper takes the knowledge production perspective, and with some content analysis on 254 COVID −19 data journalism works, we try to figure out if data-driven stories produces more indepth sort of knowledge than traditional journalism works. To testify the hypothesis, the paper focus on questioning data journalism's knowledge characteristics, production constraints and social function. Our study finally finds out that data journalism makes breakthroughs in knowledge, comparing with traditional journalism works, but still within limits.

Keywords: Data Journalism; Knowledge Production; Open Collaboration

B.4　Overseas Data Journalism Development Research Report:
　　　　Based on the Research of the Winning Works of "Data
　　　　Journalism Awards" (2016 −2019) and "Sigma Awards"
　　　　(2020)

Shen Qi, Gu Jieyu / 072

Abstract: With the advent of the era of big data and the continuous development of various digital technologies, data journalism has become a new opportunity for the transformation and transformation of journalism. The "Data Journalism Awards" and "Sigma Awards" have been established to select the best from all over the world. Data journalism works. This report takes the 61 overseas award-winningworks of the 2016 −2019 "Data Journalism Awards" and the 2020 "Sigma Awards" as examples, and conducts a descriptive statistical analysis of the content selection, production process, and presentation methods of these works. , To analyze the dynamics of overseas data journalism practice and summarize the development characteristics, to provide more possible paths for my country's data journalism practice.

Keywords: Data Journalism; Data Journalism Awards; Sigma Awards

B. 5 Multimodal, Synesthesia and Sonification: A Trend Report
on Data Journalism Visualization *Wang Chaoyang*, *Li Yijia* / 093

Abstract: This report reviews the hot research on data journalism and its visualization in 2015 − 2021, combs the literature research on multimodal discourse and synaesthesia communication involved in the practice of data journalism, and focuses on the attempt and possibility of the extension of data journalism visualization. Data sonification is the frontier of data journalism. In this report, the research status and innovative practice of audibility are further explored, and the expression of data sonification is divided into three types to be discussed, that is information sonification, parameter mapping of metaphorical relationship between data and sound, and musical data, and the problems existing in the current production practice of data journalism sonification are given suggestions.

Keywords: Data Journalism Visualization; Data Sonification; Synesthesia Communication; Multimodal Discourse

B. 6 Constructive Empirical Research on China's Financial Data
Journalism in 2020 *Wang Yubin*, *Luo Shujun*, *Wang Xiaohui*,
Chen Yuting and Chen Tingjie / 114

Abstract: Whether financial data journalism has constructive attribute, or data quality and effective visualization could improve its constructiveness? Focused on these issues, the research collect 992 data journalism samples from 7 medias agencies to make the context analysis. Data shows that financial data news has constructive attribute. The breadth of data and composite visualization types have a

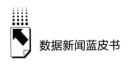
significant impact on the constructiveness of financial data journalism. Data quality and accurate use of visualization elements, here is a significant correlation between breadth and depth of data. At this stage, we should tell the fantastic Chinese economic stories according to the core of constructiveness , creating the positive value of financial data Journalism, strengthening its serviceability , dynamiting interaction, and enhancing the public participation and credibility.

Keywords: Financial Data Journalism; Constructive Journalism; Data Quality; Effective Visualization

B.7   Analysis of Visual Narrative Features of Chinese Video Data

Journalism   *Feng Yuyang*, *Lu Junwei* / 146

Abstract: Video data journalism is an emerging field of news production. It has experienced three stages of development: from the use of data to data analysis, from shallow analysis to in-depth development, and from information services to storytelling. It has gradually formed a linear and progressive Three basic narrative modes of concentric circles. Video data journalism highlights the core characteristics of "story" in the narrative, emphasizes the use of time data to invert the narrative chain, highlights the main points of the narrative through the "zero focus" series data, and uses audiovisual data to symbolize the three-dimensional news narrative. Research believes that the production of video data journalism should avoid the contradiction between visualized narrative and news out of focus, and at the same time enhance the utilization and interactivity of data journalism videos.

Keywords: Data Journalism; Visual Narrative; Video Journalism

Abstract：The report does research on data journalism reports on the following four data journalism platforms, Caixin's " Digits ", People's Daily Online " Graphic News ", The Paper " MEISHUKE Column ", and *Beijing News*. Through statistics and analysis of the data news posted on the platforms from 2019 to 2020, in pursuit of the topic distribution principles of domestic data journalism, a summary is made of the characteristics of the data news reports related to COVID − 19 pandemic during the period, at the same time having a discussion about development strategies of future data journalism.

Keywords：Data Journalism；News Agenda；Topic Distribution

Ⅲ   Education and Teaching

Abstract：This report takes China's data journalism education as the research object, and obtains the situations of data journalism education about 500 colleges and universities through online public information, research materials obtained from scientific research institutions, questionnaires, written interviews, etc. . Taking 120 colleges and universities with data journalism courses as research samples, the current situation of data journalism education in China's colleges and universities in terms of course offerings, number of courses, course titles and course types are sorted out. It is believed that data journalism education in China has the characteristics of rapid development and large regional differences. At the same time, researches on data journalism ethics, data neutrality and other issues in the teaching process are carried out, and suggestions for improvement are provided in response to the problems found in the research.

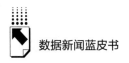

数据新闻蓝皮书

Keywords: Data Journalism Education; Journalism and Communication; Talent Training

B.10 Three Models of Data Journalism Education: Global Status
and Case Study　　　*Xu Di, Zheng Manlin and Xie Xinyi* / 207

Abstract: This article discusses the educational models of data journalism education in the scope of academic degree. Firstly, the paper reviews the literature on global data journalism education, then examines data journalism education in 31 journalism and communication schools in 7 countries, and analyzes the current situation of data journalism education from four dimensions: education levels, teaching content, faculty and resource supply. Secondly, the article focuses on a typical localized case and reports the construction of data journalism courses inJournalism School of Fudan University. In conclusion, we summarize three main models of data journalism education: model of strong links between academia and industry, interdisciplinary model of journalism and computer science and multimedia mode of data and digitalization.

Keywords: Data Journalism; Educational Models; Integrated Studies; Journalism Education

Ⅳ　Media Cases

B.11 The Application of Data Journalism in Financial Reporting:
Yinshi Financial Data Journalism Case Report

Zhang Yuanfan / 226

Abstract: The competition of data journalism depends on twoaspects: one is how to quickly and accurately find the data you want from massive data; the other is how to dig out valuable news based on data classification, sorting, and analysis. When Yinshi Finance collects and writes data journalism, it usually adopts methods such as "active planning + data mining", "hot topics + data verification", and "data + think tank generation list". In the long run, in addition to foot power, eye power, brain power, and pen power, "computing power" will also become one of the core capabilities of the media.

Keywords: Data Journalism; Financial Reporting; Yinshi Finance

B.12 The Localization and Development of the Data Journalism Team: The Report of Data Journalism Cases of The Paper

Lv Yan / 242

Abstract: This article takes the data news team and its production practices of The Paper as the object of investigation. Through the author's participation, observation, and a large amount of first-hand information, the data journalism practice of The Paper isdivided into three stages: "convergence reporting, data-driven, and brand values". With case studies and summaries, the author explained the story pitch principles of Mei Shu Ke, the data news section of The Paper, and took the data journalism practice of The Paper as a typical case to investigate the localization and development of data journalism in China.

Keywords: Data Journalism; New Media Transformation; Media Convergence; The Paper

B.13 Exploring a New Path for the Development of Data Think Tanks: Taking Sichuan News Media MORE Big Data Studio as An Example

Li Wei, Gao Jing / 253

Abstract: Under the premise that data has become a production factor is a social consensus, how should the party-affiliated media explore a new path for the

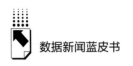

development of data think tanks? Sichuan Daily Multi-media established the "MORE Big Data Studio" in January 2018, and has accumulated rich practical experience in target positioning, team building, and mechanism innovation. Based on the analysis of these experiences, this paper believes that the party-affiliated media should improve the decision-making reference value of think tanks by focusing on target positioning; enhancing the overall strength by integrating resources; effectively stimulating the vitality of each stage through flexible adjustment of the organizational structure, so as to achieve mechanism innovation.

Keywords: Team Building; Mechanism Innovation; Data Think Tank

B.14   The Improvement of Media Data Production and Service:

Case Report of *Nanfang Metropolis Daily*　　　　*Zou Ying* / 262

Abstract: The connection between *Nanfang Metropolis Daily* and data dates from 2012. Beginning with the data news published on the newspaper, "using data to mine the truth of news and tell stories about people", we focused on bringing a different idea and presentation to news reports with fresh perspectives and clear visualization. 10 years have passed, now "To be China's first-class Think Tank Media" has become our new vision. As the role of the data has been expanded, we devote to playing a part in quantification, evaluation, supervision, service and more. In the meanwhile, the network of "data news, data products, data applications and data industry" interprets our new capabilities of production and service, strengthening the co-governance function of media, especially under the era theme of "governance of China".

Keywords: Data Journalism; Data Product; Data Industry; *Nanfang Metropolis Daily*

Abstract: It has become a possibility and trend to find a trickle of news in big data. Environmental risk information concerning the public interest is often over-dispersed, complex and too professional, so it is rarely paid attention to by the public or revealed by the media. NBD (*National Business Daily of China*) has been working with IPE (Institute of Public and Environmental Affairs) to tap into China's complex environmental risk data . The resulting "A-Share Green Report" project is based on continuously updated government open big data, from the perspective of public company environmental responsibility and information disclosure, and use AI + Writing to continuously produce various types of supervision in the batches of News reports. This project has pioneered a new model for mining news through dynamic data. Now the project has been running for nearly a year, and the experience and challenges encountered in the process can be discussed by the industry and academia.

Keywords: Big Data; Data Journalism; Environmental Protection; AI Writing; Listed Companies

V   Big Data and Intelligent Communication

Abstract: The accelerated development and application of new technologiesrepresented by artificial intelligence and big data has made "intelligent mediatization" an important trend in my country's future media development. This report focuses on this technology-driven development trend of media intelligence, focusing on the connectivity and contextual opportunities that the media industry

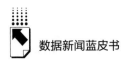
has ushered in through technology empowerment, as well as the ethical, algorithmic, and privacy risks derived at the same time. In the future, the level of intelligence of the media will still be significantly improved, and the accompanying opportunities and risks also require in-depth observation and reflection.

Keywords: Big Data; Artificial Intelligence; Intelligent Media

B.17　Report on the Algorithm Practice Trend of China Data

Journalism　　　　　　　　　*Wang Xiaoran, Wu Xiaokun* / 301

Abstract: In the field of data journalism, intelligent algorithms facilitate data acquisition and big data analysis. Through the combination of computing power and news stories, data has surpassed its original digital nature as an objective attribute, and has been discovered as a multilayered, narrative information language, enhancing the transparency, accuracy and reliability of news report content. In this report, we analyzed the representative works of international-scale data journalism competitions over the past decade andsummarizes how to use artificial intelligence tools in these works. In addition, we explored the demand and application prospect of intelligent algorithms in data journalism by studying the latest industry reports on the artificial intelligence news industry of China and abroad. Moreover, we forecasted the trend of data journalism algorithm practice in terms of news production, business model, and team building.

Keywords: Data Journalism; Intelligence Tools; Intelligence Algorithm

B.18　Innovative Application of Intelligent Technology in Fact

Checking　　　　　　　　　*Guo Xiaoping, Chen Qihan* / 319

Abstract: Intelligent fact checking is an important method to deal with the proliferation of false information on the Internet. The development of intelligent fact checking in western countries was jointly promoted by media organizations, technology companies, and third-party verification agencies. China adopted a "top-down" model, with government regulation and guidance, technology companies responsible for the development and application of intelligent verification procedures. During the COVID – 19 pandemic, technologies such as big data, artificial intelligence, andblockchain played important roles in the verification and dissemination of epidemic information. However, intelligent technologies cannot completely take over the fact verification at present, false information on the Internet still needs to be checked by multiagent.

Keywords: Fact Checking; Artificial Intelligence; Big Data; Blockchain

B. 19　Platformization Risks and Regulatory Practices in the Digital

　　　　Era: Summary and Outlook　　　*Wan Jingjing*, *Guo Xiaoping* / 329

Abstract: The global society is undergoing a "platformization" shift. In the digital age, the platformization risks have caused real crises in the fields of economy, politics and culture. Under the guidance of platform-based risk governance, the global society has launched relevant practices of "platform regulation". Based on the technical logic of the platform, this article reviews the platform governance practices in Europe and the United States in recent years from three levels of antitrust regulation, data regulation and algorithm regulation, and tries to provide a direction for platform regulation of china.

Keywords: Platform Risk; Platform Society; Risk Regulation; Platform Algorithm

Ⅵ　Appendix

B. 20　2019 – 2020 Sina-foreign Data Journalism Award-Winning

　　　　Works　　　　　　　　　　　　　　　　　　　　　/ 337

皮 书

智库成果出版与传播平台

❖ 皮书定义 ❖

皮书是对中国与世界发展状况和热点问题进行年度监测，以专业的角度、专家的视野和实证研究方法，针对某一领域或区域现状与发展态势展开分析和预测，具备前沿性、原创性、实证性、连续性、时效性等特点的公开出版物，由一系列权威研究报告组成。

❖ 皮书作者 ❖

皮书系列报告作者以国内外一流研究机构、知名高校等重点智库的研究人员为主，多为相关领域一流专家学者，他们的观点代表了当下学界对中国与世界的现实和未来最高水平的解读与分析。截至2021年底，皮书研创机构逾千家，报告作者累计超过10万人。

❖ 皮书荣誉 ❖

皮书作为中国社会科学院基础理论研究与应用对策研究融合发展的代表性成果，不仅是哲学社会科学工作者服务中国特色社会主义现代化建设的重要成果，更是助力中国特色新型智库建设、构建中国特色哲学社会科学"三大体系"的重要平台。皮书系列先后被列入"十二五""十三五""十四五"时期国家重点出版物出版专项规划项目；2013~2022年，重点皮书列入中国社会科学院国家哲学社会科学创新工程项目。

权威报告·连续出版·独家资源

皮书数据库
ANNUAL REPORT(YEARBOOK)
DATABASE

分析解读当下中国发展变迁的高端智库平台

所获荣誉

- 2020年，入选全国新闻出版深度融合发展创新案例
- 2019年，入选国家新闻出版署数字出版精品遴选推荐计划
- 2016年，入选"十三五"国家重点电子出版物出版规划骨干工程
- 2013年，荣获"中国出版政府奖·网络出版物奖"提名奖
- 连续多年荣获中国数字出版博览会"数字出版·优秀品牌"奖

皮书数据库

"社科数托邦"
微信公众号

成为会员

登录网址www.pishu.com.cn访问皮书数据库网站或下载皮书数据库APP，通过手机号码验证或邮箱验证即可成为皮书数据库会员。

会员福利

- 已注册用户购书后可免费获赠100元皮书数据库充值卡。刮开充值卡涂层获取充值密码，登录并进入"会员中心"—"在线充值"—"充值卡充值"，充值成功即可购买和查看数据库内容。
- 会员福利最终解释权归社会科学文献出版社所有。

数据库服务热线：400-008-6695
数据库服务QQ：2475522410
数据库服务邮箱：database@ssap.cn
图书销售热线：010-59367070/7028
图书服务QQ：1265056568
图书服务邮箱：duzhe@ssap.cn

社会科学文献出版社 皮书系列
SOCIAL SCIENCES ACADEMIC PRESS (CHINA)

卡号：967346412671
密码：

中国社会发展数据库（下设 12 个专题子库）

紧扣人口、政治、外交、法律、教育、医疗卫生、资源环境等 12 个社会发展领域的前沿和热点，全面整合专业著作、智库报告、学术资讯、调研数据等类型资源，帮助用户追踪中国社会发展动态、研究社会发展战略与政策、了解社会热点问题、分析社会发展趋势。

中国经济发展数据库（下设 12 专题子库）

内容涵盖宏观经济、产业经济、工业经济、农业经济、财政金融、房地产经济、城市经济、商业贸易等 12 个重点经济领域，为把握经济运行态势、洞察经济发展规律、研判经济发展趋势、进行经济调控决策提供参考和依据。

中国行业发展数据库（下设 17 个专题子库）

以中国国民经济行业分类为依据，覆盖金融业、旅游业、交通运输业、能源矿产业、制造业等 100 多个行业，跟踪分析国民经济相关行业市场运行状况和政策导向，汇集行业发展前沿资讯，为投资、从业及各种经济决策提供理论支撑和实践指导。

中国区域发展数据库（下设 4 个专题子库）

对中国特定区域内的经济、社会、文化等领域现状与发展情况进行深度分析和预测，涉及省级行政区、城市群、城市、农村等不同维度，研究层级至县及县以下行政区，为学者研究地方经济社会宏观态势、经验模式、发展案例提供支撑，为地方政府决策提供参考。

中国文化传媒数据库（下设 18 个专题子库）

内容覆盖文化产业、新闻传播、电影娱乐、文学艺术、群众文化、图书情报等 18 个重点研究领域，聚焦文化传媒领域发展前沿、热点话题、行业实践，服务用户的教学科研、文化投资、企业规划等需要。

世界经济与国际关系数据库（下设 6 个专题子库）

整合世界经济、国际政治、世界文化与科技、全球性问题、国际组织与国际法、区域研究 6 大领域研究成果，对世界经济形势、国际形势进行连续性深度分析，对年度热点问题进行专题解读，为研判全球发展趋势提供事实和数据支持。

法律声明